Kohlhammer

Harmjan Dam/Laura Weidlich

Arbeitsbuch Historische Religionspädagogik

Eine Geschichte der Didaktik des christlichen Religionsunterrichts

Verlag W. Kohlhammer

Korrekturen: Nele Dinslage-Stoll, Frankfurt

1. Auflage 2024

Alle Rechte vorbehalten
© W. Kohlhammer GmbH, Stuttgart
Gesamtherstellung: W. Kohlhammer GmbH, Stuttgart

Print:
ISBN 978-3-17-043897-2

E-Book-Format:
pdf: 978-3-17-043898-9

Für den Inhalt abgedruckter oder verlinkter Websites ist ausschließlich der jeweilige Betreiber verantwortlich. Die W. Kohlhammer GmbH hat keinen Einfluss auf die verknüpften Seiten und übernimmt hierfür keinerlei Haftung.
 Dieses Werk einschließlich aller seiner Teile ist urheberrechtlich geschützt. Jede Verwendung außerhalb der engen Grenzen des Urheberrechts ist ohne Zustimmung des Verlags unzulässig und strafbar. Das gilt insbesondere für Vervielfältigungen, Übersetzungen, Mikroverfilmungen und für die Einspeicherung und Verarbeitung in elektronischen Systemen.

Inhaltsverzeichnis

Vorwort 6

1. Historische Religionspädagogik zwischen Tradition und Erneuerung. Einführung und Selbstverortung 7
2. Katechese in der Alten Kirche 21
3. Christliche Schulen im „Mittelalter" 29
4. Religiöse Bildung in der Zeit der Reformation 35
5. Die Erfindung des Religionsunterrichts in der Aufklärung 51
6. Das Fach Religion zwischen Rationalität, Erweckung und Glaubensvermittlung in der ersten Hälfte des 19. Jahrhunderts 66
7. Der „geschichtliche Religionsunterricht" und die „Münchener Methode" zwischen 1850 und 1930 82
8. Religionsunterricht in der Zeit des Nationalsozialismus 98
9. Evangelische Unterweisung und kerygmatischer Religionsunterricht nach 1945 113
10. Problemorientierung und Korrelationsdidaktik nach den „1968ern" 133
11. Erfahrungsorientierung, Symboldidaktik und Elementarisierung zwischen 1980 und 2000 149
12. Die Zeit nach 2000 und die Kompetenzorientierung 168

Anhang 188

1. Glossar 188
2. Quellenübersicht 195
3. Bildnachweise 197
4. Personenregister 198

Vorwort

In diesem Arbeitsbuch geht es um die Entwicklung der Didaktik des Schulfaches, das heute evangelische oder katholische Religion genannt wird. Ausgehend von der gegenwärtigen Unterrichtspraxis und den aktuellen Herausforderungen werden die folgenden bleibenden didaktischen Fragen des christlichen Religionsunterrichts in historischer Perspektive beleuchtet:
- Inwiefern ist es möglich, Religion zu unterrichten?
- Worum geht es im Religionsunterricht: Erschließung von Glauben, Vermittlung von Wissen, Lernen des Umgangs mit Religion usw.?
- Können didaktische Konzeptionen identifiziert werden?
- Welche inhaltlichen Aspekte und Methoden sind vorrangig? Welchen Stellenwert haben die Bibel, Kirchengeschichte und andere Religionen?

Der Blick in die Vergangenheit der Fachdidaktik legt die historische Pfadabhängigkeit von vielen gegenwärtigen Phänomenen dar. Er ermöglicht anhand historischer Beispiele, Aufmerksamkeit für die oben genannten bleibenden Fragen zu gewinnen und Parallelen in der Geschichte und Genese nachzuzeichnen. Diese Aufmerksamkeit hilft, die heutigen Herausforderungen (wie Subjektorientierung, Individualisierung, Traditionsabbruch und Kompetenzorientierung) in historischer Perspektive zu verstehen.

Wir bedanken uns ganz herzlich bei allen, die uns bei der Entwicklung des Buches mit Rat und Tat zur Seite standen: zuerst bei den Studierenden, mit denen in den letzten Jahren die Quellen und Texte vorab besprochen werden konnten. An zweiter Stelle danken wir insbesondere Prof. Dr. Werner Simon (Mainz), der als ausgewiesener Experte zu den katholischen historischen Aspekten beigetragen und diese qualitativ aufgewertet hat. Darüber hinaus danken wir den Professorinnen Viera Pirker (Frankfurt) und Antje Roggenkamp (Münster), die das Manuskript kritisch gelesen haben sowie Professor Michael Wermke (Jena), der uns mit kritischen Rückmeldungen unterstützt hat. Dank gebührt auch den Mitgliedern des „Kleinen Kolloquiums", die das Arbeitsbuch mit ihren Anmerkungen und Ideen mitgestaltet haben.

Wir widmen dieses Buch David Käbisch, unserem Frankfurter „Doktor- und Habil-Vater", der am 24. März 2024 unerwartet gestorben ist. Er hat nicht nur uns für die Historische Religionspädagogik begeistert, sondern in den letzten Jahren stark zur Wiederbelebung der historischen Reflexion der Religionspädagogik beigetragen.

Harmjan Dam (Frankfurt), Laura Weidlich (Marburg)
März 2024

1. Historische Religionspädagogik zwischen Tradition und Erneuerung. Einführung und Selbstverortung

Dieses Kapitel beginnt mit dem Ziel und dem Aufbau des Arbeitsbuches sowie einer Selbstverortung der Autorin und des Autors. Im nächsten Abschnitt geht es um die Rekonstruktion von Geschichte(n) und unsere Auswahl des Quellenmaterials, die wir transparent und nachvollziehbar darstellen möchten. Der letzte Teil dieses Kapitels beschreibt den Umgang mit neuen Forschungsperspektiven und -ergebnissen in diesem Arbeitsbuch, die die zukünftigen Inhalte und Methoden der Historischen Religionspädagogik stärker bestimmen werden.

Ziel und Selbstverortung

Ziel des Arbeitsbuches. In diesem Arbeitsbuch geht es um die *Didaktik*. Einige Autor:innen verstehen darunter pädagogische oder gesellschaftliche Theorien und Konzeptionsgeschichte, andere beschränken sie auf Methoden und „Unterrichtsregeln". Für unseren Begriff von Didaktik stützen wir uns auf Bernd Schröder:

> „Religionsdidaktik ist die Theorie des Unterrichtens von (christlicher) Religion; sie dient näherhin der Reflexion darauf, welche Facetten von (christlicher) Religion Lernende aus welchem Grund, auf welches Ziel hin, zu welchem Zeitpunkt und auf welche Weise erschließen sollten." (2012, 554; 2021, 378)

Es geht um eine Fachdidaktik, die die Ziele, Inhalte, Methoden und Medien beschreibt. Der Blick auf die Entwicklung der Didaktik in der Vergangenheit hat als Handlungsaspekt eine unmittelbare Relevanz für das didaktische Handeln der Unterrichtenden heute.

In diesem Arbeitsbuch werden darum einerseits bleibende didaktische und religionspädagogische Querschnittsfragen erschlossen, während andererseits ein orientierender Längsschnitt über die Geschichte des Faches geboten wird. Für den Längsschnitt durch die Didaktik werden für unterschiedliche Zeiten die jeweiligen Ziele und Intentionen (Worauf zielt Unterricht ab?), die Inhalte (Was wird unterrichtet?) sowie die Methoden und Medien (Auf welche Weise und mit welchen Hilfsmitteln wird unterrichtet?) herausgestellt. Umbruchzeiten, die verstärkt zum Nachdenken über die Art der Vermittlung führten, wie Reformation, Aufklärung, die Zeit um 1900 und die 1968er Jahre, werden besonders betont.

Es geht um Orientierungs- und Erklärungswissen, das einen ersten Überblick über die Didaktik des Schulfaches Religion leistet. Weitere religionspädagogische historische Themen – die oft als Fragmente, Mosaikstücke und Tiefenbohrungen vorhanden sind – sollten darin eingeordnet werden können. Umfassende Studien zur Geschichte der Religionspädagogik werden durch das Arbeitsbuch nicht ersetzt. Auch hat es nicht den Anspruch, ein neues Handbuch der Religionspädagogik zu sein, in dem die Ergebnisse neuerer Ansätze und Forschungsergebnisse umfassend dargelegt werden. Vielmehr spiegelt es vorhandenes Wissen wider, das mit neuen Akzenten und vielfältigem Material einen systematischen Zugang zur historischen Dimension christlicher Bildung in der Schule bietet. Immer wenn es in der Ausbildung angehender Lehrkräfte um diese Dimension geht, kann es eingesetzt werden. Das Ziel ist somit nicht, zum aktuellen Forschungsdiskurs in der Historischen Religionspädagogik beizutragen, sondern es soll als hochschuldidaktisches Arbeitsbuch verstanden werden, in dem einführend für angehende Lehrkräfte des Schulfaches evangelische und katholische Religion insbesondere die praktischen Aspekte des Faches verständlich erschlossen werden.

Die Kapitel des Buches sind chronologisch aufgebaut. Im jeweiligen Zeitabschnitt wird zuerst in einem Textblock auf die wichtigsten Entwicklungen der Zeitgeschichte und ihren Einfluss auf die Didaktik des Religionsunterrichts hingewiesen. Dann wird formuliert, wie die Geschehnisse in dieser Zeit mit der Geschichte der Kirchen, der (schulischen) Pädagogik und der Religionspädagogik zusammenhängen. In Porträts, dies sind umrahmte Textblöcke mit kurzen biografischen Informationen über einige bedeutende Persönlichkeiten der Religionspädagogik, werden Lebensdaten dargestellt, die helfen, ihre didaktischen und theologischen Positionierungen zu verstehen. Im Text nicht ausführlich erläuterte Begriffe sind mit einem * gekennzeichnet und werden im Glossar erklärt. Die als Quellen bezeichneten Texte sind Schulbuchtexte, Lehrpläne, konzeptionelle Ausführungen, Unterrichtsentwürfe und Ergebnisse von Oral History. Sie sind so gewählt, dass mit ihnen sowohl die Querschnittsfragen als auch die Längsschnittorientierung in der Geschichte erschlossen werden können. Jedes Kapitel schließt mit einer kurzen Zusammenfassung, Repetitionsfragen, Ideen für Referate und Hausarbeiten sowie ausgewählter Literatur zu dem Zeitabschnitt ab.

Das Arbeitsbuch Historische Religionspädagogik zur Geschichte der Didaktik des christlichen Religionsunterrichts in Deutschland kann während des Studiums in (Pro-) Seminaren, Vorlesungen und Grundkursen eingesetzt werden und wird dort für die notwendige Tiefenschärfe sorgen können. Auch in der zweiten Ausbildungsphase kann das Buch für die zu treffenden praktischen didaktischen Entscheidungen in der Gegenwart und für die Reflexion der

1. Zur Einführung

eigenen Unterrichtspraxis erhellend sein. Wenn von christlichem Religionsunterricht gesprochen wird, ist damit nicht das neue Modell CRU in Niedersachsen gemeint, sondern meint den evangelischen und katholischen Religionsunterricht, der sich vor der Reformation noch nicht mit dieser Ausdifferenzierung so benennen lässt. Orthodoxe Religionsunterricht schließt die Bezeichnung nicht ein, da dafür die Expertise im Autor:innen-Team und die historische Erschließung in der Religionspädagogik bislang fehlt.

Selbstverortung des Autor:innen-Teams. Die Reflexion der eigenen Positionalität ist nicht nur für Wissenschaftler:innen, die durch postkoloniale Perspektiven neue Sichtweisen auf sich und die Welt bekommen, von höchster Relevanz. Alle Lehr-Lern-Prozesse werden maßgeblich von der Lehrperson und ihren Vorannahmen, Einstellungen, Haltungen und Sichtweisen beeinflusst. So sollten auch Studierende in der Lage sein, sich selbstreflexiv in ihren Kontexten verorten zu können, um ihre eigenen Prägungen transparent zu machen. Wir, Harmjan Dam und Laura Weidlich, teilen viele Gemeinsamkeiten: Wir sind Mitglieder der evangelischen Kirche, habilitiert bzw. promoviert in der Religionspädagogik und konnten in Frankfurt am Main universitäre Lehrerfahrungen sammeln, die uns zu diesem Buch inspiriert haben. Das Seminar „Historische Religionspädagogik", in dem sich Studierende ein gesamtes Semester der Geschichte des Religionsunterrichts widmen können, haben wir beide mit großer Freude unterrichtet. Denn wir sind beide an Geschichte interessiert: Harmjan Dam hat zum Thema Geschichte der Ökumenischen Bewegung promoviert und sich mit Kirchengeschichtsdidaktik habilitiert, Laura Weidlich hat Geschichte als zweites Fach, neben Religion und Französisch, studiert und auch ihre Doktorarbeit ist in den Diskurs der Forschungsmethoden der Historischen Religionspädagogik einzuordnen. Uns verbindet auch das Interesse an Hochschuldidaktik und Vermittlungsmöglichkeiten. Gleichzeitig unterscheiden uns einige (berufsbiografische) Aspekte: Harmjan Dam ist in den Niederlanden geboren und aufgewachsen, sodass seine Sicht auf die Geschichte Deutschlands auch immer der Blick eines Fremden bleibt. Er identifiziert sich als Mann, war 20 Jahre Studienleiter an einem Religionspädagogischen Institut, hat u. a. die Schulseelsorge in Deutschland mit entwickelt und viele Praxismaterialien veröffentlicht. Laura Weidlich ist in Norddeutschland geboren, identifiziert sich als Frau und steht noch am Anfang ihres Berufslebens. Mit dieser Kontextualisierung werden einige Formulierungen und Entscheidungen nachvollziehbar, die im nächsten Abschnitt erörtert werden.

Zur Rekonstruktion von Geschichte(n)

Da das Arbeitsbuch nur an wenigen Stellen das Ergebnis von eigenständiger, neuer Forschung ist, sondern in erster Linie Vorhandenes neu bündelt und systematisiert, besteht eine Abhängigkeit von den Geschichtsbildern, die es bereits gibt. Diese haben unweigerlich eine gewisse Deutungsmacht. Sie sind *eine* Möglichkeit, Geschichte zu erzählen. Diese Geschichte wurde durch vorhandenes, zugängliches Quellenmaterial rekonstruiert und je durch ihre:n Autor:in geprägt. Andere Autor:innen hätten mit anderen Daten eine andere Geschichte erzählt, wenn sie dazu die Möglichkeit gehabt hätten. Vielleicht gibt es sogar diese anderen Geschichten, doch sie sind nicht weitererzählt worden. Das vorliegende Arbeitsbuch ist ebenfalls *eine* Möglichkeit, Geschichte darzustellen. Dabei verstehen wir unsere Darstellungen bereits als didaktisches Instrument. Die Entscheidungen, die es beeinflusst haben, sind von Vorannahmen geprägt. Der Kirchenhistoriker Christoph Markschies stellt dazu fest, dass „jede Rekonstruktion von Vergangenheit auf der Basis von expliziten und impliziten Annahmen über Wirklichkeit entwickelt wird, die sich nach bestimmten *Leitkategorien* ordnen bzw. systematisieren lassen." (2006, 53–55). Diese Kategorien können als Vorannahmen beschrieben werden, die jeder Forschung unbewusst oder bewusst zugrunde liegen. So folgen in diesem Abschnitt Erläuterungen, die der Forderung der Bildungswissenschaftlerin Katharina Walgenbach (2016, 46–49) nachkommt, dass Forschende ihre geschichtlichen, geografischen, politischen und kulturellen Einstellungen, soweit es möglich ist, offenlegen müssen, um den Einfluss der „Brille" der Forschenden auf die Forschung transparent zu machen.

Die wichtigsten Publikationen der Historischen Religionspädagogik. Nach einer langen Zeit, in der die historische Reflexion der religionspädagogischen Praxis unterbelichtet war, findet die Historische Religionspädagogik seit einigen Jahren verstärkt Beachtung. Die gut besuchten Jahrestagungen des Arbeitskreises Historische Religionspädagogik (AKHRP https://www.uni-frankfurt.de/71593642/Arbeitskreis) und die etablierte Publikationsreihe „Studien zur Religiösen Bildung", die sich in besonderem Maße mit historischen Themen befasst, zeigen dies. In den letzten Jahren wurde deutlich, dass erst das komplementäre Zusammenspiel von historischen, empirischen, vergleichenden, systematischen und handlungsorientierenden Zugängen das weite Feld religiöser Erziehung und Bildung und Sozialisation sachgemäß erschließen kann (Schröder 2012; Käbisch, 2017). Die folgenden evangelischen und katholischen Werke stellen die Grundlage für das Arbeitsbuch dar. Für die Geschichte des Schulfaches evangelische Religion wurden seit den 1960er Jahren mehrere Werke vorgelegt, die das Denken über und die historische Erschließung von Religionspädagogik und ihrer Didaktik geprägt haben:

> Von dem amerikanischen Autor Ernst C. Helmreich erschien im Jahr 1959 (Harvard Cambridge) das Buch: *Religionsunterricht in Deutschland. Von den Klosterschulen bis heute.* Die deutsche Ausgabe, herausgegeben von Gert Otto, wurde 1966 in Düsseldorf veröffentlicht. Helmreich war wegen der damals aktuellen Debatten um das Schulgebet in den USA besonders am Verhältnis zwischen Kirche und Staat und an den juristischen

1. Zur Einführung

Regeln zum Religionsunterricht interessiert. Durch diese Deutungsperspektive gerieten andere Aspekte in den Hintergrund.

Im Jahr 1985 erschien das erste Arbeitsbuch: *Geschichte des Evangelischen Religionsunterrichts in Deutschland* (Münster 1985). Autor war der Frankfurter Religionspädagoge Dieter Stoodt. Sein Buch zeichnet sich dadurch aus, dass es viele Quellentexte enthält.

In den Jahren 1989 und 2003 erschienen zwei biografisch angelegte Bücher, die einen wichtigen Beitrag zur Erschließung der Geschichte des Faches leisten: Henning Schröer, Dietrich Zilleßen (Hg.): *Klassiker der Religionspädagogik* (Frankfurt 1989) und Michael Meyer-Blank: *Kleine Geschichte der evangelischen Religionspädagogik* (Gütersloh 2003).

Von den Tübinger Religionspädagogen Karl Ernst Nipkow und Friedrich Schweitzer erschienen Anfang der 1990er Jahre drei Bände mit Einführungen und Quellentexten: *Religionspädagogik. Texte zur evangelischen Erziehungs- und Bildungsverantwortung seit der Reformation*. Bd. 1, München 1991, Bd. 2/1 und 2/2, Gütersloh 1994. Bedingt durch die Dominanz der religionspädagogischen Konzepte und Modelle bis zur Jahrtausendwende, liegt der Schwerpunkt der Ausführungen vor allem auf den Theorieentwicklungen in der wissenschaftlichen Religionspädagogik.

In Christian Grethleins Buch *Religionspädagogik* (Berlin 1998) wird im ersten Kapitel eine ausführliche historische Einführung in die Fachgeschichte des 19. und 20. Jahrhunderts gegeben.

Im Jahr 2002 wurde ein umfangreiches Quellenbuch vorgelegt: Rainer Bolle, Thorsten Knauth, Wolfram Weiße (Hg.): *Hauptströmungen evangelischer Religionspädagogik im 20. Jahrhundert* (Münster 2002). Die Darstellung orientiert sich stark an den so genannten Konzeptionen und konzentriert sich auf die Quellen, ohne eine weitere zeitgeschichtliche Kontextualisierung.

In den Jahren 2005 und 2010 erschienen zwei Studien von Henrik Simojoki, Friedrich Schweitzer et. al.: *Moderne Religionspädagogik. Ihre Entwicklung und Identität* (Gütersloh, Freiburg 2005) und *Religionspädagogik als Wissenschaft* (Freiburg 2010). Sie beschreiben die Entwicklung der evangelischen und katholischen Religionspädagogik im 20. Jahrhundert durch einen Vergleich von Diskursen in den repräsentativen Zeitschriften.

Die bislang umfangreichsten Studienbücher zur evangelischen Historischen Religionspädagogik erschienen in den Jahren 2007 und 2010: Rainer Lachmann, Bernd Schröder (Hg.): *Geschichte des evangelischen Religionsunterrichts in Deutschland*. Studienbuch (Neukirchen-Vluyn 2007), Quellenbuch (Neukirchen-Vluyn 2010). Von Bernd Schröder wurden zudem in dem umfangreichen Lehrbuch: *Religionspädagogik* (Tübingen 2012, 2. Aufl. 2021) die wichtigsten historischen Entwicklungen dargelegt. Seine Stärke liegt in der Komplexität und der Weite, da alle Orte religiöser Bildung (Familie, Kirche, Schule, Medien, Öffentlichkeit) und die Entwicklungen im Islam und Judentum in den Blick genommen werden.

Neben der oben genannten Reihe „Studien zur Religiösen Bildung" sind weitere aktuelle Publikationen vor allem im Wissenschaftlichen Religionspädagogischen Lexikon (*WiReLex*) zu finden, das online zur Verfügung steht: https://www.Bibelwissenschaft.de/wirelex. Ein Forschungsüberblick ist zu finden bei Schröder 2009 und Wischmeyer 2014.

Für die Geschichte des katholischen Religionsunterrichts liegen einige Übersichtswerke vor:

Eine erste Sammlung von 30 repräsentativen Quellen aus der Zeit von 1911 bis 1979 erschien in Klaus Wegenast: *Religionspädagogik*. Bd. 2: *Der katholische Weg* (Darmstadt

1983). Für die Quellenauswahl dieses evangelischen Werkes war der katholische Religionspädagoge Erich Feifel zuständig.
Im Jahr 1990 erschien das bislang einzige Arbeitsbuch: Franz Trautmann: *Religionsunterricht im Wandel*. Eine Arbeitshilfe zu seiner konzeptionellen Entwicklung (Essen 1990).
Umfangreich sind die zwei Bände: *Geschichte der christlichen Erziehung* von Eugen Paul. Band I zur Antike und Mittelalter (Freiburg et al. 1993), Band II zu Barock und Aufklärung (Freiburg 1995).
Im Jahr 2001 erschien im Buch *Religionsdidaktik* von Georg Hilger, Stephan Leimgruber und Hans-Georg Ziebertz (München 2001) eine historische Übersicht, die – wie das oben genannte von Bolle et al. herausgegebene evangelische Werk aus 2002 – ganz auf die Konzeptentwicklung fokussiert ist.
Im gleichen Jahr erschien der erste Sammelband von Werner Simon: *Im Horizont der Geschichte*. Religionspädagogische Studien zur Geschichte der religiösen Bildung und Erziehung (Münster 2001). Er schließt mit einem, mit Friedrich Schweitzer geschriebenen, ökumenischen Schlusskapitel ab.
Im Jahr 2019 erschien von Werner Simon ein weiterer Sammelband mit demselben Untertitel, aber unter dem Titel: *Spuren der Geschichte* (Münster 2018). Das Kapitel „Katholische Religionspädagogik in Deutschland" (223–263) bietet eine umfassende Übersicht aller katholischer Studien der Historischen Religionspädagogik. Simon schreibt: „Es fehlt weiterhin eine grundlegende, die bisher vorliegenden Erträge bündelnde Gesamtdarstellung." (228)
Dafür bietet Werner Simons biografisch-bibliografisches Lexikon aus dem Jahr 2021: *Katholische Katechetik,* Religionspädagogik und Pädagogik im Deutschen Sprachgebiet (Münster 2021) auf 650 Seiten eine Übersicht aller wichtiger Personen und Zeitschriften sowie weitere Literatur für die Zeit von 1740 bis 1918.

Zeiträume. Die Zeiträume in diesem Buch folgen weitgehend der klassischen Epocheneinteilung der (Kirchen-)Geschichte, so wie sie aus der Dreiteilung „Alt – Mittelalter – Neu" entstanden ist (vgl. Kap. 3 zu „Mittelalter": Dam 2022, 414–416, 520–524). Dieser Einteilung folgt auch der evangelische Religionspädagoge Bernd Schröder in seinem Lehrbuch. Er schreibt: „Die Einteilung der Zeiträume ist bis zur Reformation konventionell; in der Neuzeit [hier: seit der Reformation] sucht sie diejenigen Zeitspannen zu markieren, die für die Entwicklung religionspädagogisch zu reflektierenden Handelns und Nachdenkens maßgeblich sind." (2012, 19; 2021, 621) Für die Zeit nach dem Zweiten Weltkrieg sind die Zeitabschnitte in diesem Arbeitsbuch kleinteiliger, um den vielschichtigen Entwicklungen in der Religionsdidaktik gerecht zu werden. Orientierung boten dabei somit einerseits die klassischen Epochen und andererseits die traditionelle „Konzeptionsgeschichte seit 1945", damit die Lesenden sich in der gängigen religionspädagogischen Fachliteratur zurechtfinden und die Spuren wichtiger historische Entwicklungen der Didaktik bis in die Gegenwart wahrnehmen und deuten können.

Religiöse Bildung. In diesem Arbeitsbuch wird in den verschiedenen Kapiteln von Glaubenserziehung, Unterweisung, Unterricht und Bildung gesprochen. Diese Begriffe werden nicht trennscharf verwendet. Das hat verschiedene Gründe: Zum einen ist der Religionsunterricht bis weit in die Moderne genau dies alles zugleich. Zum anderen lässt sich durch die mangelnde Quellenlage von Praxisberichten nicht präzise rekonstruieren, wie der Unterricht gestaltet wurde. Wichtig ist zu beachten, dass unsere Darstellung ab dem 20. Jahrhundert auch die wissenschaftliche Reflexion und den innerdisziplinären Diskurs durch die Anfänge der Professionalisierung mitaufnimmt und dadurch die Blickrichtung auf den Religionsunterricht verändert.

Konzeptionen. In dem Arbeitsbuch werden verschiedene Überlegungen zur didaktischen Gestalt des Religionsunterrichts als „Konzeption" identifiziert. Sie sind ein bestimmter Typus, mit dem Religionsdidaktik dargestellt werden kann.

> Konzeptionen sind „systematisch ausgearbeitete[n] Theorien des Unterrichtens (christlicher) Religion [...], die unter Berücksichtigung seiner maßgeblichen inneren Faktoren und impliziter oder expliziter Einbeziehung äußerer Faktoren ein Leitbild für die Gestalt von Religionsunterricht entwerfen und dieses mehr oder weniger präzise operationalisieren, etwa durch Ausarbeitung entsprechender Schulbücher, Unterrichtsmodelle oder Lehrpläne." (Schröder 2012, 554f.; 2021, 378f.)

Dabei gilt, dass Konzeptionen erst rückblickend als solche interpretiert und benannt werden können. Salopp gesagt: Lehrer:innen unterrichten keine Konzeptionen, sondern junge Menschen. Für die Geschichte der Religionsdidaktik ist die Beschreibung von Konzeptionen seit 1945 dennoch die übliche Darstellung. Die Stärken dieser Form der Darstellung und Systematisierung liegen darin, dass die Konzeptionen chronologisch und in ihrem jeweiligen historischen Kontext wahrgenommen werden und Veränderungen im Verständnis von Religionsunterricht und seinen Implikationen deutlich zutage treten. Gleichzeitig können dadurch bleibende Strukturelemente und Querschnittsthemen in den Hintergrund geraten. Um dieser Schwäche entgegenzuwirken, werden am Ende jedes Kapitels auch bleibende Längsschnittfragen gestellt. Das Ausfüllen einer Tabelle mit den Zielen, Inhalten, Methoden und Medien des Unterrichts dient dazu, den Blick auf intratextuelle und überzeitliche Bezüge zwischen den Kapiteln zu ermöglichen.

Quellen, Porträts, Gender. „Dreh- und Angelpunkt aller historischen Arbeit ist die Quellenrecherche und Quellenanalyse." (Käbisch 2017) Für die Arbeit mit Quellen ist seit den 1970er Jahren die Prämisse einer Mehrperspektivität in historischer Forschung gängig. Für die Kirchengeschichte wurde seit der anthropologischen Wende in der Theologie auch die Sicht der so genannten Laien, Verlierer:innen, Nebenströmungen („Ketzer"), Frauen sowie die Sicht „von unten" wichtig. Geschichtsschreibung aus nur einer Perspektive sei, nach Überzeugung des Kirchenhistorikers Michael Basse (2011, 19), nicht länger haltbar. Das bedeute auch, dass Quellen kritisch zu behandeln seien, da diese lediglich eine von mehreren Perspektiven abbilden (können oder wollen). Die bislang unterrepräsentierte Perspektive von Minderheiten wahr- und ernst zu nehmen könne, laut Basse, nicht nur Lehr-Lern-Prozesse beeinflussen, sondern sollte auch in der Forschung fruchtbar gemacht werden. Deswegen wurden in diesem Arbeitsbuch verschiedene Perspektiven, wenn möglich, berücksichtigt. Obwohl Annebelle Pithan bereits 1997 ein Buch über Religionspädagoginnen des 20. Jahrhundert herausgegeben hat, ist die Rezeption und Thematisierung dieser Frauen nach wie vor ein Randphänomen. Wir haben versucht, sie stärker einzubinden, insbesondere seit den 1970er Jahren, denn seitdem wirken sie immer mehr in der Religionspädagogik. Gleichwohl werden in den Porträts auch Personen vorgestellt, die zu den „Vätern" der Religionspädagogik zählen. Diese Art der Geschichtsdarstellung wird in der Erziehungswissenschaft, der Historischen Bildungsforschung und seit einigen Jahren auch in der Historischen Religionspädagogik kritisiert. So ist die Reproduktion des Wissens um bestimmte Personen, die das Fach geprägt haben (sollen), und einer Vorstellung von „so war es" eine einseitige, verkürzte Darstellung. Diese Verkürzung manifestiert sich, wenn davon ausgegangen wird, dass einige wenige Personen das Fach maßgeblich beeinflusst haben. Dadurch geraten andere Personen sowie Entwicklungen, Diskussionen, Diskurse, Vernetzungen und anders verlaufende Entwicklungen in anderen Gebieten in den Hintergrund bzw. verschwinden aus der Darstellung. Aus welchen Gründen Personen rezipiert werden, ist oft nicht ersichtlich, manchmal ist auch die Quellenlage die Begründungsgrundlage. Dies ist ein Desiderat der Forschung, dem häufig noch nicht genügend Rechnung getragen wird. So sind einige Personen in der Religionspädagogik wichtig, weil es eben zu ihnen (und nicht zu anderen) Tiefenbohrungen gibt. Im Arbeitsbuch wurde versucht zu verdeutlichen, dass die für die Porträts gewählten Personen mit ihren Ideen den Diskurs um die Religionsdidaktik beeinflussten und deswegen bis heute in der Rezeption als wichtige Vertreter (hier tatsächlich mit Absicht ohne Gendermarkierung) des Fachs gelten, wohlwissend, dass dies neuere Forschungszugänge wie die Netzwerkforschung (noch) nicht aufnimmt. Hier gilt es, die Zielgruppe zu betonen: Das Arbeitsbuch ist besonders für Studierende geschrieben, die sich noch nicht mit der Geschichte des Faches beschäftigt haben und möglicherweise Schwierigkeiten haben, die Fachgeschichte in allgemeine historische Entwicklungen einzuordnen. Da die wissenschaftlichen Diskurse der Historischen Religionspädagogik häufig für Studierende sehr komplex sind, haben wir uns auf die Fragen nach der Didaktik beschränkt, die für die meisten, weil sie angehende Lehrkräfte sind, unmittelbar relevant sind. Zudem werden im Buch dann doch bestimmte, bereits verstorbene Personen bzw. Konzepte erwähnt, weil auf diese in anderer Literatur immer wieder Bezug genommen wird.

Schulbücher. Um möglichst praxisnah Entwicklungen in der Didaktik darzustellen, wurden für die Quellen insbesondere Schulbücher und andere Unterrichtsmaterialien aufgenommen. Ein Schulbuch ist dabei ein „für den Unterricht verfasstes Lehr-, Lern- und Arbeitsmittel in Buch- oder Broschürenform und Loseblattsammlungen, sofern sie einen systematischen Aufbau des Jahresstoffes enthalten" (Fuchs 2014, 9). Dem evangelischen Religionspädagogen Joachim Willems zufolge (2019, 296) sind Schulbücher von besonderem Interesse, da es sich um eine bestimmte Art von Quelle handelt. Denn in ihnen werden die Wissensstände ausgewählt, die an Schüler:innen weitergegeben werden sollen, und dies sogar innerhalb eines bestimmten Landes oder Staates, welche selbst auch wieder in einer bestimmten Tradition stehen und ein Interesse daran haben, spezifische Selbst- und Fremdbilder, Deutungen, Ideale, Überzeugungen usw. zu tradieren. Schulbücher werden in der Regel von Lehrer:innen mit langjähriger Unterrichtspraxis geschrieben und entstehen deswegen vor dem Hintergrund einer (zwar dann oft idealisierten) erprobten Unterrichtspraxis. Sie haben zudem eine zentrale didaktische Bedeutung für die Unterrichtsplanung, Methoden und Lehrplanentwicklung (Dam 2022, 29). Diese Sicht „von unten" bestrebt, ein anderes Licht auf eine Möglichkeit der Praxis des Religionsunterrichts zu werfen und weicht damit von dem ab, was in der klassischen, der Ideengeschichte verpflichteten wissenschaftlichen Religionspädagogik für bestimmte Zeiten als einflussreich beschrieben wird (vgl. auch Roggenkamp 2001).

Schulformen. In der evangelischen Religionspädagogik insgesamt und so auch in der Historischen Religionspädagogik wird insbesondere der Religionsunterricht am Gymnasium erforscht. Grundschulunterricht, Gesamt- und Realschulunterricht oder gar Förderschulunterricht sind in der Forschung unterbelichtet. Dies gilt auch für Religionsunterricht an Schulen in kirchlicher Trägerschaft. Der Religionsunterricht an beruflichen Schulen hingegen wird in letzter Zeit häufiger zum Gegenstand von insbesondere empirischen Studien. Dieses Ungleichgewicht spiegelt sich auch in der Gestaltung des Arbeitsbuches wider, da es nicht das primäre Ziel hat, Forschungslücken und -desiderate aufzuarbeiten. Für die Darstellung der didaktischen Entwicklungen wurde versucht, auch in die Volksschulen zu blicken, doch das Quellenmaterial ist mehrheitlich aus Schulbüchern für das Gymnasium entnommen.

Umgang mit neuen Schwerpunkten der Historischen Religionspädagogik
Vermittlung bedeutet auch immer Reduktion. Das Arbeitsbuch ist eine Form der Wissenschaftskommunikation, in der Wissen aus der Forschung für eine Zielgruppe aufbereitet und für die Vermittlung auf das Wesentliche reduziert wurde. Deswegen konnten für das Arbeitsbuch nicht alle Forschungsergebnisse aus der Historischen Religionspädagogik gleichermaßen aufgenommen werden.

Auflösung konfessioneller Grenzen. Lange Zeit war die Religionspädagogik eine rein konfessionelle Frage und wurde unter konfessionellen Gesichtspunkten betrieben, doch die Zukunft des christlichen Religionsunterrichts wird eher konfessionell-kooperativer Gestalt sein (Lindner et al. 2017). Wir haben darum versucht, auch die katholischen Entwicklungen in ihren Hauptlinien darzustellen. Dies war nicht einfach umzusetzen. Die vorliegenden Texte in diesem Arbeitsbuch sollen als ein erster Schritt verstanden werden, diese bisher wenig erprobte Perspektive auf die Didaktik des Religionsunterrichtes darzulegen. Die Schritte zu einer pluralitätsfähigen Historischen Religionspädagogik, die auch die Entwicklung in der Orthodoxie, in den Freikirchen, im Judentum und im Islam berücksichtigen, müssen noch gemacht werden. Dabei gilt es, umsichtig zu sein, da die Religionspädagogik in anderen Religionen oft noch in den Kinderschuhen steckt. Der an dem einzigen jüdischen Religionspädagogik-Lehrstuhl arbeitende jüdische Theologe Bruno Landthaler stellt fest, dass

> „die Judaistik/die Jüdischen Studien an den Universitäten und wissenschaftlichen Hochschulen bislang noch keine weitere wissenschaftliche Religionspädagogik in das eigene Curriculum implementieren konnten, die diesen Namen verdient. Deshalb erhält der Diskurs über den jüdischen Religionsunterricht kaum begriffliche und methodische Unterstützung und verbleibt in einer allgemeinen Annahme dessen, was man unter Religionsunterricht gemeinhin versteht. Eine fehlende wissenschaftliche jüdische Religionspädagogik lässt auch den dringlich notwendigen Schnittpunkt mit der christlichen und islamischen Religionspädagogik vermissen." (Landthaler 2019, 22)

Auch die islamische Religionspädagogin Naciye Kamcili-Yildiz beschreibt, dass „die Islamische Religionspädagogik als Wissenschaftsdisziplin an deutschen Universitäten auf eine recht kurze Geschichte zurück[blickt]" (2021).

„Deutschland". Nicht nur in der Erziehungswissenschaft, sondern auch in der Religionspädagogik wird über das so genannte nationalstaatliche Paradigma diskutiert. Der Ursprung der Konzentration auf „Deutschland" ist in den Entwicklungen des 19. Jahrhunderts zu suchen, denn in dieser Zeit wurden Erziehung und Bildung als Instrumentarium genutzt, um eine nationale Identität zu schaffen (Seitz 2004, 13). Insbesondere durch die Migrationsforschung ist eine kritische Reflexion des Begriffes ‚Nation' hervorgetreten, durch die die Legitimation von Nationen als Bezugsgröße für Vergleiche schwieriger wurde (Adick 2018, 185). Nationalstaaten sind, laut der Erziehungswissenschaftlerin Christel Adick (2014, 227), ein hegemoniales Konstrukt, in dem insbesondere das staatlich regulierte ‚nationale Bildungswesen' mit Schulpflicht, einer nationalen Sprache als Unterrichtssprache und Unterrichtsinhalten, die eine nationale Weltsicht vermitteln, auf die Idee einer nationalen Identität abzielt. Forschung, die in einer globalisierten Weltgesellschaft relevant sein möchte, beleuchtet derartige essentialistische Aussagen kritisch, wenn nicht gar argwöhnisch. Konzepte wie Kultur und Nation sind von einer Unbeständigkeit und Fluidität

geprägt, die generalisierende Aussagen unmöglich machen. Lange war die Forschung, die sich mit historischen Themen beschäftigt, aber eurozentristisch und nationalstaatlich ausgerichtet (vgl. Weidlich, 2023, 67–90). Seitz (2014, 13) betont, dass die Theorie und Praxis der Erziehung über die Grenzen von Nationalgesellschaften hinausgreifen und das nationale Paradigma nicht länger gültig sein sollte.

In diesem Arbeitsbuch wird dennoch von „Deutschland" gesprochen, ohne dass weiter ausgeführt wird, welches geografische oder kulturelle Gebiet jeweils damit gemeint ist. Wenn an einigen Stellen von „Deutschland" die Rede ist, ist damit kein einheitliches gemeint. Das gab es damals nicht und gibt es auch heute nicht. Dabei gilt es zu bedenken, dass viele dargestellte Entwicklungen besonders in Preußen stattfanden, auch weil es im 19. Jahrhundert eine ausschlaggebende Rolle spielte. Dabei verliefen die Entwicklungen von Schule und Unterricht im Süden und Westen Deutschlands oft anders. Diese regionalen Eigenheiten und Einzelwege konnten nicht ausreichend berücksichtigt werden. Die Verallgemeinerungen dienen dazu, einen ersten Eindruck von der Geschichte der Religionsdidaktik zu gewinnen, und sind dem knappen Umfang geschuldet. Dies gilt ebenso für andere Länder des deutschsprachigen Raums. In der jüngeren Historischen Religionspädagogik ist es üblich, auch die Entwicklungen in der Schweiz und in Österreich zu betrachten und damit Netzwerke und Austausch über die deutschen Nationalstaatengrenzen hinweg zum Gegenstand der Analyse zu machen, doch dies konnte im Arbeitsbuch nicht abgebildet werden. Insbesondere die Ideen für Hausarbeiten und Referate am Ende der Kapitel sollen dazu einladen, über diese Verallgemeinerung hinaus zu schauen und Tiefenbohrungen an Stellen anzusetzen, denen im Arbeitsbuch nicht genügend recht getan wurde. Dies betrifft besonders transnationale, überkonfessionelle, transkulturelle oder interreligiöse Phänomene.

Macht und Kirche. Die Geschichtsbilder, die durch die Quellen und durch unsere Darstellung entstehen und reproduziert werden, sind nur eine Möglichkeit von vielen, Geschichte zu erzählen. Dabei spielen die eigene Perspektive, aber auch die Literatur, aus der die Informationen kommen, eine große Rolle, denn sie prägen unser Denken, unsere Herangehensweise und unsere Ideen. Wir haben versucht, verschiedene Quellen heranzuziehen und Vieldeutigkeiten abzubilden. Es wurde bereits erwähnt, dass die Geschichte des christlichen Religionsunterrichts und der -didaktik mehrheitlich von und durch männlich gelesene Personen rekonstruiert wurde. Es kann davon ausgegangen werden, dass diese selbst akademisch geprägt sind und waren und aus bildungsbürgerlichen Verhältnissen stammen, sodass sich hier ein Milieu abzeichnet, aus dem Religionspädagogik entsteht (Schröder, 2021, 3). Ebenso ist die Deutungsmacht der beiden großen christlichen Kirchen hervorzuheben. Dies war lange Zeit eine unhinterfragte Selbstverständlichkeit. Religiöse Bildung ist in ihren Identitäten eingeschrieben und wird je nach Konfession etwas anders formuliert und akzentuiert. Dies gilt genauso für das Judentum in seinen verschiedenen Denominationen und den Islam, denn auch in diesen Religionsgemeinschaften wird Bildung als wesentliche Kernaufgabe verstanden. Dass das Arbeitsbuch nur den katholischen und evangelischen Religionsunterricht und damit die Deutungsmacht der zwei einflussreichen christlichen Kirchen im Blick hat, ist dem begrenzten Umfang und der Zielgruppe geschuldet. Seit Anfang der Moderne ist der christliche Religionsunterricht eines von vielen Fächern in der staatlichen Schule und steht durch seine Verbindung mit den Kirchen unter Legitimationsdruck. Dies ist das Ergebnis einer Verschiebung von Deutungsmacht: Nicht mehr die Kirchen sind für die Bildung verantwortlich, sondern der Staat (Saß 2020). Trotz dieser Transformation sind nach wie vor die christlichen Kirchen Ansprechpartnerinnen für christliche Bildung, institutionalisieren ihre Verbundenheit mit den Lehrkräften durch die *missio* und *vocatio* und wirken an Lehrplänen, Curricula und Schulbüchern mit. So dominieren sie die Fragen nach religiöser Bildung nach wie vor. Auch wir, die Autorin und der Autor, sind Teil der Dominanz der evangelischen Kirche in Deutschland. Wir üben durch die Darstellung, Auswahl der Quellen und Porträts unweigerlich Deutungsmacht aus, die nicht nur wir selbst, sondern auch die Lesenden reflektieren sollten.

Intersektionalität. Für diese Reflexion ist das intersektionale Forschen hilfreich. Intersektionalität schärft den Blick für Phänomene wie Ungleichheit, Macht oder Diskurs, auch oder gerade besonders in der Vergangenheit. Sie hat den Anspruch, dass „historisch gewordene Ungleichheits- und Machtverhältnisse wie Geschlecht, Sexualität / Heteronormativität, Race / Ethnizität / Nation, Behinderung oder Klasse / Schicht / soziales Milieu nicht isoliert voneinander konzeptualisiert werden können, sondern in ihren ‚Verwobenheiten' oder ‚Überkreuzungen' analysiert werden müssen." (Walgenbach 2016, 43). Dieser Anspruch kann auch für sozial- und kulturgeschichtliche Voraussetzungen von Bildungsprozessen fruchtbar gemacht werden. Zentrale Leitbegriffe der Historischen Bildungsforschung und Religionspädagogik wie Erziehung, (religiöse) Bildung, (religiöse) Sozialisation oder Identität rücken zunehmend in einer macht- und ungleichheitskritischen Perspektive in den Fokus. Dabei sind drei Leitgedanken laut Walgenbach (2016, 46–49) methodisch wichtig:

> (1) Das eigene Erkenntnisinteresse und die damit verbundenen Materialien und Quellen, die zur Untersuchung herangezogen werden, sollen beleuchtet werden.
> (2) Die Reihenfolge und eine möglicherweise unbewusste Gewichtung, welche von historischen, geografischen, politischen und kulturellen Faktoren abhängt, sollen reflektiert werden.
> (3) Die eigenen geschichtlichen, geografischen, politischen und kulturellen Einstellungen sollten offengelegt werden, um den Einfluss der „Brille" der Forschenden auf die Forschung transparent zu machen.

1. Zur Einführung

Diese Perspektiven überschneiden sich mit transnationaler und transferorientierter Forschung, die vor allem in den Geschichts-, Sozial- und Kulturwissenschaften Hochkonjunktur haben (Gippert 2011). Denn auch da werden normative Konzepte von Gesellschaft, Nation und Kultur hinterfragt und kritisch reflektiert. Besonders die Ideen und Annahmen der Postcolonial Studies prägen diese transnationale Forschung, die sich vor allem auf Entwicklungen und Prozesse von Migration und Mobilität richten. Der evangelische Religionspädagoge David Käbisch (2021) betont, dass die Religionspädagogik zunehmend auch von den Postcolonial Studies für das Problem kultureller Zuschreibungen sensibilisiert wird.

Dass postkoloniale Stimmen wahrgenommen werden müssen, Genderaspekte und Sichtweisen der queeren Theologie noch Einzug in die Religionspädagogik finden sollten, wurde besonders in den begrenzten Möglichkeiten der Personen-Porträts deutlich. In der Geschichte der Religionsdidaktik haben diese Perspektiven bislang kaum Raum bekommen und auch in diesem Arbeitsbuch kommen sie wenig vor. Insbesondere die weiterführenden Fragen und die Anregungen für Hausarbeiten und Referate am Ende der Kapitel weisen aber darauf hin, sich diesen Leerstellen zu widmen und sie zu erarbeiten.

„Altes und Neues Testament". Zur dieser Begrifflichkeit ist uns bewusst, dass sie umstritten ist. Aus antisemitismuskritischen Gründen wird deswegen in letzter Zeit entweder von der „Hebräischen Bibel" für das Alte Testament oder von „Erstem und Zweitem Testament" gesprochen. Obwohl dies im alltäglichen Gebrauch und auch in der evangelischen Theologie nicht üblich ist, folgen wir dieser letzten Bezeichnung, wohlwissend, dass auch diese Vor- und Nachteile mit sich bringt. In den Quellentexten und Berufsbenennungen bleibt die Originalbezeichnung erhalten.

Ausgewählte Literatur

Adick, Christel: Vergleichende Erziehungswissenschaft. Eine Einführung, Stuttgart 2018.

Adick, Christel: Der methodologische Nationalismus und Kulturalismus in der Vergleichenden Erziehungswissenschaft, in: Rühle, Sarah u. Müller, Annette u. Dylan, Philipp u. Knobloch, Thomas (Hg.): Mehrsprachigkeit – Diversität – Internationalität. Erziehungswissenschaft im transnationalem Bildungsraum, Münster 2014, 225–241.

Basse, Michael: Kirchengeschichte als Wahrnehmungsgefüge. Theoretische Grundlagen und Perspektiven einer konstruktivistischen Kirchengeschichtsdidaktik. In: Büttner, Gerhard u. Mendl, Hans u. Reis, Oliver u. Roose, Hanna (Hg.): Religion lernen. Jahrbuch für konstruktivistische Religionsdidaktik, Hannover 2011, 11–22.

Dam, Harmjan: Evangelische Kirchengeschichtsdidaktik, Entwicklung und Konzeption, Leipzig 2022.

Fuchs, Werner u. Niehaus, Inga u. Stoletzki, Almut: Das Schulbuch in der Forschung, Göttingen 2014.

Gippert, Wolfgang: Transkulturelle Ansätze und Perspektiven in der Historischen Bildungsforschung, in: Johannes Bilstein et al. (Hg.): Kulturelle Differenzen und Globalisierung. Herausforderungen für Erziehung und Bildung, Wiesbaden 2011, 15–32.

Käbisch, David: Art. Transnationale Bildungsforschung, in: WiReLex 2021. https://bibelwissenschaften.de /stichwort/200874/.

Käbisch, David: Art. Historische Religionspädagogik, in: WiReLex 2017. https://bibelwissenschaften.de /stichwort/200201/.

Käbisch, David u. Wischmeyer, Johannes: Transnationale Dimensionen religiöser Bildung in der Moderne, Göttingen 2018.

Kamcili-Yildiz, Naciye: Art. Religionspädagogik, islamische, in: WiReLex 2021. https://bibelwissenschaft.de/stichwort/200878/.

Landthaler, Bruno: Jüdischer Religionsunterricht und säkulare Gesellschaft, in: Klapheck, Elisa u. Landthaler, Bruno u. Rappoport, Rosa (Hg.): Deutschland braucht jüdischen Religionsunterricht, Leipzig 2019, 13–45.

Lindner, Konstantin u. Schambeck, Mirjam u. Simojoki, Henrik u. Naurath, Elisabeth: Zukunftsfähiger Religionsunterricht: Konfessionell – kooperativ – kontextuell, Freiburg i. B. 2017.

Markschies, Christoph: Kirchengeschichte theologisch – einige vorläufige Bemerkungen. Theologische Literaturzeitung 17 (2006), 47–75.

Roggenkamp-Kaufmann, Antje: Religionspädagogik als ‚Praktische Theologie'. Zur Entstehung der Religionspädagogik im Kaiserreich und Weimarer Republik, Leipzig 2001.

Saß, Marcell: Bildung. Macht. Ordnung. Eine Archäologie in lernorttheoretischer Perspektive, in: Schillberg, Arno u. Weidmann, Bernd (Hg.): Macht und Autorität. Ihre Ambivalenz in Kirche und Gesellschaft, Leipzig 2020, 187–201.

Schröder, Bernd: Einführung: Bildung, ein zu Unrecht vernachlässigtes Thema der Theologie, in: ders. (Hg.): Bildung, Tübingen 2022, 1–16.

Schröder, Bernd: Religionspädagogik, Tübingen 2012, 2. Aufl. 2021.

Schröder, Bernd: Historische Religionspädagogik. Ein Literaturbericht [...] seit 1990er, in: ThR 74 (2009), 290-308, 377-409.

Schröder, Bernd (Hg.): Institutionalisierung und Profil der Religionspädagogik, Tübingen 2009.

Seitz, Klaus: Die ganze Welt an einem Ort. Die Globalisierungs- und Weltgesellschaftsforschung als Herausforderung für die Erziehungswissenschaften, in: Tertium Comparationis 10/1 (2004), 7–23.

Walgenbach, Katharina: Von Differenz zu Differenzen: Methodologische Herausforderungen und Chancen einer Komplexitätssteigerung in der Historischen Bildungsforschung, in: Groppe, Carola u. Kluchert, Gerhard u. Matthes, Eva (Hg.): Bildung und Differenz. Historische Analysen zu einem aktuellen Problem, Wiesbaden 2016, 39–62.

Weidlich, Laura: Transnationale Forschungsperspektiven in der Historischen Religionspädagogik. Eine Perspektiverweiterung der Komparatistik an Fallbeispielen religiöser Bildung in Frankreich, Paderborn 2023.

Willems, Joachim: „Zweifel unerlaubt! Zweifel erlaubt!". Der Zusammenhang von Auto-Stereotypen und islambezogenen Hetero-Stereotypen in evangelischen Schulbüchern, in: Kirchliche Zeitgeschichte 32/2 (2019), 291–319.

Wischmeyer, Johannes: Historische Religionspädagogik, in: Verkündigung und Forschung 2(2014), 110-123.

2. Katechese in der Alten Kirche

> Das Christentum ist von Anfang an eine Bildungsreligion.
> In der frühen Geschichte des Christentums ist die Vermittlung von Glaubenswissen mit der Taufe verbunden und wird als „Katechese" bezeichnet.
> Für die Weitergabe der Glaubensinhalte verfasst Augustinus um 400 n. Chr. erste didaktische Hinweise.

Das Christentum entstand vor ca. 2000 Jahren in der römischen Provinz Judäa am östlichen Rand des Mittelmeers, die vom Römischen Imperium besetzt und wirtschaftlich ausgebeutet wurde. Die ersten Christ:innen (Χριστιανόι *Christianoi*, Apg 11,26) waren Jüdinnen und Juden, Nachfolger des Rabbis Jesus (Jeshua), der als Wanderprediger zwischen Galiläa und Jerusalem wirkte. Sie glaubten, dass er mit seinem heilenden Handeln und seiner Verkündigung in Synagogen (συναγωγή *synagoge* Versammlung), im Tempel und an öffentlichen Orten gezeigt hat, wie Gottes Reich Wirklichkeit werden konnte. Nach seinem Tod am Kreuz entwickelten die ersten Nachfolger:innen eine erstaunliche Aktivität. Sie waren davon überzeugt, dass sie bei Jesus gespürt und gesehen hatten, wie Gott ist und was Gott will. Jesu Tod konnte nicht das Ende gewesen sein: Sie glaubten, dass er auferstanden und mit seinem Geist weiter präsent war. Sie wollten diesem Heilbringer (Messias Χριστός *Christos*) weiter nachfolgen. Im frühen Christentum entstand schnell die literarische Produktion: Briefe, Parabeln, Wundererzählungen und eine neue Textgattung: das Evangelium (εὐαγγέλιον *euangelion* gute Nachricht). Die Evangelien interpretierten das Erste Testament („Alte Testament") so, dass Jesus der erwartete Messias war und seine Bedeutung über das jüdische Volk hinaus ging. Dieser Universalismus führte zu einer Trennung von Jüd:innen und Christ:innen (vgl. Apg 15). Von römischer Seite führte ihre exklusive Verehrung des Einen Gottes, statt des römischen Kaisers, zu Verfolgungen.

Eine Didaktik als Theorieentwurf für die Vermittlung des christlichen Glaubens gibt es in der Bibel nicht. Derartige Konzepte wurden erst ab dem 19. Jahrhundert geschrieben. In den frühesten christlichen Schriften wird auch keine Antwort auf die Frage gegeben, ob Jesus selbst über Ziele, Inhalte, Methoden und Medien eines Glaubensunterrichts reflektierte. Dennoch kann aus den frühchristlichen Quellen ein Bild über die Weise, wie über christliche Glaubensweitergabe gedacht wurde, abgeleitet werden.

Das Christentum als Bildungsreligion

Die Weitergabe des Glaubens gehörte von Anfang an zur selbstverständlichen Aufgabe der christlichen Kirche. Damit führte sie die jüdische Tradition weiter, in der zum Beispiel beim Pessachmahl die Kinder nach der Begründung der religiösen Weisungen fragen sollten. Ihnen wurde dann von der Befreiung durch Gott aus Ägypten erzählt (Dtn 6,20–25; Ex 12,26–27). In den Synagogen wurden Gottesdienste gefeiert und es wurde die Schrift ausgelegt. Auch Jesus lehrte dort und wird in den Evangelien als Rabbi, also als Lehrer (διδάσκαλη *didaskale* Mk 1,21f, Mt 4,18f, Lk 7,36f, Joh 1,38) bezeichnet. Schon im frühen Christentum wurde die Predigt als Bildung verstanden. Die ältesten Formen des christlichen Glaubensunterrichts sind mit der Taufe als Eintritt in die Kirche (ἐκκλησία *ekklesia*) als Gemeinschaft der Gläubigen verbunden. Die Tauffragen, später verfestigt in so genannten Bekenntnissen, mussten von den erwachsenen Täuflingen beantwortet werden. Im Matthäusevangelium wird als letzter Auftrag Jesu vor seiner „Himmelfahrt" festgehalten, dass die Jünger:innen die Botschaft verbreiten und neue Gläubige taufen sollten. Und: „lehrt sie (διδάσκοντες *didaskontes*), alles zu befolgen, was ich euch aufgetragen habe" (Mt 28, 20). Damit stand die Kirche in einem Gegensatz zu anderen Religionen, die keine Vorbedingungen für die Teilnahme an ihren Ritualen stellten.

Taufe und Katechese

Im 3. Jahrhundert entstand, in Verbindung zur Taufe, ein institutionalisierter Glaubensunterricht: der Katechumenat (κατήχησις *katechesis* Unterweisung). Er galt für Erwachsene und konnte bis zu drei Jahre dauern. Erst danach wurden sie getauft und zum Abendmahl* zugelassen. Alle Menschen, die zur christlichen Kirche gehören wollten, brauchten diesen Unterricht. Das alte nicht-christliche Wissen sollte revidiert und die alte Lebensweise abgelegt werden. In der Alten Kirche gab es darum von Anfang an auch Lehrer (1. Kor 12,28f., Eph 4,11). Gleichzeitig wurde die wichtige Funktion der Glaubensweitergabe zu Hause und in der Familie betont (Eph 6,1–4). Dort sollten vor allem Texte gelesen werden, die später zur „Bibel" (biblia Bücher) zusammengefasst wurden. Auch sollte in der Familie die moralische Erziehung (παιδεια *paideia*, vgl. Pädagogik) stattfinden. Kinder waren im frühen Christentum wichtig. Ihnen sollte Glaubenswissen vermittelt werden, gleichzeitig ging es um die „Erziehung als Initiation in einen Lebensstil" (Schröder 2012, 37; 2021, 638). Der Text von Johannes Chrysostomos (*Quelle 2.1*) aus dem Jahr 400 ist die „erste ausführliche christliche Erziehungslehre" (Paul 1993, 61). Sie diente bis in die Neuzeit als Anleitung für die Gewissenserforschung bzw. Beichte. Chrysostomos war zuerst Mönch, später Bischof von Konstantinopel und einer der wichtigsten „Kirchenvätern" der orthodoxen Kirche* im östlichen römischen Reich.

2. Katechese in der Alten Kirche

Augustinus von Hippo (354–430 n. Chr.)
Augustinus war Bischof in Hippo Regius, eine *colonia*, ein römischer militärischer Stützpunkt in Nordafrika. Er gilt als der wichtigste „Kirchenvater" der lateinischsprachigen Kirche. Geboren war er in Thagaste, etwas südlicher von Hippo, studierte Rhetorik und stieg auf zum Redenschreiber des römischen Kaisers. Im Jahr 380 war das Christentum unter Kaiser Theodocius zur Staatsreligion geworden. Mit dem Christentum war Augustinus über seine Mutter Monnika in Kontakt gekommen, blieb aber distanziert bis zu seinem „Bekehrungserlebnis" (386). In seinen berühmten *Confessiones* bekennt er: „Unruhig ist mein Herz, bis es Ruhe findet in Dir." Bis zu seinem Lebensende schrieb er mehr als 100 Werke, die die Theologie, Philosophie und Pädagogik bis heute beschäftigen. Priester wurde Augustinus erst 391 und Bischof im Jahr 395. Viele seiner Werke sind Gelegenheitsschriften, wie der Brief *De catechizandis rudibus* an Deogratias. Augustinus erlebte 410 die Eroberung Roms durch die Westgoten, was ihm zu seinem Werk *De civitate dei* (Über den Staat Gottes) veranlasste, in der er die „Zwei-Reiche-Lehre" entfaltete. Er starb im Jahr 430, während die Vandalen Hippo belagerten.
Literatur:
Geerlings, Wilhelm: Augustinus, Wiesbaden 2004.
Leppin, Hartmut: Die Kirchenväter und ihre Zeit. München 2000, 86–101.
https://www.augustiner.at/augustinus/biographie/

Zwei religionspädagogische Fragen mussten in der Alten Kirche geklärt werden: (1) Wie verhält sich die christliche Erziehung zur weltlichen griechischen oder römischen? Christ:innen waren einerseits kritisch gegenüber der paganen („heidnischen") schulischen Bildung der Oberschicht eingestellt, weil im Unterricht über verschiedene Götter statt über den einen Gott gesprochen wurde. Andererseits lernten sie dort Lesen, Schreiben, Grammatik und Rhetorik, um die Bibel und andere Texte lesen, verstehen und präsentieren zu können. Es setzte sich die Auffassung durch, dass die weltliche Bildung hilfreich und nützlich sei, aber nicht über der kirchlichen Katechese als „wahrer" Bildung stehen sollte. (2) Ist Glaube lehrbar? Von Anfang an bestand in der christlichen Kirche die Überzeugung, dass der Glaube ein Geschenk Gottes und damit unverfügbar sei; der Glaube selbst könne nicht vermittelt werden. Gleichzeitig fand aber Glaubensunterricht statt und die Glaubenslehrer waren davon überzeugt, dass Wissen helfen würde, den Glauben zu vermitteln. Diese Spannung kann als das „religionspädagogische Paradoxon" bezeichnet werden (Schröder 2012, 209–213; 2021, 148–152).

Eine erste Didaktik: Augustinus' „De catechizandis rudibus" (404 n. Chr.)

Die Herausforderungen für die christliche Erziehung änderten sich grundlegend nach der sogenannten Wende unter Kaiser Konstantin (313 n. Chr.). Das Christentum wurde als Religion toleriert, die Verfolgungen endeten und viele Menschen erstrebten die Taufe. Der Glaubensunterricht beschränkte sich immer mehr auf eine kurze Instruktion vor der Taufe, während weitere Katechese danach passierte. In der multireligiösen und pluralen Welt der Alten Kirche gab es vielfältige Antworten auf Bildungsfragen; „was es aber in jedem Fall *nicht* gab, war „die" Bildungstheorie oder „die" katechetische Praxis „der" Kirchenväter." (Gemeinhardt 2018, 130) Ein Beispiel für diesen Unterricht, das auch einen Einblick in die Didaktik gibt, ist der Brief von Augustinus an Deogratias: *De catechizandis rudibus* „Vom ersten katechetischen Unterricht" *(Quelle 2.2)*. Der Text hatte überdies eine lange Wirkungsgeschichte. Augustinus benannte die notwendigen Kompetenzen eines Lehrers und spricht über die Methoden, um sowohl mit Leistungsstarken („Gebildeten") als auch lustlosen Schülern umgehen zu können. Vor allem betonte er das Ziel des Unterrichtens, die Liebe Gottes und die Liebe zu den Mitmenschen zu erschließen. Inhaltlich sollten dazu für den Glauben exemplarische Schlüsselgeschichten aus der Bibel und aus der Kirchengeschichte erzählt werden, eine *narratio*. Danach folgte die Anwendung auf das richtige Verhalten, die *exhortatio* oder auch „Ermahnung". Methodisch betonte Augustinus, dass es wichtig sei, die Adressierten zielgerichtet anzusprechen und mit ihnen in einen dialogischen Prozess zu treten. Der Erzähler sollte vor allem aus innerer Überzeugung und aus Liebe sprudeln. Verstehen und Erkennen könnten Menschen nur – so Augustinus in *De magistro* –, was sie „in jenem inneren Licht der Wahrheit" wahrnehmen, das Licht, das Gott bzw. Christus als einzig wahrer Lehrer in ihnen entzündete.

Bildung verlagerte sich in die Klöster

Als das Christentum nach dem Jahr 380 zur offiziellen „Staatsreligion" wurde, sind einzelne Männer und Frauen in die Wüste gezogen, um dort als Eremit:innen (Einsiedler) konsequenter und radikaler christlich leben zu können. Später entwickelte sich daraus das gemeinsame Leben der *monachoi* (Mönche; von *monos* allein) in Klöstern. Um die Bibel, die liturgischen Texte und die Gesänge lesen und rezitieren zu können, entstanden die ersten Klosterschulen. Durch den Niedergang des westlichen römischen Reiches im 5. Jahrhundert zerfiel das weltliche Schulwesen und die Klöster übernahmen diese Aufgabe. In den Klosterbibliotheken blieben die antiken Texte, die für die Bildung als nützlich betrachtet wurden, bewahrt.

2. Katechese in der Alten Kirche

Quellentexte

2.1 Johannes Chrysostomos, Über die christliche Erziehung. (Ca. 400 n. Chr.) In: Glagla 1968, https://digi20.digitale-sammlungen. de/de/fs1/object/ display/ bsb00045938_00017.html. Originaltext in Anführungsstrichen. Die fünf Tore sind paraphrasiert. Siehe auch Paul 1993, 63–68.

„Um bei den Menschen das größte Übel, die Arroganz, auszurotten, müssen christliche Eltern so früh wie möglich anfangen ihre Kinder zu erziehen. Die Seele des Kindes ist wie eine neue Stadt und der Vater ist wie der König dieser Stadt. [...] Um es der Stadt gutgehen zu lassen, müssen die Tore kontrolliert und die Stadt wohlgeordnet ausgebaut werden. [...] Die Wohnungen in der Stadt sind die Seelenkräfte des Kindes. Die fünf Sinne gleichen der fünf Stadttore."
(1) (Zunge) Das Kind soll lernen, gottesfürchtige Reden im Mund zu führen,
(2) (Gehör) Es soll nichts Unanständiges hören und einen biblischen Namen tragen,
(3) (Geruchssinn) Die sinnliche Begierde soll eingedämmt werden.
(4) (Auge) Er soll Schönheit insbesondere in der Natur sehen, Theater und übertriebener Schmuck meiden und nicht mit Frauen baden.
(5) (Tastsinn) Er soll nicht mit weiblichen Körpern in Berührung kommen und härter werden.
Die Seelenkräfte, Durchsetzungskraft, Einsicht, Weisheit und Verstand, sollen ausgebaut werden. So werden junge Menschen erzogen zum „Kämpfer (ἀθλητής athletes) für Christus" und zu „Himmelsbürger", d. h. glaubwürdig lebende gottesfürchtige Christen.

2.2 Aurelius Augustinus, De catechizandis rudibus. Vom ersten katechetischen Unterricht. Ca. 404/405 n. Chr. Fragmente aus der Übersetzung von Werner Steinmann und (Bearb.) Otto Wermelinger, SKV Bd. 7, München 1985. Siehe auch https:// bkv. unifr.ch/ de/works/cpl-297/versions/vom-ersten-katechetischen-unterricht/ divisions/4.

1. Du hast mich gebeten, Bruder Deogratias, dir für deinen Gebrauch einen Leitfaden zur Einführungskatechese für Nichtchristen zu schreiben. Wie du sagtest, führt man in Karthago, wo du Diakon bist, immer wieder Leute zu dir, die einen ersten Einblick in den christlichen Glauben erhalten möchten, weil man dich für einen besonders begabten Katecheten hält, sowohl wegen deiner Kenntnis der Glaubenslehre wie auch wegen der gewinnenden Art deines Vortrags. Nun leidest du aber nach deiner Aussage fast ständig unter der quälenden Unsicherheit, wie denn die Kernpunkte des christlichen Glaubens in geeigneter Form zu vermitteln sind: Wo etwa die historische Darstellung einzusetzen hat und wie weit sie zu führen ist, ob man im Anschluss an die historische Darstellung eine Ermahnung mitgeben soll oder ob man sich auf die Erwähnung der Gebote beschränken kann, die der Zuhörer befolgen muss, um den Normen des christlichen Glaubens und des christlichen Bekenntnisses mit Sicherheit zu genügen.

4. Unsere Hauptsorge [ist], wie wir es erreichen können, dass jeder Katechet mit Freude an seine Aufgabe herangeht; je besser ihm dies nämlich gelingt, umso mehr Anklang wird er finden. Und dass diese Freude gefordert ist, liegt auf der Hand: Wenn Gott

nämlich schon bei der materiellen Gabe „einen freudigen Geber liebt", wieviel mehr dann bei der geistigen. [...]

5. Die historische Darstellung ist umfassend, wenn wir die Einführung jeweils mit der Schriftstelle „Am Anfang schuf Gott Himmel und Erde" beginnen und sie bis zur Kirche in dieser Zeit weiterführen. [Wir wollen] den ganzen Inhalt kurz und exemplarisch zusammenfassen, in der Form, dass wir einige bemerkenswerte Ereignisse herausgreifen, welche beim Hörer besonderen Anklang finden und die an den Wendepunkten der Geschichte liegen. [...]

8. Diese Liebe nun nimm dir gleichsam als Zielpunkt vor Augen, auf den du alles, was du sagst, ausrichtest! Und gestalte die ganze historische Darstellung so, dass dein Zuhörer vom Hören zum Glauben, vom Glauben zur Hoffnung, von der Hoffnung zur Liebe gelange.

12. Nachdrücklich muss ich dich aber auf folgende Tatsache hinweisen: Wenn ein in den freien Wissenschaften Gebildeter in deinen Einführungsunterricht kommt, der sich schon fest entschlossen hat, Christ zu werden, der also nur noch kommt, um diesen Schritt zu vollziehen, wird er mit größter Sicherheit große Teile unserer biblischen Bücher und unseres kirchlichen Schrifttums bereits kennen, und – ausgerüstet mit diesen Kenntnissen – nur gerade erscheinen, um an den Aufnahmezeremonien teilzunehmen. Leute dieser Art pflegen nämlich nicht erst in der Stunde, in der sie Christen werden, sondern schon vorher alle Fragen sorgsam zu prüfen und ihre inneren Beweggründe mit möglichst vielen Gesprächspartnern gemeinsam zu erörtern. Bei ihnen sollte man sich also kurz fassen, ihnen nicht pedantisch eintrichtern wollen, was sie bereits wissen, sondern dies nur behutsam streifen, etwa mit den Worten, dass sie das und das vermutlich schon wissen.

17. Wenn wir es ferner leid sind, dauernd die üblichen, für Kinder angemessenen Themen zu wiederholen, neigen wir uns doch in brüderlicher, väterlicher und mütterlicher Liebe zu ihnen hinunter und knüpfen wir die Verbindung zu ihrem Herzen, und auch uns wird alles wieder neu erscheinen! Wieviel vermag doch das Mitfühlen des Herzens! [...] Dann sind wir gleichsam gegenseitig Mitbewohner, und was jene hören, das sprechen sie gleichsam in uns, und wir lernen gewissermaßen in ihnen, was wir lehren.

19. Oft kommt es auch vor, dass einer, der anfänglich bereitwillig zuhörte, später, sei es vom Zuhören, sei es vom Stehen ermüdet, seinen Mund nicht mehr für ein Wort der Zustimmung, sondern zum Gähnen öffnet und damit sogar gegen seinen Willen zu erkennen gibt, dass er am liebsten weggehen möchte. Sobald wir dies bemerken, müssen wir seine Aufmerksamkeit wieder wecken, indem wir etwa eine mit Humor gewürzte und zum Thema, das wir gerade behandeln, passende Bemerkung einflechten, oder indem wir etwas erzählen, was großes Erstaunen und Verblüffung oder aber Schmerz und Klage hervorruft. [...] Ein anderes Mittel, die Aufmerksamkeit des Zuhörers wieder zu wecken, besteht darin, ihm eine Sitzgelegenheit anzubieten.

22. Befällt uns aber Traurigkeit, weil wir selber eine Verfehlung oder eine Sünde begangen haben, wollen wir uns nicht nur an das Wort erinnern: „Ein zerknirschter Geist ist ein Opfer für Gott", sondern auch an [...] „Barmherzigkeit will ich statt Opfer". [...] Indem wir mit diesen und ähnlichen Gedanken und Überlegungen den Überdruss beseitigen, der unser Herz verdüstert, gelangen wir zu jener Stimmung, die für die Ein-

führungskatechese angemessen ist, so dass dann mit Wohlgefallen aufgenommen wird, was rastlos und heiter sprudelnd aus der Überfülle der Liebe entströmt.

23. Bevor ich [...] beginne [mit dem Beispiel der „Großen Katechese"], bitte ich dich noch zu bedenken, dass es sich entscheidend auf die Grundeinstellung auswirkt, ob man diktiert und dabei den zukünftigen Leser vor Augen hat oder ob man vorträgt und dabei auf den anwesenden Hörer achtet.

Zusammenfassung, Fragen, Ideen für Hausarbeiten und Referate, Literatur

Zusammenfassung

Die christliche Kirche ist von Anfang an eine Bildungsreligion. Ab etwa 200 n. Chr. entstand die Katechese als feste Form, um verbunden mit der Taufe Glaubenswissen und eine Lebensweise zu vermitteln. Nach der „Konstantinischen Wende" wurde die Kindertaufe zum Regelfall. Durch die hohe Anzahl an Taufwilligen bekam die Glaubensvermittlung eine andere Stellung. Augustinus gab in *De catechizandis rudibus* erste didaktische Hinweise für diesen Unterricht.

Fragen

1. Füllen Sie das Schema für diese Zeitspanne aus:

	Ziele	Inhalte	Methoden und Medien
Taufunterricht im 1. und 2. Jh.			
Augustinus' Didaktik			

2. Erörtern Sie, warum das Christentum von Anfang an als eine „Bildungsreligion" bezeichnet werden kann.
3. Fassen Sie Chrysostomos' Auffassung über die christliche Erziehung zusammen und beurteilen Sie, ob sie mit aktuellen Begriffen der Kompetenzorientierung (Wissen, Können und Anwenden-Können) gedeutet werden kann.
4. Überprüfen Sie, inwiefern die didaktischen Hinweise von Augustinus in „De catechizandis rudibus" modernen Begriffen wie Subjektorientierung, Lernausgangslage, Unterrichtsgespräch, Elementarisierung, Authentizität zugeordnet werden können.

Ideen für Hausarbeiten und Referate
- Das Verhältnis von religiöser Sozialisation, kirchlicher Katechese und schulischem Unterricht in der Alten Kirche und in der Gegenwart.

- Die Bedeutung der Subjektorientierung und der Umgang mit dem „religionspädagogischen Paradoxon" bei Augustinus und im Religionsunterricht heute.
- Die Sichtweise des orthodoxen Bischofs Chrysostomos auf Erziehung und Bildung im Vergleich zu aktuellen Sichtweisen in den orthodoxen Kirchen*.

Ausgewählte Literatur

Gemeinhardt, Peter: Sind die Kirchenväter religionspädagogisch rezipierbar? Überlegungen zum Bildungsdenken Augustins anhand neuerer Vorschläge zu dessen Aktualisierung, in: Schröder, Bernd u. Gemeinhardt, Peter u. Simon, Werner (Hg.): „Rezeption" und „Wirkung" als Phänomene religiöser Bildung, StRB 18, Leipzig 2018, 113–134.

Gemeinhardt, Peter: Bildung – Theologie – Bildungsreligion. Christentumsgeschichtliche Perspektiven, in: Schröder, Bernd (Hg.): Bildung, Tübingen 2021, 65–103.

Gemeinhardt, Peter: Ist Religion lehrbar? Diskurse über religiöse Bildung im spätantiken Christentum, in: Zeitschrift für Erziehungswissenschaften 2022 (25), 107–126.

Leppin, Hartmut: Die frühen Christen. Von den Anfängen bis Konstantin, München 2018.

Reil, Elisabeth: Aurelius Augustinus, De catechizandis rudibus. Ein religionspädagogisches Konzept, St. Ottilien 1989.

Paul, Eugen: Geschichte der christlichen Erziehung. Bd. I: Antike und Mittelalter, Freiburg/Basel/Wien 1993.

Schröder, Bernd: Religionspädagogik, Tübingen 2012, 17–51; 2. Aufl. 2021, 619–653.

3. Christliche Schulen im „Mittelalter"

> Die Bildung der kirchlichen und gesellschaftlichen Elite vollzieht sich im „Mittelalter" in Kloster- und Domschulen, die ein kirchlich-liturgisches Profil haben.
> Das Glaubenswissen und die Lebensweise wird vor allem durch die Teilhabe an der christlichen Praxis vermittelt.

Die Bezeichnung „Mittelalter" wurde im 17. Jahrhundert von evangelischen Kirchenhistorikern (Voetius 1663, Cellarius 1685) eingeführt. Sie umschrieben die eigene Zeit als „neu" (Neuzeit) und bewunderten das alte Christentum als ursprünglich und richtig. Die Zeit zwischen Alt und Neu sei gezeichnet von Verfall und nur „Mitte": *media aeves*. Die Ereignisse in den fast 1000 Jahren zwischen der Auflösung des Römischen Reiches (500 n. Chr.) und ca. 1500 sind aber zu unterschiedlich, um mit einem Begriff gedeutet werden zu können. Noch weniger passt der Epochenbegriff auf Entwicklungen außerhalb von Westeuropa. Darum steht er im Titel in Anführungsstrichen. Das Wort Mittelalter ruft im deutschen Kontext dennoch bestimmte Bilder auf (Burgen, Klöster, Kathedralen, ummauerte Städte) und hat, trotz aller Kritik, eine hohe Selbstverständlichkeit bekommen.

Die Klosterschulen und Domschulen

Das Mittelalter war in hohem Maße vom Christentum geprägt. Allerdings besuchte nur eine Minderheit eine Schule und konnte lesen und schreiben. Um 1500 waren geschätzt 70 bis 90 % der Bevölkerung Analphabet:innen und die Kommunikation zu Hause, im Dorf und unterwegs geschah zumeist mündlich. Die Feldarbeit, das Handwerk und die Inhalte des christlichen Glaubens wurden durch Zuhören und Mitmachen gelernt. Im 6. Jahrhundert waren die Stadtschulen faktisch verschwunden. In den Klosterschulen wurden Mönche, Nonnen, zukünftige Priester und weltliche Herrscher ausgebildet. In dieser Zeit wurden Kinder für ein Leben im Kloster weggegeben: *pueri oblati* („dargebrachte" Kinder), da sie dort versorgt wurden und zum „Seelenheil" der Familien beitrugen. In den Klosterschulen ging es vor allem um die Vermittlung von Glaubensinhalten und Fähigkeiten, die für ein Klosterleben notwendig waren: das Lesen und Abschreiben der liturgischen Texte, Gesänge und der Bibel, das Bestimmen der Feiertage und die Verwaltung der handwerklichen und bäuerlichen Arbeit. Klöster waren entscheidend für die kulturelle Entwicklung von Westeuropa und seit Winfried Bonifatius (672–754 n. Chr.) verantwortlich für die Christianisierung*.

Seit Benedikt von Nursia (ca. 480 bis ca. 560 n. Chr.) folgten die meisten Klöster dessen Ordensregel (*Regula Benedicti*, Quelle 3.1). Die Regel schrieb das achtmalige tägliche Gebet, die tägliche Arbeit, die Bindung an einen Ort, die Demut und den Gehorsam dem Abt als Leiter des Klosters gegenüber vor. In Kapitel 30 der Regel wird über die Bestrafung von jüngeren Knaben durch Schläge gesprochen und die Rute ist auf Abbildungen als Attribut (Erkennungszeichen) des Lehrers zu sehen. Gleichwohl wird in Kapitel 64 der Regel über die „Milde des Abtes" gesprochen, der auf jeden einzeln schaut.

Abbildung 1. Chorschüler beim Singen des Psalters. Rodericus Zamorensis, Spiegel des menschlichen Lebens, Augsburg 1479. Paul 1993, 166.

Über die Methoden in den Klosterschulen liegen keine Quellen vor. Es kann davon ausgegangen werden, dass vor allem vorgelesen, nachgesprochen, auswendig gelernt und mitgesungen wurde. Bücher waren kostbar, erst im 15. Jahrhundert wurde der Buchdruck erfunden, und somit gab es nur Lese- und Vorlesebücher für Lehrer. Die Schulbücher waren Kompendien von Texten der klassischen Autoren wie Boethius, Cassiodor, Isidor von Sevilla, Rabanus Maurus. Das Wissen aus der Antike blieb nötig, war aber nur Hilfswissen für die Theologie. So wurden die *septem artes liberales* vermittelt, die sieben Fähigkeiten, die ein „freier Mann" beherrschen sollte. Drei als Basis: Grammatik, Rhetorik und Logik (*trivium*); vier in der oberen Stufe: Arithmetik, Geometrie, Astronomie und Musik (*quadrivium*).

Im Jahr 800 n. Chr. wurde der Fränkische König Karl der Großen zum römischen Kaiser gekrönt. Er förderte das Bildungswesen und die Christianisierung* im Reich, ernannte seinen Berater Alkuin zum „Reichsschulmeister" und gründete Musterschulen, u. a. in Aachen und Tours. In den Städten entstanden später mit den Kathedralen verbundene Domschulen, in denen vor allem Grammatik (Latein), Bibelkunde und Musik unterrichtet wurde. Wieder später kamen Stadtschulen bzw. „Lateinschulen" dazu, in denen das *trivium* vermittelt wurde. In „Deutschen Schulen" wurde in der Landessprache Lesen, Schreiben und Rechnen vermittelt. „Religionsunterricht" als Fach gab es nicht, doch das Schulleben dieser Schulen war stark vom Christentum geprägt. Der katholische

3. Christliche Schulen im „Mittelalter"

Religionspädagoge Eugen Paul (1993, 146) hielt fest: „Die Schüler des Mittelalters seien mehr in der Kirche als in der Schule gewesen, ihre Lebensform sei mehr kirchlich-liturgisch als schulisch geprägt gewesen." Vor allem in städtischen Lateinschulen war „im 14. Jahrhundert das Gregoriusfest ein verbreiteter Brauch, um neue Schüler zum Schulbesuch zu motivieren" (Saß 2010, 280). Es wurde ab dem 9. Jahrhundert bis ins 19. Jahrhundert gefeiert, inklusive Umzug durch die Stadt, Schulpredigt und Vergabe von Süßigkeiten. Die Feiern weisen Analogien zu den heutigen Einschulungsgottesdiensten auf. Im späten Mittelalter erschien für die Glaubensvermittlung die bebilderte so genannte *biblia pauperum* („Armenbibel"). Erst ab dem 15. Jahrhundert gab es einzelne gedruckte Blätter mit biblischen Erzählungen. Jedes Blatt zeigte in der Mitte einen Text, zum Beispiel eine Szene aus dem Leben Jesu, der mit Bildern und Kurztexten daneben erläutert wurde.

Ab dem 12. Jahrhundert entwickelten sich aus den Stadtschulen *Hoch*schulen, an denen das *quadrivium* unterrichtet wurde (Bologna, Paris usw.) Sie nannten sich Universitäten, nach *universitas magistrorum et scolarium*, d. h. Gemeinschaft von Lehrern und Schülern. Nach der allgemeinen „philosophischen" Fakultät konnten drei weitere Fakultäten besucht werden: Theologie, Recht und Medizin. Nun wurde Theologie „schulmäßig" betrieben (Scholastik*). Die vielen theologischen Texte, die in dieser Zeit geschrieben wurden, zielten auf eine systematische Bibelauslegung und eine Zusammenfassung des Glaubenswissens (vgl. Thomas von Aquin *Summa Theologica*). Eine Didaktik, die über Augustinus *De catechizandis rudibus* hinaus ging, kann darunter aber nicht gefunden werden. Durch die Rezeption von Aristoteles wurde im späten Mittelalter das Verhältnis von Glaube und Wissen zu einer dringenden Frage. In *Quelle 3.2* ist die klassische Position Ägidius Romanus' (1247–1316) aufgenommen. Er war schon jung in den Orden der Augustiner-Eremiten eingetreten, studierte in Rom und Paris (u. a. bei Thomas von Aquin) und wurde 1285 Erzieher des Französischen Königssohns.

Sozialisation in eine christliche Welt
Ab dem 5. Jahrhundert wurde die Einheit von Erwachsenentaufe, Eucharistie* und Firmung aufgelöst. Die Kindertaufe wird zur Praxis und das Taufkatechumenat verschwand. Die Eltern und Paten beantworteten die Tauffragen. Dafür entstand ein neues Sakrament: die Firmung bzw. *con-firmatio*, mit der Salbung durch den Bischof. Die religiöse Bildung geschah im Mittelalter vor allem durch die selbstverständliche Teilhabe an Messfeiern, an Gottesdiensten und Ritualen, durch das Nachsprechen von Vaterunser und Glaubensbekenntnis sowie das Hören von Predigten. In einer Welt der mündlichen Kommunikation spielten Lieder, Theater (Passions- und Osterspiele, Krippenspiele, Pantomimen,

Mysterienspiele in und vor der Kirche) sowie Statuen und Bilder eine große Rolle für die Vermittlung von Glaubensinhalten.

Die moralische Erziehung geschah in der Gemeinschaft und durch die Buße und Beichte, die ab 1215 zur jährlichen Pflicht wurde. Im späten Mittelalter erschienen viele christliche Erziehungslehren, wie der Text des französischen Theologen Jean de Gerson (1363–1429) (*Quelle 3.3*). Er war Kanzler der Pariser Universität Sorbonne und hatte durch seine Schriften in ganz Europa Einfluss.

Bis weit in das 15. Jahrhundert galt für Erziehung und Bildung das Primat der Tradition. „‚Originell' ist nicht wer Neues bietet, sondern wer der Tradition treu bleibt." (Paul 1993, 168) Erneuerung wurde als Rückkehr zu Urform gesehen: die *Renaissance** als Wieder-Geburt der Antike, in der die Humanisten* antike Texte erschlossen, die *Re*-formation als *Wieder*herstellung der richtigen und hoch geschätzten Alten Kirche. Die Diskussionen darüber waren ein Element des Übergangs zur Neuzeit.

Quellentexte

3.1 Aus der Ordensregel von Benedikt von Nursia. Ca. 540 n. Chr. In: Salzburger Äbtekonferenz, Regel des Hl. Benedikt 1990. Siehe auch Rupp 2010, 9–12.

(Kap. 30) Über die Bestrafung jüngerer Knaben
Nach Alter und Einsicht muss es unterschiedliche Maßstäbe geben. Daher gelte: Knaben und Jugendliche oder andere, die nicht recht einsehen können, was die Ausschließung als Strafe bedeutet, sollen für Verfehlungen mit strengem Fasten oder mit kräftigen Rutenschlägen bestraft werden. Sie sollen dadurch geheilt werden.
(Kap. 64) Einsetzung des Abtes.
Entscheidend für die Wahl und Einsetzung seien Bewährung im Leben und Weisheit in der Lehre, mag einer in der Rangordnung der Gemeinschaft auch der Letzte sein. [...] Er sei selbstlos, nüchtern, barmherzig. Immer gehe ihm Barmherzigkeit über strenges Gericht, damit er selbst Gleiches erfahre. Er hasse die Fehler, er liebe die Brüder. Muss er aber zurechtweisen, handle er klug und gehe nicht zu weit; sonst könnte das Gefäß zerbrechen, wenn er den Rost allzu heftig auskratzen will.

3.2 Ägidius Romanus, Von der Sorge der Eltern für die Erziehung ihrer Kinder. Ca. 1295. In: Kaufmann, Michael (Hg.), Ägidius Romanus' de Colonna, Johannes Gersons, Dionys des Kartäusers und Jakob Sadolets Pädagogische Schriften. Freiburg 1904, 31–33. Siehe auch Rupp 2010, 22–23.

Fünftes Kapitel: Alle Bürger, besonders aber Könige und Fürsten, sollen ihre Kinder schon von frühester Jugend an im Glauben unterrichten lassen. [...]
1. Da der Glaube über der Vernunft steht und was Glaubenssache ist, nicht durch die Vernunft erfasst werden kann, so ist es nützlich, dass, was zum Glauben gehört, in demjenigen Lebensalter vorgestellt werde, in welchem keine Begründung des Vorgestellten verlangt, sondern demselben ohne weiteres beigepflichtet wird. Dieses

3. Christliche Schulen im „Mittelalter"

Lebensalter ist die Kindheit. Wenn nämlich Vater oder Mutter den Kindern etwas zu glauben vorstellen, so fragen diese nicht nach Gründen für das Gehörte, weil sie noch nicht hinlänglich zum Vernunftgebrauch gekommen sind, sondern sie nehmen das Gesagte einfach gläubig an. [...]
3. Den Glaubenswahrheiten muss man auch fest anhangen. Wir sehen nämlich, dass die Gewohnheit gewissermaßen eine zweite Natur ist, wie vom Philosophen [Aristoteles] im Buche vom Gedächtnis und der Erinnerung dargetan wird. [...] Je mehr deshalb etwas angewöhnt ist, um so mehr wird es zur Natur und um so eifriger hängen wir ihm an. [Darum] sollen uns die Glaubenswahrheiten schon von Jugend an beigebracht werden, damit wir denselben um so eifriger und ohne Zögern anhangen können.

3.3 Jean de Gerson, Von der Führung der Kleinen zu Christus. (ca. 1410). In: Eugen Schoen, Erziehung und Unterricht im Mittelalter. Ausgewählte pädagogische Quellentexte, Paderborn 1965, 114–115. Siehe auch Rupp 2010, 24–25.

„Lasset die Kindlein zu mir kommen und wehret es ihnen nicht; denn solcher ist das Himmelreich." Christus, unser höchster Lehrer und Gesetzgeber, hat sowohl durch Wort wie auch durch Tat und Beispiel hinreichend Anweisung gegeben, in allen Lebensäußerungen der Kirche jeden Stand und jedes Alter zu berücksichtigen. [...] Wenn wir weiterhin die Macht der Gewohnheit erwägen, welche Aristoteles eine zweite Natur nennt, so ist offenbar nichts beschwerlicher, herber und abträglicher als eine schlechte, und weiterhin nichts einfacher, süßer und göttlicher als eine gute Gewohnheit. Deshalb stimmen alle Philosophen und Dichter mit den Gottesgelehrten darin überein, dass es vor allem darauf ankomme, ob die Jugend in diese oder in jene Richtung gewöhnet wird. [...] Der täuschte sich also nicht, sondern er schaut sich die Sache vernünftig an, der versicherte, dass man bei den Kleinen beginnen müsse, wenn man eine Erneuerung des kirchlichen Lebens herbeiführen wolle. Denn da sie noch weniger verdorben und im Bösen noch weniger verhärtet sind, so sind sie zumindest für heilsame Lehren empfänglicher, wenn dies vielleicht auch noch keinen durchschlagenden Erfolg verbürgt. Die Kinder sind in der Tat für die Anfangsgründe guter Lehren offen, weil sie falsche Haltungen noch nicht so tief in sich aufgenommen haben und verderbliche Lehren bei ihnen noch nicht so fest verwurzelt sind. Sie sind neue Schläuche für die vorzüglichsten Weine, junge Pflanzen, die sich leicht von der Hand des Gärtners beeinflussen lassen. [...]
Was jedoch wird, wenn die Liebe fehlt, die Unterweisung nützen? Man hört nicht zu; man glaubt nicht den Worten und befolgt nicht die Ermahnungen. Man muss daher auf alle Überlegenheit verzichten und mit den Kindern ein Kind werden. Nur ihre Fehler und alles unziemliche Benehmen sind zu vermeiden.

Zusammenfassung, Fragen, Ideen für Hausarbeiten und Referate, Literatur

Zusammenfassung

Im Mittelalter gab es das Schulfach Religion nicht. Das Christentum prägte aber die Gesellschaft und der christliche Glaube wurde vor allem durch die selbstverständliche Teilhabe an den kirchlichen Angeboten und durch den gelebten Glauben in der Familie vermittelt (Sozialisation). Nur eine kleine Elite konnte lesen und schreiben. Diese Fähigkeiten wurden vor allem in Klosterschulen gelehrt. Auch als in den Städten Schulen gegründet wurden, blieben die Unterrichtsinhalte und das Schulleben weitgehend vom Christentum bestimmt.

Fragen
1. Füllen Sie das Schema für diese Zeitspanne aus:

	Ziele	Inhalte	Methoden und Medien
Unterricht in den Klosterschulen			
Christliche Sozialisation im Alltag			

2. Jean de Gerson plädiert für eine Erneuerung des kirchlichen Lebens durch einen Glaubensunterricht, der bei Kindern ansetzt. Auch Ägidius Romanus empfiehlt, damit so früh wie möglich zu beginnen. Beurteilen Sie, ob und inwiefern diese Einsichten für die Gegenwart Gültigkeit haben.

Ideen für Hausarbeiten und Referate
- Ein Vergleich der didaktischen Praxis in den Kloster- und Domschulen mit den Madrasas und Koranschulen damals und heute.
- Kunst (Heiligen Statuen; Altarbilder), Gemälde, *biblia pauperum* und Theater waren Unterrichtsmethoden für die *illiterati* (Analphabeten) im Mittelalter. Ihre Bedeutung für den aktuellen Religionsunterricht.
- Möglichkeiten für die Gestaltung des Schullebens mit christlichen Elementen im Mittelalter und heute.

Ausgewählte Literatur
Gemeinhardt, Peter: Bildung – Theologie – Bildungsreligion. Christentumsgeschichtliche Perspektiven, in: Schröder, Bernd (Hg.), Bildung, Tübingen 2021, 65–103.
Paul, Eugen: Geschichte der christlichen Erziehung. Bd. I: Antike und Mittelalter, Freiburg/Basel/Wien 1993, 115–284.
Reents, Christine u. Melchior, Christoph: Die Geschichte der Kinder- und Schulbibel. Evangelisch – katholisch – jüdisch, Göttingen 2011, 31–48.
Rupp, Horst F.: Religiöse Bildung und Erziehung im Mittelalter, in: Lachmann, Rainer u. Schröder, Bernd (Hg.): Geschichte des evangelischen Religionsunterrichts in Deutschland, Neukirchen-Vluyn, Studienbuch 2007, 17–34. Quellenbuch 2010, 5–28.
Saß, Marcell: Schulanfang und Gottesdienst. Religionspädagogische Studien zur Feierpraxis im Kontext der Einschulung, Leipzig 2010.
Schröder, Bernd: Religionspädagogik, Tübingen 2012, 51–64; 2. Aufl. 2021, 653–667.

4. Religiöse Bildung in der Zeit der Reformation

> Die evangelischen Reformatoren fordern die Einrichtung von eigenen evangelischen Schulen für Jungen und Mädchen aus allen Bevölkerungsschichten.
> Als Bildungsmedium für den Glaubensunterricht in den konfessionellen Schulen werden Katechismen geschrieben. Sie vertiefen die konfessionellen Unterschiede.
> Katholische Jesuiten gründen für die Elitenbildung eigene katholische Gymnasien.

Ein Merkmal des Christentums ist, dass es sich an unterschiedliche kulturelle Umgebungen und Zeiten anpassen kann: *ecclesia semper reformanda*, die Kirche muss sich immer verändern. Schon seit dem Bedeutungsverlust des westlichen römischen Reiches hat sich die Kirche im Osten des Reiches (Byzantium*, Griechenland, Balkan, Ukraine, Russland, Georgien, Armenien) unabhängig vom Westen weiterentwickelt. Die gegenseitige Entfremdung führte im Jahr 1054 zu einer Spaltung zwischen der Ost- und Westkirche: das Große Schisma. Aber auch in der lateinischen Kirche gab es immer wieder Erneuerungen wie die Gründung von neuen Orden (z. B. Franziskaner, Dominikaner) oder die Einrichtung von Konzilien* als Macht neben Papst und Kirchenleitung. Reformatoren wie Martin Luther hatten nicht die Absicht, die Kirche zu spalten, sondern zu *reformieren*, d. h. zu einer alten frühkirchlichen und evangeliumstreuen Form zurückzuführen. Dass dennoch die Kirche gespalten wurde und eine „evangelische Kirche" entstand, hat unterschiedliche Gründe, die nur kurz angedeutet werden.

Das Erneuerungsstreben in der Kirche führte zur Spaltung

Die Entwicklungen um 1500 geschahen vor dem politischen Hintergrund der Ausbreitung des Osmanischen Reiches: Im Jahr 1453 wurden das christliche Konstantinopel und im Jahr 1474 die Krim, bis dahin in Besitz von Händlern aus Genua, erobert. Eine Gegenreaktion war 1492 die gewaltvolle Vertreibung der muslimischen Bevölkerung aus Spanien, die so genannte *Reconquesta*. In den Jahren 1516 und 1517 wurden Syrien und Ägypten Teil des Osmanischen Reiches, im Jahr 1529 wurde Wien belagert. Der Import von Gewürzen auf dem Landweg wurde schwieriger und „die fieberhafte Suche nach einem Seeweg nach Indien war eine der Folgen des türkischen Imperialismus" (Kaufmann 2016, 15). Die aus europäischer Perspektive so genannte „Entdeckung" Amerikas 1492 durch Christoph Kolumbus erschütterte das in Europa bestehende Weltbild.

Ein weiterer Grund war die Medienrevolution in der Mitte des 15. Jahrhunderts durch Johannes Gutenbergs Erfindung des Drucks mit beweglichen Buchstaben. Einige Jahre später, um 1500 herum, gab es bereits in 150 Städten in Europa 1000 Druckereien und es waren etwa 30.000 Buchtitel vorhanden. In den Städten soll der Analphabetismus in dieser Zeit nur noch bei ca. 65 % gelegen haben. Durch die nun schnell gedruckten Bücher konnten sich z. B. die humanistischen* Gelehrten europaweit austauschen. Auf der Suche nach dem Menschsein des Menschen erschlossen und publizierten sie antike Quellen (*Renaissance**; Wiedergeburt der Antike) und stellten die „mittelalterliche" scholastische* Tradition in Frage. Das individuelle Lesen von Büchern war eine andere Weise der Wahrheitssuche und weniger mit dem kollektiven Hören verknüpft, was den Individualismus förderte. Luther konnte als Professor für biblische Exegese in Wittenberg die Bücher der Humanisten* verwenden, zum Beispiel die griechisch-lateinische Bibelausgabe von Erasmus, die hebräische Grammatik von Reuchlin, die Psalmenkommentare von Stapulensis und die Schriften von Augustinus. Auch Luthers eigene Flugschriften, Briefe, Pamphlete und Predigten konnten in hohen Auflagen gedruckt werden und verbreiteten sich in Europa. Das neue Medium wurde von den Reformatoren wesentlich schneller und erfolgreicher benutzt als von der römischen Kirche. Der Historiker Volker Reinhardt, der zur Reformation Vatikanische Quellen recherchierte, bezeichnet Luther darum als „Genie der Netzwerkknüpfung und Mediennutzung" (2016, 62).

Einen weiteren Grund für die Spaltung bildeten die Entwicklungen in der römisch-katholischen Kirche selbst. Sie war bis zu dem Zeitpunkt die allumfassende Instanz für Bildung (Klosterschulen, Domschulen, Stadtschulen) und Fürsorge, für die lebensbegleitenden Rituale von der Taufe bis zum Tod sowie die alleinige Spenderin des Heils durch die Sakramente, Wallfahrten, Kreuzzüge, Reliquien und Ablässe*. Einiges war aber in Verruf geraten, insbesondere der Ablass*, mit dem die Zeit im *purgatorium* (Fegefeuer) verkürzt werden sollte. Der Ablassverkauf war ein wichtiges Finanzierungsmittel der Kirche geworden. Die Gelder wurden unter anderem für die Errichtung von Prachtbauten (Petersdom) und Kunst (Michelangelo und andere) verwendet. Der Mainzer Erzbischof Albrecht von Brandenburg benutzte den Ablass*, um mit Hilfe des Dominikaners Johann Tetzel seine Schulden abzubezahlen, die er für die gleichzeitige Übernahme mehrerer kirchlicher Ämter gemacht hatte. Er bestimmte sogar, dass alle Priester, wenn ihnen ein Ablassbrief gezeigt wurde, obligatorisch die Sünden vergeben mussten. Zudem wurde die Gültigkeit aller Ablassbriefe auf die Amtszeit eines Papstes beschränkt, sodass sie keinen zeitlosen Wert mehr hatten. Das machte sie um so unglaubwürdiger.

4. Religiöse Bildung in der Zeit der Reformation

Die reformatorische Entdeckung und ihre Folgen für Bildung und Schule

Martin Luther nutzte den in der Bevölkerung zu verzeichnenden Unmut gegen den Ablass*, um die „Papstkirche" und ihr Heilssystem in Frage zu stellen. Er sah in Wittenberg, wie Menschen Ablassbriefe kauften, ohne ihre Verfehlungen zu bereuen, sodass sie ihre Sünden vergeben bekamen, ohne Buße zu tun. Das war für ihn keine glaubwürdige Antwort auf seine Lebensfrage: „Wie kann ich als Mensch vor dem strengen Gott bestehen?" Als Augustiner-Mönch benutzte er intensiv alle Heilsmöglichkeiten der Kirche, aber dennoch war er nicht überzeugt, dass das für Gott gereicht habe. Erst durch die Lektüre des Briefs von Paulus an die Römer (Röm 1,17) und die Auslegung von Augustinus kam er zur

Martin Luther (1483–1546)
Martin Luther wurde in Eisleben in eine wohlhabende Familie geboren, da der Vater Pächter eines Bergwerks war. Er besuchte die Lateinschule und ab 1501 die Universität in Erfurt, wo er 1505 mit dem Jura-Studium anfing. Im Alter von 22 Jahren hatte er ein prägendes religiöses Erlebnis, als er in einem schweren Gewitter im Gebet die Heilige Anna anrief und gerettet wurde. Um sein Versprechen, als Mönch ein christliches Leben führen zu wollen, einzuhalten, trat er dem Orden der Augustiner-Eremiten in Erfurt bei. Er studierte Theologie und übernahm nach seiner Promotion 1512 die biblische Professur an der 1502 gegründeten Universität in Wittenberg. Sein Bibelstudium (*sola scriptura*) führte ihn zu seiner „reformatorischen Entdeckung" eines gnädigen Gottes (*sola gratia*), der den Menschen durch seinen Glauben (*sola fide*) in Jesus Christus (*solus christus*) angenommen und gerechtfertigt* hat. Luther erlangte große Bekanntheit durch die 95 (wissenschaftlichen) Thesen gegen den Ablass* im Jahr 1517, durch seine „Predigt von Ablass und Gnade" (18 Drucke im Jahr 1518) und vor allem durch seine vielen Pamphlete und Reformschriften im Jahr 1520. Seine Kritik stellte die Kirche als Heilsinstanz und ihr Finanzierungssystem grundsätzlich in Frage. Er wurde darum im Januar 1521 von der Kirche in Rom exkommuniziert* (aus der Kirche verbannt). Seine Kritik wurde zum Politikum, als er 1521 auf dem Reichstag in Worms seine Schriften vor Kaiser Karl V. verteidigen musste. Dieser bestätigte die kirchliche Verurteilung als Ketzer und sprach die „Reichsacht" aus, welche ihn als „vogelfrei" erklärte. Getarnt als „Junker Jörg" fand Luther aber Zuflucht auf der Wartburg in Eisenach. Hier übersetzte er, auf Wunsch von Philipp Melanchthon, die Bibel (zuerst das „Neue Testament") auf Deutsch, was als sprachbildende Meisterleistung gilt. Im selben Jahr erklärte Luther das Mönchgelübde als nicht-biblisch und heiratete 1525 die ehemalige Nonne Katharina von Bora. Luther unterstützte als unermüdlicher Publizist, Prediger, Lieddichter und Organisator die sich formierende evangelische Kirche. Er starb im Jahr 1546 in Eisleben.

Literatur:
Kaufmann, Thomas: Martin Luther, München 4. Aufl. 2016.
Beutel, Albrecht (Hg.): Luther Handbuch, Tübingen 3. Aufl. 2017.
Schröder, Bernd: Art. Martin Luther, in: WiReLex 2021. https://bibelwissenschaft.de/stichwort/200894/.

Einsicht, dass Gott kein strenger, sondern ein barmherziger Gott ist, der Menschen das Heil schenkt. Durch Gottes Gnade (*sola gratia*) sah er den Menschen als gerechtfertigt an. Der Mensch, so Luther, blieb aber Sünder und konnte den Glauben nicht aktiv bewirken, da dieser nur als Geschenk Gottes entstehen kann. Um die Familienväter bei dieser Aufgabe zu unterstützen, sei nach dem evangelischen Kirchenhistoriker Peter Gemeinhardt eine „Schule [...] notwendig, um Menschen in ihre Lebenswelt einzuweisen und um sie für die Aufnahme des Evangeliums vorzubereiten" (2021, 81). Eine Schule für alle war damit eine zentrale und theologisch begründete Forderung Martin Luthers. In der Schule sollten Kinder lesen und schreiben lernen, christliche Unterweisung erhalten, den Katechismus auswendig lernen, die Bibel hören und auch durch Lieder innerlich für den Glauben empfänglich gemacht werden. Und er schrieb: „Wenn ich vom Predigtamt oder anderen Dingen lassen könnte oder müsste, so wollte ich kein Amt lieber haben, als Schulmeister oder Knabenlehrer." (zit. n. Simon 2019, 3)

Die päpstliche Kurie in Rom unterschätzte die Kritik des deutschen Mönches aus einer ihnen unbekannten Universität irgendwo weit nördlich der Alpen und meinte, das Problem mit einem Ketzerverfahren gelöst zu haben. Luther verbrannte aber im Januar 1521 die Bannbulle (Verurteilungsbrief) öffentlich vor den Toren Wittenbergs. Seine medienwirksame Reise zum Reichstag in Worms im April 1521 – durch den Kurfürsten von Sachsen bewirkt – zeigte, dass er eine politische Bewegung ausgelöst hatte. Im Jahr 1523 wurden in Brüssel zwei „lutherische" Augustinermönche auf dem Scheiterhaufen verbrannt. Auch ihnen wurde vorgeworfen, Ketzer zu sein. Trotz Luthers Verurteilung erklärten immer mehr Fürsten, die Reichsacht nicht ausführen zu wollen, und wurden „evangelisch". 1529 protestierten sechs Fürsten und 16 Städte offiziell gegen die Ächtung Luthers. Dies gilt als die Geburtsstunde des „Protestantismus" und der Trennung zwischen evangelischen und katholischen Regionen.

Nun waren in den protestantischen Städten und Gebieten die Klöster aufgelöst, die Kirchen evangelisch geworden und damit viele Schulen nicht mehr vorhanden. Um das Problem zu lösen, nahm Luther die Obrigkeit, wie in seiner Schrift zur politischen Umsetzung der Reformation* „An den christlichen Adel" schon angelegt, in die Pflicht: *Quelle 4.1.1*. In der Bibel wird in 1. Kor 12,12 von der Priesterschaft aller Gläubigen gesprochen, was für Luther bedeutete, dass er alle Menschen als Priester sah. Auch formulierte er die „Lehre der zwei Regimente", bei der Gott sowohl durch den Staat – weltlich, durch Vernunft und mit dem Schwert – als durch die Kirche – geistlich, durch Wort und Sakrament – regiere. Auf dieser Basis forderte Luther die weltlichen Fürsten und die Ratsherren der Städte auf, für alle (Jungen und Mädchen, arm und reich, Stadt und Land) Schulen zu gründen: *Quelle 4.1.2*. Die Kontrolle über die Qualität der Schule übergaben er und Philipp Melanchthon in ihrer Schrift „Unterricht der Visitatoren" (1528) den Pfarrern. Diese so genannte geistliche Schulaufsicht wurde im 18. und 19. Jahrhundert stark kritisiert, offiziell aber erst 1919 mit der Wiemarer Reichsverfassung abgeschafft. Auch wenn die Schulpflicht erst im Laufe des 18. Jahrhunderts eingeführt wurde, war dies ein wichtiger Impuls für die Bildung in protestantischen Gebieten, was zu ihrer Prosperität beitrug.

Christliche Unterweisung im 16. und 17. Jahrhundert
Abbildung 2 zeigt eine Lateinschule im Jahr 1592. Wie auf Abbildung 1 (Kap. 3) hält der Lehrer (*praeceptor*) als Erkennungszeichen eine Rute. Eine weitere liegt hinter seinem Sessel und links vorne übt sein Assistent (*collaborator*) die übliche Prügelstrafe aus. Alle Schüler:innen befinden sich in einem Raum. Sie sind in drei Altersgruppen aufgeteilt. Diese Dreiteilung entspricht dem, was Martin Luther und Philipp Melanchthon 1528 in „Unterricht der Visitatoren" empfohlen hatten. Die jüngste Gruppe („dritter Haufen") befindet sich links hinten im Raum und lernt Lesen und Schreiben mit dem Katechismus und einem Buch mit lateinischem Text. Latein war die universelle Sprache in der Kirche, den Universitäten und Höfen. Die zweite Gruppe, vielleicht die rechts hinten, lernte vor allem Grammatik und musste Sentenzen (Sinnsprüche aus der Bibel und von griechischen und lateinischen Philosophen) auswendig lernen. In der ältesten Gruppe, „erster Haufen", ging es um Grammatik, Metrik (Verslehre von Gedichten), Logik und Rhetorik. Dies könnten die Mädchen und Jungen in der Mitte vor dem Lehrer sein, die jeweils einen Text vorlesen müssen. Auf dem Bild kann nur wenig Kooperation unter den Schüler:innen beobachtet werden und ein Unterrichtsgespräch wäre nicht möglich gewesen. Die Szene spielt etwa 150 Jahre nach der Erfindung des Buchdrucks: Viele Schüler:innen haben Bücher in der Hand. Hinten rechts sind Musiknoten abgebildet, weil in allen Gruppen Musik geübt wurde. Wenn es eine evangelische Lateinschule war, wurden wahrscheinlich von Luther geschriebene Lieder gesungen. „Martin Luther hat Lieder und Gesang sowohl für gottesdienstliche als auch für unterrichtliche Zwecke außerordentlich geschätzt." (Schröder 2010, 40) Seine Lieder hatten prägenden Einfluss auf die christliche Erziehung in Familie und Schule. Auch empfahl Luther, Mathematik und Geschichte zu unterrichten. Neben den Musiknoten ist auf dem Bild eine Uhr zu sehen, die den Unterricht von morgens um 6 Uhr (Beginn mit einem Gesang) bis nachmittags um 16 Uhr (Ende mit der Rezitation des Katechismus) regulierte.

Abbildung 2. Lateinschule, 1592. Anonymer Holzschnitt, in: Schiffer, Horst, u. Winkler, Rolf, Tausend Jahre Schule. Eine Kulturgeschichte des Lernens in Bildern, Stuttgart/Zürich 1985, ⁴1994, 67. Siehe auch Schröder 2010, 32.

Die Idee der drei „Haufen" blieb für die „niederen Schulen" bis weit ins 18. Jahrhundert bestehen. In den höheren Schulen wurde schon bald in fünf „Classen" unterrichtet: beginnend mit der *Quinta* (fünfte) bis zur *Prima* (erste) Klasse. Manche Klassen wurden noch in „obere" und „untere" geteilt. Erst wer die *Quinta* erfolgreich abgeschlossen hatte, wurde zur höheren Klasse zugelassen.

Neben Luther spielte vor allem Philipp Melanchthon (1497–1560; seit 1518 Professor für Griechisch an der Universität in Wittenberg) für die Förderung des Schulwesens in humanistischem* und reformatorischem* Sinn eine große Rolle. Schon 1523 verfasste er ein „Handbüchlein" für den jüngsten „Haufen" der höheren Schule: *Enchiridion elementorum puerilis*. Dieses erste evangelische Schulbuch, das 1524 auf Deutsch übersetzt wurde und damit auch für niedere Schulen geeignet war, hatte folgenden Inhalt: das Alphabet, das Vaterunser, das Ave Maria (aus Lk 1, 28), das apostolische Glaubensbekenntnis, Psalm 66,2-8, Exodus 20 (Zehn Gebote), Matthäus 5-7 (Bergpredigt), Römer 12 und Johannes 13, Sprüche der griechischen „Sieben Weisen", Tagzeitengebet und das Lob der Weisheit (auf Griechisch). Laut Schröder (2010, 37) wird „am Enchiridion und seiner Stoffauswahl exemplarisch deutlich, dass und wie Melanchthon humanistisches* Erbe und christliche Traditionsbestände zusammenführt". Im Jahr 1529

4. Religiöse Bildung in der Zeit der Reformation

schrieb Luther für die Hausväter und Lehrer den „Kleinen Katechismus" mit folgendem Inhalt: Zehn Gebote, Glaubensbekenntnis, Vaterunser, Erklärungen zu Taufe, Beichte (!), Abendmahl*, Gebete. Es ist die lutherische theologische Basisschrift und war bis weit ins 20. Jahrhundert das wichtigste Unterrichtsmedium. In den höchsten Klassen der Lateinschule wurden auch z. B. die so genannten *Loci Communes* (Texte von Melanchthon) und bis zur Mitte des 18. Jahrhunderts das *Compendium locorum theologicorum* von Leonhard Hutter gelesen.

In Hamburg entstand 1529 im ehemaligen Johanneskloster eine Lateinschule, die inhaltlich nach den Vorschlägen von Melanchthon eingerichtet wurde: *Quelle 3.2*. Die Meissener Kirchenordnung (*Quelle 4.3*) gibt Auskunft darüber, wie der Unterricht in einer von einer Frau geleiteten Mädchenschule gestaltet war.

Calvin, die reformierten Kirchen und die Katechese

Unabhängig von Luthers Einfluss entwickelte Huldrych Zwingli um 1522 herum in Zürich vergleichbare reformatorische* Ideen. Auch in einigen Städten im Südwesten Deutschlands (Nürnberg, Straßburg et al.) gab es diese Entwicklungen. Johannes Calvin, 1509 geboren in Noyon in Frankreich, gehörte zur zweiten Generation der Reformatoren*. Während Luther seine Überzeugungen in Auseinandersetzungen entwickelte und teils (z. B. Abendmahlsauffassung*, Teufel, Anti-Judaismus) noch stark im mittelalterlichen Denken verhaftet war, konnte Calvin das reformatorische Anliegen systematisch und konsequent durchdenken.

Calvin wurde in Paris ausgebildet und kam dort in Kontakt mit christlichen Humanisten*. Als der Rektor der Sorbonne, Nicolaus Cop, 1533 eine Predigt mit lutherischem Gedankengut hielt, wurde er der Ketzerei beschuldigt und musste fliehen. Auch Calvin, der seine Auffassungen teilte, wagte es nicht länger, in Paris zu bleiben. Als im Oktober 1534 reformiert denkende Christ:innen gewaltvoll verfolgt wurden, flüchtete er nach Basel, und später nach Straßburg und Genf. In Basel veröffentlichte Calvin seine erste theologische Schrift: „Unterricht in der christlichen Lehre", die *Institutio*. Er wollte damit den französischen König Franz I. von der Schriftgemäßheit der protestantischen Theologie überzeugen. Als Calvin nach Genf gerufen wurde, um die Stadt zu reformieren, entwickelte er eine Kirchenordnung mit einer fast demokratischen Kirchenstruktur: Die Leitung der autonomen Kirchengemeinde liegt bei einem Gremium *(Konsistorium, Presbyterium)* mit vier Funktionsträgern: Pastoren, Doktoren, Älteste (Presbyter) und Diakone. Der Pastor (Pfarrer) ist für Predigt, Seelsorge und (als Erster unter Gleichen) für Leitung des Konsistoriums zuständig. Das zweite Amt bei Calvin sind die Doktoren, die Lehrer: *Quelle 4.4*. Sie unterrichten die Gläubigen und sorgen für die Katechese als theologische Ausbildung, quasi in Vertretung für Gott, „wie ein Handwerker zur Verrichtung seiner Arbeit ein Werkzeug verwendet." (Calvin, „Institutio" IV 3,1; Leppin 2. Aufl. 2012, 217–220)

Die Stadt Genf wurde vom Stadtrat regiert und es gab eine klare Trennung zwischen den Aufgaben von Kirche und Stadt. In der Stadt gab es ein Schulwesen, aber Calvin äußerte sich nie zur Schulbildung . Die Internationalität von Genf als Flüchtlingsgemeinde und die von Calvin gegründete Genfer Theologische Akademie spielten eine große Rolle für die weltweite Verbreitung des Calvinismus: bis in die Schweiz, die Niederlande, nach Schottland, Ungarn, Nord-Amerika.

Wichtig sind seine Hinweise für die christliche Erziehung und Unterweisung in der Familie und in der Kirche. Die Katechese war Bedingung für die Zulassung zum Sakrament des Abendmahls* und das Amt des Lehrers diente somit zur Erziehung zum Heil. Für den Unterricht von Konfirmand:innen (*Catechismos*) in calvinistischem Sinne schrieb der Straßburger Reformator* Martin Bucer (1491–1551) die so genannte Ziegenhainer Zuchtordnung. Manche Regelungen haben sich bis heute kaum geändert: „Der Pfarrer soll die Kinder die Hände auflegen und sie also im Namen des Herrn konfirmieren und zu christlicher Gemeinschaft bestätigen, worauf sie zum Tisch des Herren eingeladen sind" (vgl. Schröder 2010, 50–51). Mehr als Calvins eigene Katechismen ist der „Heidelberger Katechismus" verbreitet. Der Pfälzer Reformator Zacharias Ursinus verfasste ihn im Jahr 1563 und dieser galt mit 129 Fragen und Antworten als *das* weltweit verbreitete Lehrbuch für die reformierte Katechese.

Das Trienter Konzil, die Jesuiten-Gymnasien und der Katechismus von Canisius

Die katholische Kirche in Rom reagierte auf die Kirchenspaltung erst mit dem Konzil* in Trient (heute Trento), das in drei Sitzungsperioden zwischen 1547 und 1563 stattfand. Die katholische Kirche in ihrer heutigen Gestalt hat ihre Wurzeln in den „tridentinischen" Entscheidungen. Die Unterschiede zu den Protestant:innen wurden zugespitzt: Gegen das Prinzip von *sola scriptura* galt die kirchlich formulierte Tradition als gleichwertige Quelle für die Wahrheit des Glaubens. Statt der hebräischen, griechischen oder volkssprachlichen Bibel blieb die lateinische *Vulgata* normativ. Statt *sola gratia* wurden das menschliche Wirken und die Sakramente, insbesondere das eucharistische* Opfer, als heilsbedeutsam festgehalten. Gleichzeitig wurden Erneuerungen beschlossen: Die Rolle von Reliquien und Heiligen wurde gemindert, Ämterhäufung verboten, Priester sollten eine profunde theologische Ausbildung durchlaufen und es wurde eine Predigtpflicht festgeschrieben. An Sonn- und Feiertagen sollten darüber hinaus die Kinder in den Grundelementen des Glaubens unterwiesen werden.

4. Religiöse Bildung in der Zeit der Reformation

Für die Kloster-, Dom- und Stadtschulen änderte sich in katholischen Gebieten wenig und weiterhin „wurden die üblichen Texte weiterverwendet" (Paul 1993, 156). Neu, in Abgrenzung zu den Protestant:innen, war das Medium des Katechismus. Der niederländische Humanist* Desiderius Erasmus, der katholisch blieb, schrieb 1513/15 ein Elementarbuch für die Lateinschule: *christiani hominis institutum*, mit Glaubensbekenntnis, sieben Sakramenten, Tugendlehre (sieben Hauptsünden) und Ermahnungen für Leben und Tod. Der katholische Theologe Petrus Athesinus veröffentlichte 1520 ein *Enchiridion*, das als Erstlesebuch die folgenden Texte enthielt: *Veni Sanctus Spiritus* (zu singen am Stundenbeginn), Zehn Gebote, Vaterunser, *Ave Maria* und *Salve Regina*.

Einen entscheidenden Einfluss auf die katholische Bildung hatte vor allem der Orden der Jesuiten, der sich *Societas Jesu*, abgekürzt SJ, nannte und 1537 gegründet wurde. „Als internationaler Orden [hatte er] wie kein anderer, praktisch überall gewirkt und [...] die Seelsorge und Erziehungsarbeit anderer Orden wie auch des Weltklerus nachhaltig beeinflusst." (Paul 1995, 16) Der Gründer, Ignatius von Loyola (1491–1556), war ein baskischer Edelmann und Offizier. Nachdem er 1521 bei einer Schlacht verletzt wurde, kam er durch Lektüre religiöser Bücher und der Bibel, Klosterbesuche und mystische Erfahrungen zu seinen Grundgedanken der „geistlichen Exerzitien": ein Training zur religiösen Persönlichkeitsentwicklung. Der Jesuitenorden sah sich der weltweiten Mission, der Bildung und dem Gehorsam dem Papst gegenüber verpflichtet. Eine Besonderheit war es, dass Ordenstracht, Tagesgebete und Ortsbindung keine Rolle spielten. Jesuiten gründeten anspruchsvolle Jesuiten-Gymnasien und Universitäten, die mit protestantischen Einrichtungen um die Erziehung der männlichen Elite konkurrierten.

In den Jesuiten-Gymnasien spielte die Persönlichkeitsentwicklung durch gezielte Übungen (Exerzitien), Gottesdienste, geistliche Lesungen, Beichte und Gewissenserforschung eine große Rolle. Mit Theateraufführungen (auf Latein) über Heiligenleben, biblische und katechetische Themen wurden christliche Inhalte erzählend und erlebbar dargestellt. Für die Vermittlung des Glaubenswissens schrieb der deutsche Jesuit Petrus Canisius (1521–1597) einen katholischen Katechismus im Frage-Antwort-Stil, der 1555 herausgegeben wurde und auf Latein, Deutsch und 15 weiteren Sprachen auf drei Niveaus verfasst wurde. Die Katechismen von Canisius waren erfolgreich, weil sie nicht konfessionell polemisierten, „wohl aber die katholische Lehre klar antireformatorisch darstellen" (Paul 1995, 42). Sie blieben in katholischen Schulen in Deutschland bis Ende des 18. Jahrhunderts die wichtigsten Schulbücher. Im ersten Teil geht es um die christliche Weisheit und das Glaubensbekenntnis wird erklärt. Im zweiten Teil geht es um die Hoffnung: Dazu zählen das Vaterunser und das *Ave Maria*. Der dritte Teil thematisiert die Liebe mit den Zehn Geboten, kirchlichen Geboten und den sieben Sakramenten. Die Studienordnung *Ratio Studiorum* aus 1559 wurde für den Unterricht an Jesuitenschulen weltweit als Standard festgelegt und war ein Musterregelwerk für eine fortschrittliche Schule, in der der Unterricht weniger von der jeweiligen Lehrkraft abhängig war und die Schüler nicht nach Herkunft oder Stand, sondern nach intellektueller Leistung beurteilt wurden (Simon 2019, 17). Wie dort der Glaube mit „Canisius" vermittelt wurde, ist in *Quelle 4.5* zu lesen.

Für Mädchen gab es einige neue Orden, die sich um Bildung kümmerten, wie die Ursulinen (seit 1535) und die so genannten Mary-Ward-Schwestern (seit 1610). Sie hatten oft die jesuitischen Bildungsprinzipien als Vorbild. Viele dieser Schulen bestehen als katholische Privatschulen bis heute.

Der politische Umgang mit konfessionellen Gegensätzen

Im Jahr 1555 wurde die lutherische Kirche durch den Religionsfrieden von Augsburg anerkannt. Um konfessionellen Streitigkeiten vorzubeugen, sollten die Bewohner:innen der Fürstentümer sich nach der Konfessionalität des Fürsten richten: *cuius regio eius religio* („wessen Region, dessen Religion"). Nun gab es in Westeuropa zwei konkurrierende christliche Wahrheiten. Dies hatte politische Konsequenzen und die konfessionellen Glaubensüberzeugungen vertieften sich. Für die Katholiken hatte das Trienter Konzil* dafür die Weichen gestellt, für die lutherische Seite das Konkordienbuch* von 1580. Dies hatte eine Unterteilung auch des Volksschulwesens in „katholisch" und „evangelisch" zur Folge, wobei die Katechismen, als wichtigstes Medium der schulischen Glaubensvermittlung, die konfessionelle Unterscheidung noch verstärkten. Diese Zeit wird darum auch das „konfessionelle Zeitalter" genannt. Es wurden „konfessionalistisch formierte Menschen ausgebildet" (Mendl 2007, 333) und die Dogmatik* verdrängte die Didaktik.

Die Friedensregelung von Augsburg 1555 hielt nur 50 Jahre. Die reformierte Kirche war nicht – im Unterschied zur lutherischen – anerkannt und durch die Hugenottenkriege* flüchteten viele Protestant:innen zwischen 1562 und 1598 aus Frankreich nach Deutschland. Als 1606 der katholische Herzog Maximilian von Bayern die evangelischen Bewohner:innen von Donauwörth nach der Störung einer katholischen Prozession gewaltsam rekatholisieren wollte, formierten sich die lutherischen und reformierten Fürsten 1608 zu einer politischen „Union". Eine katholische „Liga" war darauf im Jahr 1609 die Antwort. Als andere europäische Mächte sich einmischten, führte dies von 1618 bis 1648 zu einem dreißig Jahre währenden Krieg. Die Gesamtbevölkerung in Deutschland wurde durch diesen Krieg von 21 Millionen auf 13,5 Millionen dezimiert. Es dauerte nach 1648 noch Jahrzehnte, bis sich die wirtschaftliche und politische Situation strukturell gebessert hatte. In dieser konfliktreichen Zeit entstanden

4. Religiöse Bildung in der Zeit der Reformation

die Glaubenslieder von Paul Gerhardt: „Geh aus, mein Herz", „Ich steh' an deiner Krippen hier", „Befiehl du deine Wege" usw. Im Jahr 1648 wurde in Münster der Westfälische Frieden geschlossen. Die reformierte Kirche wurde ebenfalls anerkannt und die Konfessionalität der Bürger:innen war nicht länger an die der Landesherren und Bischöfe gebunden. Die Kritik an der Kleinstaaterei und ihren bleibenden kriegerischen Auseinandersetzungen sowie der Unmut über den barocken Absolutismus und das nicht funktionierende Kaisertum bildeten den sozialpolitischen Hintergrund für die Aufklärung im 18. Jahrhundert.

Quellentexte

4.1 Martin Luther, An den christlichen Adel (1520); An die Ratsherren (1524)

4.1.1 Martin Luther, An den christlichen Adel deutscher Nation von des christlichen Standes Besserung. August 1520. In: Leppin 2. Aufl. 2012, 57–58. Siehe auch Schröder 2012, 67; 2021, 670.

„Die Romanisten [Kirchenführer in Rom] haben mit großer Geschicklichkeit drei Mauern um sich gezogen, womit sie sich bisher beschützt haben, so dass niemand sie hat reformieren können; dadurch ist die ganze Christenheit schrecklich gefallen. Zum Ersten: Wenn man ihnen mit weltlicher Gewalt zugesetzt hat, haben sie festgesetzt und erklärt, weltliche Gewalt habe kein Recht über sie, sondern umgekehrt: die geistige stehe über der weltlichen. Zum Zweiten: Hat man sie mit der Heiligen Schrift tadeln wollen, setzen sie dagegen, es gebühre niemand die Schrift auszulegen als dem Papst. Zum Dritten: Droht man ihnen mit einem Konzil*, so erfinden sie, es könne niemand ein Konzil berufen als der Papst. [...]

Kurzzusammenfassung des nächsten Absatzes: Luther forderte auch, die theologischen Fakultäten zu reformieren, weil zu wenig „heilige Schrift und Glaube" gelehrt wurde.

Das möchte ich gern leiden, dass des Aristoteles Bücher von der Logik, Poetik behalten oder in eine andere kurze Form gebracht, nützlich gelesen werden, junge Leute wohl zu üben, wohl zu reden und zu predigen. [...] Daneben hätte man nun die Sprachen: Lateinisch, Griechisch und Hebräisch, die mathematischen Disziplinen, Historie, welches ich Verständigeren befehle. [...] Denn hier soll die christliche Jugend und unser edelstes Volk, darinnen die Christenheit bleibt, gelehrt und bereitet werden. [...] Für allen Dingen sollte in den hohen und niederen Schulen die vornehmste und allgemeine Lektion sein, die Heilige Schrift und den jungen Knaben das Evangelium. Und möge Gott in jeglicher Stadt auch eine Mädchenschule finden, wo die Mädchen eine Stunde am Tag das Evangelium hören, wäre es auf Deutsch oder Latein."

4.1.2 Martin Luther, An die Ratsherren aller Städte deutschen Landes, dass sie christliche Schulen aufrichten und halten sollen. *1524.* In: Stoodt, Dieter, Arbeitsbuch zur Geschichte des evangelischen Religionsunterrichts in Deutschland. Münster 1985, 32–33.

„Deshalb bitte ich euch alle, meine lieben Herren und Freunde, um Gottes willen und der armen Jugend willen, wollet diese Sache nicht so geringachten, wie viele tun, die nicht sehen, was der Welt Fürst [der Teufel] gedenkt. Denn es ist eine ernste, große Sache, da Christo und aller Welt viel an liegt, dass wir dem jungen Volk helfen und raten. Damit ist denn auch uns und allen geholfen und geraten. Und denkt, dass solche stille, heimlich, tückische Anfechtung des Teufels will mit großem christlichem Ernst gewehrt sein. Liebe Herren, muss man jährlich so viel wenden an Büchsen, Wege, Stege, Dämme und dergleichen unzählige Stücke mehr, damit eine Stadt zeitlich Friede und Gemach habe, warum sollt man nicht vielmehr doch auch so viel wenden an die dürftige, arme Jugend, dass man einen geschickten Mann oder zwei hielt zu Schulmeistern. […] Darum will ich jetzt dem Rat und die Obrigkeit gebühren, die allergrößte Sorge und Fleiß aufs junge Volk zu haben. […] Das ist der Stadt bestes und allerreichtes Gedeihen, Heil und Kraft, dass sie viel feiner, gelehrter, vernünftiger, ehrbarer, wohlgezogener Bürger hat, die könnten darnach wohl Schätze und alles Gut sammeln, halten und recht brauchen. […] Wenn nun gleich (wie ich gesagt habe) keine Seele wäre und man der Schule und Sprachen gar nicht bedürfte um der Schrift und Gottes Willen, so wäre doch allein diese Ursache genügsam, die allerbesten Schulen, beide für Knaben und Maidlein, an allen Orten aufzurichten, dass die Welt, auch ihren weltlichen Stand äußerlich zu halten, doch bedarf seiner, geschickter Männer und Frauen, dass die Männer wohl regieren könnten Land und Leute, die Frauen wohl ziehen und halten könnten Haus, Kinder und Gesinde. Und solche Männer müssen aus Knaben werden, und solche Frauen müssen aus Maidlein werden."

4.2 Lateinschule und Deutsche Schule in Hamburg. Hamburger Kirchenordnung, vom Rat und Bürgerschaft 1529 angenommen. In: Stoodt, Dieter: Arbeitsbuch zur Geschichte des evangelischen Religionsunterrichts in Deutschland. Münster 1985, 38.

Art. 1. Um viele Unkosten zu vermeiden durch mancherlei Baulichkeiten und zur Eintracht der Bürgerkinder, auch dass allen Dingen zu Ehren dieser Stadt und zur Verbesserung des Unterrichts der Kinder desto herrlicher und fruchtbarer eingerichtet werde, auch nicht die eine Schule die andere verderbe, so soll eine lateinische Schule hier in St. Johannis-Kloster eingerichtet werden. […] Darin sollen fünf Klassen oder fünf Schulzimmer abgesondert werden, sodass die Bürgerkinder, ein jedes nach seinem Stande und Begriffsvermögen besonders, durch geschickte Lehrer vorgenommen werden und stets höher steigen können, wie es ihnen dient. […]
Die Übungen sollen nach der Anweisung, die Mag. Philipp Melanchthon in den Visitationsartikeln für die Pastoren in Sachsen beschrieben angestellt werden. […] Des Sonnabends den ganzen Tag über, von der genannten Stunde bis zur Vesper, soll man sie lehren, den Catechismus zu verstehen, d. i. den christlichen Unterricht der zehn Gebote, des Glaubens, des Vater unsers, der Sakramente, die Größeren aber etwas aus dem Neuen Testament oder leichte Psalmen oder die Sprüche Salamonis, doch nicht zu

4. Religiöse Bildung in der Zeit der Reformation

Schweres für ihren Verstand, Matthäus (grammatisch), die 2. Epistel an den Timotheus, die an Titus, die erste des Johannis etc. [...]
Art. 3. Der Superintendent oder oberste Prediger mit den vier Pastoren, nebst den vier Ratspersonen und neben den zwölf Oberalten sollen alle halben Jahre die Schule visitieren. [...]
Art. 6. Es ist für gut angesehen, dass eine Deutsche Schule gehalten werde in der St. Nicolai-Schule. Der Meister mit zwei Gehilfen soll die Schule zu seinem Gebrauch haben. [...] Wohnungen sollen sie auch drin haben. Dafür sollen sie verbunden sein, auch was Christliches ihren Schülern zu lehren, auch christliche Gesänge.

4.3 Kirchenordnung einer Mädchenschule in Meissen. 1533.
In: Stoodt, Dieter, Arbeitsbuch zur Geschichte des evangelischen Religionsunterrichts in Deutschland. Münster 1985, 39–40.

Der erste Anfang mit den Kindern, wenn sie noch nicht lesen können, ist wenig. Mit ihnen soll es so gehalten werden. Morgens, wenn sie in die Schule kommen, soll man sie nacheinander beten hören, auch wenn sie noch nicht beten können, lernen sie durch diese Übung so beten. Und wenn die Kinder das Vater unser, das Glaubensbekenntnis und die zehn Gebote gelernt haben, sollen sie etliche Psalmen lernen [20, 67, 34, 25, 51, 118, 127] sowie das Gebet für die Obrigkeit. Wenn sie gebetet haben, sollen sie lernen vorzulesen, je nach seiner Geschicklichkeit. Man soll auch diese Kinder dazu anhalten vor oder nach dieser Lektion zur Kirche zu gehen, wie es sich nach Gelegenheit des Ortes geschickt. Und wenn sie von der Kirche in die Schule kommen, ist es gut, wenn man sie fragt, was jedes Kind sich von der Predigt gemerkt hat. Nachmittags soll man die Kinder eine Stunde die geistlichen Lieder lehren, die jetzt in der Kirche viel gesungen werden. [...] Das Lesen mag man üben in das „Deutsche Kinder Büchlein", Vater unser etc., ebenso im Neuen Testament. Diese Kinder sollen auch zum Schreiben angehalten werden, so bald als sie die Buchstaben kennen, doch man soll sie nicht überladen, darum sollen auch nicht mehr als zwei Lektionen zugeordnet werden, eine am Vormittag, eine am Nachmittag. [...]
Welche nun lesen können, sollen ausgesondert werden, und man soll es mit ihnen so halten. Sie sollen mit dem ganzen Haufen beten und danach, wenn sie einen abgeschriebenen Psalm gelernt haben, einen nächsten nehmen. Dann soll man den Kleinen Katechismus von Doktor Martin Luther oder die Kinderlehre aufgeben und sie sollen täglich daraus ein Stück auswendig lernen, was sie morgens nach dem Gebet aufsagen. [...] Mittags sollen auch diese zusammen etliche christliche Lieder singen. Damit sie das Lesen gut üben, lässt man sie einen Evangelisten lesen, wie Matthäus, oder einen leichten Brief oder das erste Kapitel von Johannes, wobei eine einfache Auslegung gut wäre. Mit derartigen kleinen Übungen wird ihnen dennoch die Schrift zum Teil bekannt, was sehr nützlich ist. Was nun in der Schule über die Lesezeit hinaus bleibt, soll mit Schreiben zugebracht werden, wozu das junge Volk mit besonderem Fleiß angehalten werden soll. [...] Es ist auch gut, wenn die Kinder neben diesem Lernen noch bei ihren Eltern spinnen und dergleichen lernen, wenn die Zeit es erlaubt. Auf diese Weise lernen, reicht für den Anfang. Gott gebe Gnade und Glück dazu. Amen.

4.4 Johannes Calvin, Vier Ämter in der Kirche. Genfer Kirchenordnung 1561. In: Busch, Eberhard, et al. (Hg.), Calvin Studienausgabe Bd. 2: Gestalt und Ordnung der Kirche. Neukirchen-Vluyn 1997, 252–257. Siehe auch Leppin 2. Aufl. 2012, 221.

(Doktoren / Docteurs) Die besondere Aufgabe der Doktoren besteht darin, die Gläubigen in der heilsamen Lehre zu unterweisen, damit die Reinheit des Evangeliums weder durch Unkenntnis noch durch Irrlehren getrübt wird. [...] Wir wollen es, um einen verständlicheren Ausdruck zu verwenden, das Amt der Lehrer (l'Ordre des Écoles) nennen. Dem Dieneramt am Nächsten und mit der Leitung der Kirche am engsten verbunden ist dabei der theologische Unterricht, der das Alte und Neue Testament umfassen sollte. Damit der Unterricht Gewinn bringt, muss man zuerst Sprachkenntnisse und allgemeine Bildung besitzen. Aus diesem Grund – weil es nötig ist, im Blick auf die Zukunft Nachwuchs zu fördern, damit die Kirche unseren Kindern nicht in einem schlechten Zustand überliefert wird – muss ein Gymnasium eingerichtet werden, um die Schüler zu unterrichten, und sie sowohl auf den Kirchendienst wie auf ein politisches Leitungsamt vorzubereiten.

4.5 Die Jesuitenschule; Francisco Sacchino, Ratio atque institutio studiorum Societatis Iesu. 1599. Die Studienordnung der Gesellschaft Jesu. 1559. Siehe auch Mendl 2010, 235–237 und Simon 2019, 11–22.

13. Vom Unterricht im Katechismus.
Mit ganz besonderer Vorliebe, Freude und Frömmigkeit soll der Katechismus gegeben werden.
1. Denn er ist gleichsam der Grammatik unseres Herrn Jesus Christus. [...] Die Katechese ist also unsere Hauptaufgabe, der Unterricht in den Wissenschaften nur Nebenzweck.
2. Deshalb verwende man die in der Studienordnung für den Religionsunterricht bestimmte Zeit nicht bloß treu und gehorsam für dieses Fach, sondern tue das auch mit solcher Neigung, Hingabe und Verehrung, wie sie eine Angelegenheit erheischt, welche unsere eigene und die von Christus ist. In dem an dem betreffenden Ort üblichen Katechismus bestimme man die auswendig zu lernenden Stellen und verlange ohne Gnade und Barmherzigkeit in den festgesetzten Stunden diese Aufgaben. Man suche es dahin zu bringen, dass die Knaben bei den Wettkämpfen selbst auf das Kleinste achten, indem man denen eine Belohnung zuerkennt, welche ihren Gegner auch nur durch geläufigeres Aufsagen, oder weil sie ein Wörtchen genauer wussten, übertrafen. [...]
3. Sodann muss eine dem Alter der Zuhörer entsprechende Erklärung gegeben werden. Den ganzen Stoff teile man so, dass, soweit möglich, in den verschiedenen Zeiten solche Dogmen behandelt werden, welche der kirchlichen Liturgie jedes Mal entsprechen. [...]
4. In gleicher Weise suche man, an geeigneten Stellen Erzählungen aus der Biblischen Geschichte einzufügen. [...] Wahrheiten, veranschaulicht durch Beispiele, erleichtern die Auffassung, unterstützen das Gedächtnis und bewegen den Willen.
5. Der Katechet hüte sich davor, bei der Erklärung etwas vorzubringen, über dessen Richtigkeit er nicht vollständig sicher ist.

4. Religiöse Bildung in der Zeit der Reformation

Zusammenfassung, Fragen, Ideen für Hausarbeiten und Referate, Literatur

Zusammenfassung

Die vielen gesellschaftlichen Änderungen um 1500 herum führten zu einer Spaltung der Kirche und zur Entstehung des Protestantismus. Weil für Martin Luther der Glaube eine innere Überzeugung war, die nicht durch kirchliche Handlungen bewirkt werden könnte, sollte er vor allem durch Erziehung und Bildung vorbereitet werden. Alle Jungen und Mädchen sollten Lesen und Schreiben können: Er überzeugte die Obrigkeit davon, Schulen einzurichten. Katechismen wurden das wichtigste Medium für die Vermittlung des konfessionellen Glaubenswissens in Kirche und Schule. Luthers „Kleiner Katechismus" diente in der Schule zudem als Lesefibel und Schreibhilfe. Auch Calvin betonte in der reformierten Kirche die Rolle der Katechese für die christliche Erziehung in Familie und Kirche. Zum schulischen (Religions-)Unterricht findet man bei ihm keine didaktischen Hinweise. Die katholische Kirche reagierte auf die Reformation* mit dem Trienter Konzil* und mit Katechismen, insbesondere die von Canisius. Erneuerungen in der Bildung wurden vor allem durch den Jesuitenorden und ihre Gymnasien erreicht.

Fragen

1. Füllen Sie das Schema für diese Zeitspanne aus:

	Ziele	Inhalte	Methoden und Medien
Glaubensunterweisung bei Martin Luther und Melanchthon			
Glaubensunterweisung auf Jesuiten-Gymnasien			

2. Erläutern Sie den Satz „Dogmatik hat die Didaktik vertrieben".
3. Vergleichen Sie die Klosterschulen im Mittelalter mit den evangelischen Lateinschulen und den Jesuiten-Gymnasien im 16. und 17. Jahrhundert.

Ideen für Hausarbeiten und Referate
- Die Rezeption des Jesuitenordens für die Bildungserneuerungen in der katholischen Kirche.
- Die Reformation und ihre Bildungsimplikationen außerhalb von Deutschland.
- Eine Untersuchung der Bildung in Frauenorden und deren Schulen.

Ausgewählte Literatur

Gemeinhardt, Peter: Bildung – Theologie – Bildungsreligion. Christentumsgeschichtliche Perspektiven, in: Schröder, Bernd (Hg.), Bildung, Tübingen 2021, 65–103.

Kaufmann, Thomas: Reformation. 100 Seiten, Stuttgart 2016.

Paul, Eugen: Geschichte der christlichen Erziehung. Bd. 1: Antike und Mittelalter, Freiburg/Basel/Wien 1993, 115–284; Bd. 2: Barock und Aufklärung. Freiburg/Basel/Wien 1995, 13–210.

Leppin, Volker: Reformation. Kirche- und Theologiegeschichte in Quellen, Band III, Neukirchen-Vluyn 2. Aufl. 2012.

Lindner, Konstantin u. Tricoire, Daniel: Art. Katholische Reform / Gegenreformation, in: WiReLex 2018. https://bibelwissenschaft.de/stichwort/100274/.

Reents, Christine u. Melchior, Christoph: Die Geschichte der Kinder- und Schulbibel. Evangelisch – katholisch – jüdisch, Göttingen 2011, 51–86.

Reinhardt, Volker: Luther der Ketzer, Rom und die Reformation, München 2016.

Schröder, Bernd: Von der Reformation bis zum Dreißigjährigen Krieg, in: Lachmann, Rainer u. Schröder, Bernd (Hg.): Geschichte des evangelischen Religionsunterrichts in Deutschland, Neukirchen-Vluyn, Studienbuch 2007, 35–77. Quellenbuch 2010, 29–56.

Mendl, Hans: Katholischer Religionsunterricht – ein Längsschnitt, in: Lachmann, Rainer u. Schröder, Bernd (Hg.): Geschichte des evangelischen Religionsunterrichts in Deutschland, Neukirchen-Vluyn, Studienbuch 2007, 331–337. Quellenbuch 2010, 235–237.

Schröder, Bernd: Religionspädagogik, Tübingen 2012, 64–84; 2. Aufl. 2021, 667–687.

Simon, Werner: Im Horizont der Geschichte, Münster 2001, 19–47.

Simon, Werner: Spuren der Geschichte, Münster 2019, 3–22.

5. Die Erfindung des Religionsunterrichts in der Aufklärung

> In der Zeit der Aufklärung werden die Katechismen als Medien der christlichen Unterweisung in Frage gestellt.
> Im evangelischen Religionsunterricht wird die Geschichte der (v. a. christlichen) Religion das neue rationale Element.
> Im katholischen Religionsunterricht wird das Erzählen als Methode aufgegriffen.
> Für das Schulfach entsteht der Name *Religions*unterricht, weil es die „natürliche Religion" des Kindes entfalten will.

Nach dem Dreißigjährigen Krieg war das Gebiet, das jetzt Deutschland heißt, ein Flickenteppich von über 300 kleineren und größeren Fürstentümern. Die konfessionelle Prägung verfestigte sich. Das Land war weitgehend agrarisch geprägt und die Fürstentümer wurden absolutistisch regiert. Macht und Reichtum wurden mit prächtigen Schlössern demonstriert, wie beispielsweise das nach dem Vorbild von Versailles ca. 1745 im Auftrag des Preußischen Fürsten Friedrich der Große errichtete Sanssouci in Potsdam. In der Kunstgeschichte wird die Zeit als Barock bezeichnet: ein geordnetes symmetrisch überbordendes Gesamtkunstwerk, wie in der Musik von Johann Sebastian Bach (1685–1750) zu hören ist.

In den Lateinschulen veränderte sich wenig, wie die Beschreibung der Lateinschule in Eisenach im Jahr 1708 zeigt (*Quelle 5.1*). Luthers Forderung nach Schulbildung und Schulpflicht für alle setzte sich nicht überall durch. In einem Edikt aus Brandenburg-Preußen wurde 1717 zum Beispiel verordnet, dass die Kinder im Winter täglich und im Sommer zweimal in der Woche in die Schule gehen sollten, um Lesen, Schreiben und Rechnen zu lernen. Aber auch dazu waren nicht alle Eltern in der Lage, weil sie nicht auf die Mitarbeit der Kinder auf dem Feld verzichten konnten. Volksschulbildung wurde häufig als „Müßiggang" abgelehnt, weil diese sie für ordentliche Arbeit verderben würde. Die evangelische Unterweisung in den Volksschulen geschah weiterhin durch Singen, Vorlesen der Bibel und Memorieren der Antworten der Fragen des „Kleinen Katechismus". Dazu gab es zunehmend einfach gehaltene Schulbücher, wie das „Nürnberger Kinderlehr=büchlein" (*Quelle 5.2*), das „bis ins 19. Jh. hinein eine beispiellose katechetische Wirkungsgeschichte" entfaltete (Lachmann 2010, 57). Für die Landeskirche Hannover gab es die „Katechismus=Fragen" vom evangelischen Theologen und Orientalist Justus Gesenius. Durch die politische und territoriale Zersplitterung ist es schwer festzustellen, inwiefern die pädagogischen und didaktischen Erneuerungen in dieser Zeit rezipiert worden sind.

Comenius' Weltverbesserung und Franckes nützliche Nächstenliebe
Johann Amos Comenius (1592–1670) ist ein Beispiel für neues didaktisches Denken im 17. Jahrhundert. Er wurde als „größtes pädagogisches Genie" (Böhm 2010, 53) von späteren Pädagogen in der Aufklärung gewürdigt. Auf dem Titelblatt seiner „Großen Didaktik" (1657) ist zu lesen:

> „Erstes und letztes Ziel unserer Didaktik soll es sein, die Unterrichtsweise aufzuspüren und zu erkunden, bei welcher die Lehrer weniger zu lehren brauchen, die Schüler dennoch mehr lernen; in den Schulen weniger Lärm, Überdruss und unnütze Mühe herrsche, dafür mehr Freiheit, Vergnügen und wahrhaftiger Fortschritt; in der Christenheit weniger Finsternis, Verwirrung und Streit, dafür mehr Licht, Ordnung, Friede und Ruhe." (zit. n. Schröder 2012, 92; 2021, 696)

Comenius entwickelte zwar keine spezifische Religionsdidaktik, ging aber selbstverständlich von Gott als Schöpfer aus und betrachtete Erziehung ihrem Wesen nach als christlich. Trotz der Schrecken des Dreißigjährigen Krieges, den er erlebt hatte, setzte er auf ein positives Menschenbild. Seine Einsicht war, dass er den Menschen als lebenslang bildbar betrachtete. Der Mensch sollte wirklich Mensch werden und kein wildes Tier bleiben. Erziehung und Bildung zielten auf die Entfaltung der Menschlichkeit und die Verbesserung der Welt. Methodisch betonte Comenius das selbsttätige und entdeckende Lernen.

Ganz anders, aber auch innovativ, war August Hermann Francke. Er ging von der so genannten Erbsünde aus. Menschen müssten durch Gottes Gnade gerettet werden. Für ihn war die praktische Hilfe gegen Armut vorrangig. In einem Vorort von Halle gründete er Schulen, in denen es neben der Vermittlung von Basisfertigkeiten auch Realienkunde, ein Observatorium, einen Garten und handwerklichen Unterricht gab. Die Schüler:innen wurden für die eigene Buchdruckerei und Apotheke oder auch zu Missionaren ausgebildet. In der Vorrede des „Großen Aufsatzes" (1704) betrachtete Francke seinen Erfolg als Werk Gottes. Einen Einblick in seine Erziehungsideale gibt das Buch „Kurzer und einfältiger Unterricht" aus dem Jahr 1702 (*Quelle 5.3*). Der „Keim des Glaubens" in den Kindern sei zu pflegen, um sie zum „Dienst Gottes" zu befähigen: ein in Nächstenliebe tätiges, nützliches Leben. Dabei sollte der Wille Gottes über dem eigenen Willen stehen und „nutzloser Müßiggang" wie Spiel, Theater, Musik und andere Vergnügungen vermieden werden. Francke betrachtete alle Menschen als Kinder Gottes, die auf ihre Wiedergeburt (so Gott will) vorbereitet werden sollten. Er empfahl, so früh wie möglich mit dem Durchlesen der ganzen Bibel anzufangen. Im Glaubensunterricht war der Katechismus zentral, der wiederholt (recitatio), erklärt (explicatio) und angewendet (applicatio) wurde.

5. Die Erfindung des Religionsunterrichts in der Aufklärung

August Hermann Francke (1663–1727)
Francke strebte schon früh eine geistliche und wissenschaftliche Tätigkeit an. Nach seinem Theologiestudium in Leipzig lehrte er dort Bibelwissenschaften. Als er 1687 in eine Glaubenskrise stürzte und im Gebet eine Gottesbegegnung hatte, bezeichnete er dies als seine „zweite Geburt". Er suchte Kontakt zum pietistischen* [frommen] Frankfurter Pfarrer Philipp Jakob Spener. Er wurde „Pietist"*, was die Weiterarbeit an der Universität unmöglich machte. Durch Speners Vermittlung bekam er 1692 in Halle eine halbe Stelle als Professor für Griechisch und arbeitete mit der anderen Hälfte als Pfarrer im sozial schwachen Vorort Glaucha. Um der Armut entgegenzuwirken, gründete er Schulen, Waisenhäuser, ein Krankenhaus und ein Arbeitshaus: die „Franckeschen Stiftungen". Mit einem kostenlosen Mittagsessen warb er Studierende an, um als Lehrkräfte in dieser Anstalt zu arbeiten. Ihre Ausbildungsstätte war ab 1699 das *Seminarium Praeceptorum*, die erste Institution für Lehrkräftebildung in Deutschland. Die Glauchaschen Anstalten waren durch die Druckerei, den Verlag und den Vertrieb von Arzneimittel wirtschaftlich unabhängig und sehr erfolgreich. Franckes Lebensziel war die „Generalreformation der Welt". Seine Einrichtungen und Publikationen haben das Schul- und Bildungswesen, die Diakonie und Mission stark beeinflusst.

Literatur:
Schröder 2012, 93–96; 2021, 697–699. Nipkow u. Schweitzer 1991, 137–163.
Digitale Sammlungen der Franckeschen Stiftungen: https://digital.francke-halle.de.

Franckes Wirken war ein wichtiger Anstoß für Pädagogik, Sozialpädagogik und Bildungsgerechtigkeit. Große Wirkung erlangte der Hallenser Pietismus*, weil der Preußische König Friedrich Wilhelm I. (1713–1740) Franckes Ideen zugetan war und förderte. Der König betrachtete die Verbesserung des Schulwesens als „Bauen am Reich Gottes" und er verfügte im Jahr 1717, dass Kinder Schulen besuchen sollten.

Aufschwung der evangelischen Schulbücher

Um einen Eindruck über die sich rasch ändernde Praxis der christlichen Unterweisung im 17. und 18. Jahrhundert zu bekommen, können zwei Schulbücher als Beispiel herangezogen werden.

Das erste ist das Schulbuch „2 x 52 biblische Historien" von Johann Hübner. Es wurde zwischen 1714 und 1902 über 200 Mal neu aufgelegt *(Quelle 5.4)*. Hübner (1668–1731) studierte ab 1689 in Leipzig Philosophie, Geschichte und Evangelische Theologie. Er war als Lehrer und Rektor an verschiedenen Gymnasien tätig und publizierte auch Schulbücher im Frage-Antwort-Stil für Geografie und Geschichte. Die „2 x 52 biblische Historien" enthielten ausgewählte Bibeltexte, die einmal pro Woche innerhalb von zwei Jahren besprochen werden sollten. Nach einer Paraphrase der jeweiligen biblischen Geschichte folgen (1) reproduktive „deutliche Fragen", (2) als Handlungskomponente die „nützlichen Lehren" und

(3) in Reimform „gottselige Gedanken" zur Glaubenserschließung. Innovativ an Hübners Historien war, dass sein Schwerpunkt auf Alltagsbezügen lag und weniger auf, wie es üblich war, katechismusbezogener Anwendung der biblischen Beispielerzählungen. Hübners Historien wurden zunächst in Lateinschulen und zu Hause verwendet, später wurden sie auch in Elementarschulen und für die Lehrerausbildung genutzt (Reents u. Melchior 2011, 119–124).

Inspiriert von Comenius' illustriertem Realienbuch *Orbis sensualium pictus* (1658) erschienen im 17. und 18. Jahrhundert auch Bibeln für Kinder mit Bildern oder spielerisch gestalteten Bibeltexten (Abb. 3).

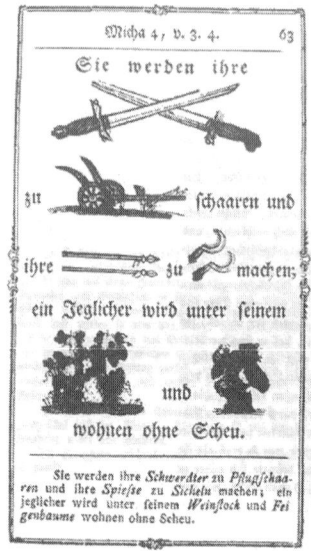

Abbildung 3. Als „Rebus" gestaltete Bilder-Bibel Nürnberg, Neuauflage 1806. (in: Stoodt 1985, 363)

Das zweite Beispiel ist das Schulbuch von Johann Heinrich Zopf: „UniversalHistorie". Das Buch aus dem Jahr 1729 schrieb Zopf für das Fach Geschichte und war mit 21 Auflagen bis in die 1790er Jahre stark verbreitet. In einer so genannten „Universalgeschichte" wurden alle historischen Ereignisse der Welt von der Schöpfung bis heute zusammengefasst: die Kirchengeschichte, die jüdische Religion auf der Basis des „Ersten Testaments" und der Islam. In *Quelle 5.5* werden daraus zwei Textfragmente aufgeführt: Quellentext *5.5.1* ist ein polemischer Text über die Reformation. Quellentext *5.5.2* ist ein ausgesprochen islamfeindlicher Text über „Das antichristliche Reich im Orient". Der Schulbuchtext zeigt, wie sich bis in das 18. Jahrhundert das negative Islambild Luthers fortsetzte und die Bedrohung durch das Osmanische Reich (1683, die zweite Belagerung von Wien) noch im Gedächtnis war.

Der Wunsch nach besserer Bildung und die Aufklärung
In der städtischen bürgerlichen Mittelschicht (Beamte, Pfarrer, Lehrer und Gelehrte) wurde im 18. Jahrhundert eine Schulform für junge Menschen gewünscht, die moderne Sprachen, so genannte „Realien" (Geografie, Physik, Biologie) und „rationales Verstehen" vermitteln sollte. Dieser Wunsch kann als Ergebnis der Aufklärung betrachtet werden, der Philosoph Immanuel Kant formulierte die Formel „sich seines eigenen Verstandes zu bedienen"; *sapere aude*. Die Aufklärung kann als ein sich ausdehnender „Rationalisierungsprozess" (Beutel 2008, 15) verstanden werden, der von ca. 1650 (René Descartes) bis zum Anfang der Moderne reicht. Das Interesse an den Naturwissenschaften und am

empirisch-rationalen Forschen nahm zu sowie die Frage nach dem Nutzen von Bildung für das Leben.

Die Ideen der Aufklärung waren in England (*Enlightenment*; John Locke), Frankreich (*La Lumière*; Voltaire, Jean-Jacques Rousseau) früher verbreitet als in Deutschland (Gotthold Ephraim Lessing, Johann Gottfried Herder, Johann Heinrich Pestalozzi, Immanuel Kant et al.). In Frankreich fand die emanzipatorische Aufklärung eine radikale politische Zuspitzung in der Französischen Revolution im Jahr 1789 gegen das absolutistische Königtum. In Deutschland hatte die Aufklärung weitreichende Folgen für das Schulwesen. Bis zum letzten Drittel des 18. Jahrhunderts zeigten die Fürstentümer wenig Interesse daran, selbst Schulen zu verwalten. Schulen blieben strukturell und inhaltlich mit den Kirchen verbunden und der Unterricht war weiterhin vom Christentum und von biblischen Vorstellungen geprägt. Unter Friedrich dem Großen (1740–1786) gab es eine längere Friedenzeit, die Wirtschaft florierte und eine Verbesserung des Schulwesens wurde möglich. Er setzte die Schulpolitik seines Vaters Friedrich Wilhelm I. in der gleichen Richtung fort. Friedrich der Große gilt als Beispiel eines aufgeklärt-absolutistischen Fürsten. Er baute Preußen zu einem modernen Militär- und Verwaltungsstaat aus und integrierte darin die evangelische Kirche.

Die „aufgeklärte Pädagogik" wurde im Jahr 1763 durch das „General-Land-Schul-Reglement" umgesetzt. Das Gesetz wurde vom Berliner Pfarrer und Francke-Schüler Johann Julius Hecker (1707–1768) vorbereitet und trug zur Verbesserung des Schulwesens auf dem Land bei. Für die „Römisch-Catholischen" in Schlesien schrieb Johann Ignaz Felbiger im Auftrag des Königs im Jahr 1765 ein vergleichbares Reglement, das von Heckers Ideen inspiriert war (siehe unten). Die Schulpflicht für Kinder von 5 bis 14 Jahren wurde verbindlich eingeführt sowie ein dreigliedriges Schulsystem etabliert, beginnend mit der Elementarschule („Deutsche Schule", „Volksschule", „Bauernschule"). Der Lehrplan dieser preußischen Schule (*Quelle 5.6*) zeigt, wie sehr christliche Lieder, Gebete, Psalmen und der Katechismus weiterhin das Unterrichtsgeschehen prägten. Auf die Elementarschulen bauten die so genannten Realschulen für die städtische Bevölkerung auf, in denen insbesondere die Ideen der aufgeklärten Pädagogen zum Tragen kamen: moderne Sprachen und naturwissenschaftliche Fächer. In den Höheren Schulen wurde 1787 das „Abitur" eingeführt und im Jahr 1794 mit dem „Allgemeinen Preußischen Landrecht" wurde die Verstaatlichung aller Schulen durchgesetzt. Die Einflussnahme des Staates und der Wunsch nach mehr Rationalität und „Realien" führte dazu, dass der kirchliche Charakter der Schulen und die Katechese überdacht werden mussten.

Die „Philantropen"

Auf diese Notwendigkeit reagierten die evangelischen Theologen unterschiedlich. Ein Berliner Preisausschreiben für den „besten Entwurf eines Unterrichts in der Religion für Kinder" im Jahr 1767 setzte das Denken über eine neue

Didaktik in Bewegung. Einige machten den Vorschlag, das Auswendiglernen durch verstehendes Lernen und ein fragendes Unterrichtsgespräch zu ersetzen, den so genannten Sokratischen* Dialog. Ziel sei, die in der Natur des Kindes angelegte Religion, die „natürliche Religion" zu erschließen.

Auch die Überlegungen des Pädagogen Johann Bernhard Basedow gingen in diese Richtung. Er gründete 1774 in Dessau das „Philantropinum", eine Einrichtung, an der Kinder der gesellschaftlichen Elite ausgebildet wurden. Die neue pädagogische Idee war, in Nachfolge von Jean-Jacques Rousseau, die Hinwendung zum Menschen und insbesondere zur kindlichen Subjektivität und seiner Welt. Lehrer am Philantropinum, wie Johann Heinrich Campe, Ernst Christian Trapp und Christian Gotthilf Salzmann (1744–1811), verbreiteten diese Ideen weiter.

In der Rezeptionsgeschichte imponierte besonders Salzmann mit seiner radikalen Subjektorientierung, seinem konzeptionellen Denken und seiner kirchenkritischen Position die Religionspädagog:innen der 1990er Jahre. Seither wird er in der aktuellen Literatur ausführlich beschrieben. Salzmann arbeitete drei Jahre in Dessau und ab 1784 in der von ihm gegründeten Privatschule in der kleinen Ortschaft Schnepfenthal am Rande des Thüringer Waldes. In seiner zwischen 1780 und 1809 dreimal aufgelegten Schrift „Über die wirksamsten Mittel, Kindern Religion beizubringen" (*Quelle 5.7*) ist zu lesen, wie er die „natürliche Religion" des Kindes fördern wollte. Der Mensch sei von Natur aus religiös und die Religion müsse schon im Kindesalter entfaltet werden. Die religiöse Erziehung sollte, nach Salzmann, in drei Stufen geschehen: Im „1. Grad", für Kinder von 8 bis 10 Jahren, wird erzählend Moral vermittelt. Die Betonung der Ethik entsprach der aufgeklärten Betonung des Nutzens. Im „2. und 3. Grad" werden mit der „sokratischen"* Methode die natürliche Gotteslehre von Gott als Schöpfer und Vater, die Sittenlehre und die „Religion Jesu" erschlossen. Die komplexe „Sokratik"* passte zur Überzeugung, dass zuerst etwas rational verstanden werden müsse, um es danach verinnerlichen zu können. Im „4. Grad", für über 14-jährige Schüler:innen, wurden konfessionskundliche Informationen über die „kirchlichen Vorstellungsarten" in der Kirche durch die Pfarrer vermittelt. Im Gegensatz zu allen anderen Entwürfen in dieser Zeit kam die Kirchengeschichte im schulischen Unterricht nicht vor.

Kirchengeschichte: rationales Element des evangelischen Religionsunterrichts

Salzmanns Entwurf stellte eine extreme Position dar. Die meisten Theologen am Ende des 18. Jahrhundert waren aber ebenso der Überzeugung, dass aus kirchlich geprägter „Catechese" schulischer Unterricht werden sollte, in dem es an vorderster Stelle um die Vermittlung von „natürlicher Religion" ging. Erst in

5. Die Erfindung des Religionsunterrichts in der Aufklärung

dieser Zeit kann darum im eigentlichen Sinne von „Unterricht in der Religion" bzw. „*Religions*unterricht" gesprochen werden. Um ihn von der Katechese unterscheiden zu können, war eine inhaltliche Neuausrichtung notwendig. Diese wurde in der Zuwendung zur Kirchengeschichte gefunden. Sie wurde als historische Erweiterung der biblischen Geschichte aufgefasst und gab dem Fach Religionsunterricht eine rationale Basis.

Ein Beispiel für ein Schulbuch, das diese Entwicklung zeigt, ist Georg Friedrich Seilers „Kurze Geschichte der geoffenbarten Religion" (Erlangen 1772, 12. Aufl. 1827. *Quelle 5.8*). Seiler (1733–1807) war Professor in Erlangen und Superintendent in der evangelisch-lutherischen Kirche des kleinen Fürstentums Ansbach-Bayreuth. Als Superintendent ordnete er das Schulwesen neu und verfasste Schulbücher. Als Ziel des Schulbuchs zur Kirchengeschichte formulierte Seiler, dass er hoffte, vor allem die „Freydenker und Zweifler" von der Wahrheit des christlichen Glaubens überzeugen zu können. Im Religionsunterricht sollte die rationale Weitergabe der „Ordnung der Geschichte" den Glauben festigen. Wenigstens eine Stunde in der Woche sollte ein derartig historischerklärender Unterricht den traditionellen katechetischen Unterricht ergänzen. Seilers Schwerpunkte bestimmten bis weit in das 20. Jahrhundert die kirchengeschichtlichen Inhalte des Religionsunterrichts (*Quelle 5.8.2*). Auch für den Katechismusunterricht schrieb Seiler im Jahr 1783 ein Schulbuch, das „erstaunlich unberührt und unbeeindruckt von der aufklärerisch-philantropischen Kritik [...] geblieben scheint" (Lachmann 2010, 62–64). Dies zeigt, dass sich der Prozess der Aufklärung noch bis weit ins 19. Jahrhundert fortsetzte.

Johann Michael Sailer und die katholische Aufklärung

Auch in katholischen Kreisen wurden die Ideen der Aufklärung rezipiert, wie zum Beispiel von Johann Michael Sailer. Als Hochschullehrer hielt er seine Vorlesungen auf Deutsch, unternahm Vortragsreisen und organisierte regelmäßig private Gesprächszirkel zur Lektüre der Bibel und neuer theologischer Literatur. Dadurch hatte er überkonfessionell großen Einfluss. Methodisch befürwortete auch er das Erzählen. Im Jahr 1783 erschien Sailers „Vollständige[s] Lese- und Betbuch". Es enthielt die offiziellen „kanonischen" Gebete aus der Liturgie sowie Texte der Kirchenväter, der Mystik*, der Devotio Moderna (Thomas von Kempen, 15. Jh.) und Ignatius von Loyola. Das Betrachtungs- und Erbauungsbuch wurde über Konfessionsgrenzen hinaus erfolgreich. Aufgeklärtes Element war, dass er sich in seiner katechetischen Theorie an der Fassungskraft des einzelnen Kindes und dessen Welt orientierte. Sailers pädagogische Hauptschrift „Über Erziehung für Erzieher" erschien 1807 und wurde noch 1962 neu aufgelegt. Darin beschrieb er den Alltag des Elementarschullehrers:

Johann Michael Sailer (1751–1832)
Sailers Leben ist ein Beispiel für einen typisch kirchlich-katholischen Lebenslauf: Schüler am Jesuitengymnasium in München, 1770 Eintritt in die Societas Jesu. Nach der Aufhebung des Ordens im Jahr 1773 folgte die Priesterweihe 1775 in Augsburg. Im Jahr 1784 Ernennung zum Professor für Ethik und Pastorat an der Universität Dillingen. 1799 Professor für Moral- und Pastoraltheologie an der Universität Ingolstadt, die 1800 nach Landshut verlegt wurde. In dieser Zeit wirkte Sailer durch seine Gesprächskreise und durch vielfach rezipierte innovative Handbücher für die pädagogische Praxis. In der letzten Phase seines Lebens wurde er in das Domkapitel von Regensburg berufen und 1821 Weihbischof dort. Ab 1829 war er Bischof von Regensburg. Der Bayrische König Ludwig I. war ein Schüler Sailers.
Literatur:
Baumgartner, Konrad: Johann Michael Sailer. Ein Leben in Begegnungen, Regensburg 2022.
Scheuchenpflug, Peter: Art. J. M. Sailer, in: WiReLex 2019. bibelwissenschaft.de/stichwort / 200641/.
Simon 2001, 71–2, 302–310. Simon 2021, 407–414.

„Man darf nicht darüber spotten, dass mancher Schullehrer zugleich Messner, Cantor, Organist, Chorregent, Todtegräber, Hochzeitlader, Conto- und Briefschreiber für die Gemeine sey, und nebenbey noch seine Wiese mähen, sein Korn dreschen und wenn das Weib in den Wochen ist, auch noch sein Koch und alles in Hause seyn müsse. Hier muss nicht gespottet, hier muss geholfen werden." (zit. n. Reents u. Melchior 2011, 241)

Er plädierte für die Orientierung am Subjekt und arbeitete auf „Selbstführung" hin, wobei der „Erzieher" früh mit der „Weckung der religiös-sittlichen Gefühle" anfangen sollte. Ein Schüler und enger Freund von Sailer war Christoph von Schmid. Dessen auf Veranlassung Sailers verfasstes und bis in Italien und Frankreich verbreitetes Schulbuch „Biblische Geschichte für Kinder" (München 1801; Quelle 6.4.) wird im nächsten Kapitel besprochen.

Quellentexte

5.1 Lateinschule in Eisenach. 1708. In: Gardener, John Eliot: Bach. Musik für die Himmelsburg, München 2016, 89. Siehe auch Preisendörfer, Bruno: Als die Musik in Deutschland spielte. Reise in die Bachzeit, Berlin 2019, 323.

Man siehet beysammen sitzen eine Menge junger Kinder, Arme und Reiche, Knäblein und Mägdlein, die alle ihre gewisse Lection für sich haben, das eine lallet das A. B. C., das andere buchstabiert, das dritte lieset, das vierte bethet, das fünfte sagt ein schönes Sprüchlein, das sechste spricht seine Glaubens Bekäntniß, und diese alle lassen sich von einem Lehrmeister regieren.

5. Die Erfindung des Religionsunterrichts in der Aufklärung

5.2 Nürnberger Kinderlehr=Büchlein. Darinnen nicht allein der kleine Catechismus nach dem alten Exemplar Doctor Martin Luthers in Fragen und Antworten zu finden; sondern auch der zarten Jugend zum Besten in zwey und fünfzig Lectionen weiter erkläret und vorgetragen wird. Nürnberg 1628, weitere Auflagen bis 1783, 47–48. Siehe auch Lachmann 2010, 59–62. Die Schreibweise GOtt, JEsus und HErr im Original.

Summarischer Bericht. Vom Nutze und Gebrauch des Catechismi.
Die I. Lection.
1. + Soll auch ein getaufter Mensch seines Glaubens halber Rechenschaft geben? Ja, denn GOtt hats also befohlen.
    § Seyd allezeit bereit zur Verantwortung jedermann, der Grund fordert der Hoffnung, die in euch ist, 1. Petr. 3 V. 15. Wer mich bekennet für den Menschen, den will ich auch bekennen für meinen himmlischen Vater. Wer mich aber verläugnet für den Menschen, den will auch ich verläugnen für meinen himmlischen Vater, Matth. 10. V. 32.33.
2. + Wes Glaubens bist du? Ich bin ein Christ.
3. + Woher hast du den Namen eines Christen? Von Christo dem HErrn, nach welchem wir Christen genennet werden.
    § Daher die Jünger am ersten zu Antiochia Christen genennet wurden, Ap. Gesch. 11. V. 26, 4.
4. + Warum bist du ein Christ? Darum, daß ich an JEsum Christum glaube, und auf seinen Namen getauft bin.*
    § Thut Busse, und lasse sich ein jeder taufen auf dem Namen JEsu Christ, Ap. Gesch. 2,38. Wieviel euer getauft sind, die haben Christum angezogen, Gal. 3. V. 27.
    * Getauft bin). Und bin also kein Jud, auch kein Türk. Dann diese sind nicht getauft, glauben auch nicht an JEsum Christum, sondern lästern vielmehr denselben.

5.3 August Hermann Francke, Erziehungslehre. Kurzer und einfältiger Unterricht, wie die Kinder zur wahren Gottseligkeit und christlichen Klugheit anzuführen sind. 1702. Nipkow u. Schweitzer 1991, 143–160. Sprachlich aktualisiert.

I. Der Hauptzweck muss die Ehre Gottes ein, sowohl bei den Kindern als auch vornehmlich bei dem Praeceptore [Lehrer].
Die Ehre Gottes muss in allen Dingen, aber absonderlich in Auferziehung und Unterweisung der Kinder als der Hauptzweck immer vor Augen sein, sowohl dem Praeceptori als den Untergebenen selbst. So jener nur um zeitlichen Unterhaltes willen, aus Hoffnung bevorstehender Beförderung, oder Ehre vor der Welt einzulegen, der Jugend vorsteht, ob er gleich vorgibt, dass allemal Gottes Ehre zugleich intendiret werde, wird vergeblich die wahre Frucht von dessen Anweisung erwartet. Wo aber die Liebe zur Ehre Gottes, ohne schädliche Nebenabsicht, der ungefärbte Grund ist, wird nichts vorgenommen, dadurch die Ehre Gottes im geringsten möchte verletzt oder nur nicht befördert werden. [...]
II. Man muss den Kindern ja keinen falschen Nebenzwecken beibringen, sondern ihren Fleiß und Gehorsam durch die Furcht Gottes erwecken.
Cultura anima oder die Gemütspflege ist das einzige Mittel, wodurch dieser Hauptzweck in Anweisung der Jugend erhalten wird. [...] Wann die Kinder zur beständigen Furcht

und Liebe des allgegenwärtigen Gottes erweckt werden und ihnen der rechte Adel der menschlichen Seele, so in der Erneuerung zum Ebenbilde Gottes besteht, mit lebendigen Farben vor Augen gemalt wird, und sie also in der Zucht und Vermahnung des Herrn (Eph 6) erzogen werden, ist solches hinlänglich genug und viel durchdringender und kräftiger zum Guten als die satanische Vorstellung der Herrlichkeiten dieser Welt.

III. Die Gemütspflege ist auf den Verstand und Willen zugleich, vornehmlich aber auf den Willen zu richten.

Die wahre Gemütspflege geht auf den Willen und Verstand. Wo man nur eines unter beiden sein Absehen hat, ist nichts Gutes zu hoffen. Am meisten ist wohl daran gelegen, dass der natürliche Eigenwille gebrochen werde. Daher am allermeisten hierauf zu sehen. Wer nur deswegen die Jugend unterrichtet, dass er sie gelehret mache, sieht zwar auf die Pflege des Verstandes, welches gut, aber nicht genug ist. [...]

V. Zur Gottseligkeit hilft sehr viel, dass den Kindern gute Exempel gegeben und sie vor bösen bewahrt werden.

Die wahre Gottseligkeit wird der zarten Jugend am besten eingeflößt durch das gottselige Exempel des Praeceptoris selbst [... und...] aller derer, mit welche sie umgehen.

5.4 Johann Hübner, Zweymal zwey und fünffzig Auserlesene Biblische Historien.

1. Aufl. 1714, 40. Aufl. 1902. Der Nachdruck des Drucks aus 1731 wurde durch Rainer Lachmann und Christine Reents in Hildesheim 1986 herausgegeben. Siehe auch Reents u. Melchior 2011, 117–125. Die Schreibweise GOtt im Original.

Die 1. Historie
Von dem Werk der Schöpfung
1. Mos. 1 und 2. Capitel

1.2. Am Anfang schuf GOtt 3. Himmel und Erden, 4. und die Erde war wüßte und leer, und es war finster auf der Tiefe 5. und der Geist Gottes schwebete auf dem Wasser. 6. Ueber dem ganzen Werke der Schöpfung brachte GOtt sechs Tage zu. 7. Am ersten Tage ward das Licht erschaffen. 8. Am andern die Veste des Himmels, oder das Firmament. 9. Am dritten Tage das Erdreich mit seinen Gewächsen [...]

Deutliche Fragen
1. Wer hat denn alles geschaffen?
2. Wenn ist das geschehen?
3. Was hat denn GOtt am Anfang geschaffen?
4. Wie sahe es im Anfang aus?
5. Was schwebte auf den Wassern?
6. Wie lange brachte GOtt mit dem Werke der Schöpfung zu?
7. Was schuf GOtt am ersten Tage?
8. Was denn am andern?
9. Was denn am dritten Tage?
10. Was denn am vierten?
11. Was am fünften Tage?
12. Was schuf GOtt am sechsten Tage?
13. Wie war denn das Werk der Schöpfung geraten?
14. Was machte GOtt am siebenden Tage?

5. Die Erfindung des Religionsunterrichts in der Aufklärung

Nützliche Lehren

1. GOtt der Herr hat Himmel und Erde, und alles was darinnen ist, aus nichts erschaffen; was hat man daraus zu lernen: Man kann die grosse Allmacht Gottes daraus erkennen lernen.
2. Alles, was GOtt in den sechs Tagen gemacht hatte, das war sehr gut; was hat man daraus zu lernen: Man kann die große Weisheit des Schöpfers daraus erkennen lernen.
3. GOtt hat das andere alles um des Menschen willen erschaffen; was hat man daraus zu lernen: Man kann die grosse Güte Gottes daraus erkennen lernen.

Gottselige Gedanken

Im Anfang schuf der Herr den Himmel und die Erde,
  Da alles ward aus Nichts, durch Gottes Wort allein,
So oft ich diesen Bau betrachten werde,
  So ofte wird dabey dieß mein Gedanke sein:
Der dieses alles hat aus Nichts erschaffen können,
Der ist ja wohl mit Recht ein grosser Herr zu nennen.

5.5 Johann Heinrich Zopf, Erläuterte Grundlegung der Universal-Historie. Bis zum Jahre 1773. Nebst einem historischen Examina und Register. 16. Aufl. 1773. Siehe auch Dam 2022, 55–62. Hervorhebungen im Original.

5.5.1 Die Reformation (Teil 1 191–192)

§ 5. In der Kirchen-Historie dieses Seculi, haben wir vor allen Dingen das heilsame Werk der Kirchen Reformation zu betrachten, welches 1517 den 31. Oct. in Wittenberg seinen Anfang genommen. Wir bemerken demnach:
1. Das Werkzeug, dessen sich Gott vornehmlich zur Reformation der Kirche bedienet; selbiges war D. Martinus Lutherus, ein Mann, welchen Gott mit außerordentlichen Gaben des Geistes, und mit einem unerschrockenen Heldenmuth zur Bekenntniß der Wahrheit ausgerüstet hatte. [...]
2. Die Gelegenheit zur Reformation war theils Lutheri Reise nach Rom, woselbst er über die Greuel der Clerisey erstaunte.

Einige Repetitionsfragen zu Luther (In: „Historisches Examen, 570-572):
1. Unter welchem Kayser ist die Reformation zuerst angegangen?
2. In welchem Jahr?
3. Wo ist Lutherus geboren, und wo ist er gestorben?
4. Was veranstaltete ihn zu diesem wichtigen Werke?
5. Wer schickte dergleichen Ablaßkrämer herum?
6. Wie widersetzte sich Lutherus solchem Beginnen?
7. Wie nahm der Pabst solches auf? [...]

5.5.2 Das antichristliche Reich im Orient (Teil 2 76f.). Siehe auch Harmjan Dam, Das Bild von ›Muhammedanern‹ in evangelischen Religionsbüchern vom 17. bis 19. Jahrhundert. In: Käbisch, David u. Wermke, Michael u. Woppowa, Jan (Hg.): Ambivalente Beziehungen. Historische Narrative und Bilder vom Judentum, Christentum und Islam in Bildungsmedien, Leipzig 2024.

1. Den Urheber, selbiger war *Muhammed*, aus Mecca in Arabien bürtig, sein Vater Abdalla war ein Heyde, seine Mutter Emina, eine Jüdin. Anfangs war er ein Kameeltreiber, gelangete aber durch die Heyrath mit der Chadiga, einer Witthbe, zu grossem Reichthum. Er war übrigens von schöner Gestalt, listig, kühn, aber mit der Epilepsie behaftet.

2. Die neue Religion, so er geschmiedet und in den Koran verfasset, ist ein Mischmasch aus der heydnischen, jüdischen und nestorianischen Lehre; daher sie grossen Eingang gefunden. Dieser seiner Lehre wegen mußte er von Mecca nach Medina, nebst seinen Anhängern fliehen, von welcher Flucht an die Hegira oder die Jahrrechnung der Saracenen angehet, nemlich a. Chr. 622.

3. Die *erdichtete Wunder und Betrügereyen* des Muhammeds waren unter andern folgende:

a. So oft er die fallende Sucht bekam, gab er vor, er würde entzückt, und hätte göttliche Offenbarungen.

b. Er hatte eine Taube gewöhnet, aus seinem Ohr zu fressen, und überredete die Leute, es wäre der H. Geist.

c. Er vergrub des Nachts allerley Victualien an dem Orte, wo er Tages darauf predigen wollte, und wenn die Leute anfingen hungerig zu werden: so versprach er ihnen Speise aus der Erde zu verschaffen.

d. Einer von seinen Vertrauten musste sich in einen tiefen Brunnen lassen, und daraus rufen: Muhammed resul allah, d. i. *Muhammed ist der Prophet Gottes*. Und damit der Betrug nicht entdecket würde, ließ er den Menschen in den Brunnen zuschütten.

5.6 Plan der preußischen Elementarschule. 1763. In: Stoodt 1985, 171.

Stunden	1. Haufen. Lesekinder	2. Haufen. Buchstabierkinder	3. Haufen ABC-Schüler
8.00-9.00	Üben des Kirchenliedes (alle vier Wochen ein neues; Gebet); Lesung des monatlichen Psalms; Üben eines Stückes aus dem Katechismus (alle 6 Wochen von vorne)		
9.00-9.30	Lesen und Buchstabieren aus der Bibel		ABC-Übungen (täglich zwei Buchstaben)
9.30-10.00	Aufschlagen üben in Bibel und Gesangbuch; Lernen der Wochensprüche	Buchstabieren	
10.00-11.00	Schreiben; Lehrer korrigiert schriftlich	Buchstabieren; erstes Lesen	Unterscheiden von lauten und stummen Buchstaben
13.00-14.00	Singen einiger Kirchenlieder; Lesung des monatlichen Psalms; Lernen des Hauptinhalts der biblischen Bücher; Lesen aus dem „Lehrbüchlein zum Unterricht der Kinder auf dem Lande in allerhand nötigen und nützlichen Dingen"		
14.00-14.30	Lernen des neuen Stücks aus dem Katechismus		
14.30-15.00	Lesen	Buchstabieren	ABC-Übungen
15.00-16.00	Schreiben und Rechnen	Buchstabieren	ABC-Übungen

5. Die Erfindung des Religionsunterrichts in der Aufklärung

5.7 Christian Gotthilf Salzmann, Über die wirksamsten Mittel, Kindern Religion beizubringen, Leipzig 1780. In: Stoodt 1985, 224–226. Siehe auch Lachmann 2007, 115–120 und 2010, 65–69; Nipkow u. Schweitzer 1993, 192–220; Meyer-Blank 2005, 38–60 und Schröer, Henning u. Zilleßen, Dietrich: Klassiker der Religionspädagogik, Frankfurt 1989, 98–114.

Wo lernen wir nun, welche die für Kinder die anmutigste [geeignetste] Methode sei? Von niemandem sicherer als von den Kindern.
Die Denkungsart eines dreißig- bis vierzigjährigen Mannes ist von der Denkungsart eines zehn- bis zwölfjährigen Kindes himmelweit unterschieden. Wie werde ich gerührt, wenn ich eine Arie höre, und wie fühllos sitzen meine Kinder dabei! Wie hüpfen sie hingegen, wenn jemand anfängt zu singen: Als jüngst Hänschen in dem Gras. Umsonst bemühe ich mich, sie dahin zu bringen, dass sie bei Anhörung jener Stücke an meinen Empfindungen teilnehmen.
Es ist bloß Gefälligkeit gegen mich, wenn sie sagen: das war eine vortreffliche Arie. Wir dürfen daher das, was Kindern Vergnügen machen soll, niemals nach unserer, sondern nach der Kinder Empfindung abmessen, sonst lernen wir wohl, was uns, nicht aber was Kindern Vergnügen schafft.
Spiel und Erzählung sind immer die angenehmsten Unterhaltungen für Kinder. Das habe ich schon längst und gewiss alle, die mit Kindern umgegangen sind, mit mir bemerkt. Man hat es nicht nur bemerkt, sondern diesen allgemeinen Hang zum Spiel auch zu benutzen gesucht. [...]
Eine andere nicht minder angenehme Unterhaltung für Kinder ist die Erzählung. O Freund! dem Gott das große Glück geschenkt hat, Vater zu sein, zweifelst du hieran? Wohlan so setze dich, nachdem du deine Geschäfte vollendet hast, in deinen Lehnstuhl, gib deinen Kindern einen Wink, dass du erzählen wolltest. Gib dir Mühe, etwas der Aufmerksamkeit Reizendes in Kindersprache zu erzählen, dann bemerke, wie deine Kleinen sich um dich drängen, wie sie die Stühle herbeirücken und das, was noch zu schwach ist, Stühle herbeizurücken, dich bittet, es auf den Schoß zu nehmen. Fang deine Erzählung an! [...] Da nun Gottes Sohn selbst durch Erzählung unterrichtet hat und die Natur, die des Allweisen Werk ist, mit starker Stimmen diese Art des Unterrichts fordert, so kann ich nicht anders glauben, dass Erzählung das wirksamste Mittel sei, jungen Herzen Religion einzuprägen.

5.8 Georg Friedrich Seiler, Kurze Geschichte der geoffenbarten Religion. Erlangen 1772, 12. Aufl. 1827 Vorrede. Siehe auch Dam 2022, 69–75.

5.8.1 Aus der Vorrede

Denn wenn nur hie und da ein Stück aus der heiligen Geschichte herausgerissen, und ohne Zusammenhang mit dem übrigen betrachtet wird: so muß, bey aller Erkenntniß der heiligen Sachen, im Ganzen ungemein viel Dunkelheit übrig bleiben. Daher kommt es denn auch, daß nur wenige Christen wissen, wie wir zu der Religion gekommen sind, die wir bekennen. [...] Es sei nicht nur nach der ›Ordnung des Landeskatechismus‹, [... sondern] eben so sorgfältig die Religion nach der *Ordnung der Geschichte* zu lehren. [...] Wenn der Verstand mit einem solchen historischen Unterrichte aufgeklärt ist: so wird er die Glaubenslehren in dem Vortrag nach der Ordnung des Heils und des Katechismus, nun weit leichter fassen; es werden die Beyspiele, welcher der Katechete aus der biblischen Geschichte nimmt, weit mehr Eindruck machen, weil man gleichsam mit ihnen nun genauer bekannt ist: und es wird durch solche Abwechslung von Theorie und heiliger Geschichte die Religion sich dem Herzen von Christen ungemein empfehlen.

5.8.2 Inhaltsangabe

XLVI. Die Bücher der Evangelisten und Apostel, welche wir haben, sind wirklich von ihnen geschrieben.
XLVII. Schnelle Ausbreitung des Christentums in den ersten Jahrhunderten.
XLVIII. Kurze Geschichte der Juden von Christi Geburt bis auf die Zerstörung Jerusalems
XLIX. Zustand der ersten christlichen Gemeinden.
L. Verfolgungen der Christen durch die drey ersten Jahrhunderte nach Christi Geburt.
LI. Die christliche Religion bekommt Sicherheit unter Constantin. Der äußerliche Gottesdienst wird prächtiger; die Bischöfe erhalten grosse Vorzüge.
LII. Es entsteht Verehrung der Reliquien. Anrufung der Heiligen. Die religiöse Hochschätzung der Bilder. Das Mönchswesen. Feste. Rosenkranz.
LIII. Die christliche Religion wird in ihren Lehrsätzen nach und nach verderbt.
LIV. Erhaltung und Fortpflanzung der Hauptlehren der christlichen Religion, von den Zeiten der Kirchenväter bis zur Reformation*.
LV. Die Reformation. Luther. Zwingli.
LVI. Zustand der christlichen Religion ausser Europa. Griechische Christen. Muhamedaner. Christen in America und Africa.

Zusammenfassung, Fragen, Ideen für Hausarbeiten und Referate, Literatur

Zusammenfassung

Bis weit ins 18. Jahrhundert bestimmten der Katechismus, die Bibel, das Auswendiglernen und die Lieder den Inhalt und die Methoden der christlichen Unterweisung. Durch den Wunsch nach besserer Bildung und durch den Rationalisierungsprozess der Aufklärung angestoßen, wurde um 1770 die Katechese in ein eigenes Schulfach überführt, das „natürliche Religion" zum Inhalt hatte und den Namen *Religions*unterricht bekam. Im aufgeklärten Sinne wurde vor allem der Nutzen, d. h. die Ethik, betont, während die Geschichte der (christlichen) Religion das neue rationale Element des Unterrichts wurde.

Fragen

1. Füllen Sie das Schema für diese Zeitspanne aus:

	Ziele	Inhalte	Methoden und Medien
Johann Hübner			
Christian Gotthilf Salzmann			
Johann Michael Sailer			

5. Die Erfindung des Religionsunterrichts in der Aufklärung

2. Fassen Sie die Entwicklungen, die im letzten Drittel des 18. Jahrhunderts zum Fach Religionsunterricht führten, zusammen und beurteilen Sie ihre Chancen und Grenzen (Was wird gewonnen, was geht verloren?).
3. Beurteilen Sie die Bibeldidaktik von Hübner, Salzmann und Sailer aus heutiger Sicht.
4. Erörtern Sie das Für und Wider von memorierendem Lernen (Katechismen) gegenüber verstehendem Lernen („Sokratische Methode").

Ideen für Hausarbeiten und Referate
- Der Islam in Schulbüchern des christlichen Religionsunterrichts im 18. Jahrhundert und in der Gegenwart.
- Die Aufklärung und ihr Einfluss auf die religiöse Bildung in Frankreich und Deutschland.
- Der Einfluss der jüdischen Aufklärung (Haskala) auf die religiöse Bildung in Deutschland.

Ausgewählte Literatur
Beutel, Albrecht: Kirchengeschichte im Zeitalter der Aufklärung, Göttingen 2009.
Böhm, Winfried: Geschichte der Pädagogik. Von Platon bis zur Gegenwart, München 3. Aufl. 2010.
Dam, Harmjan: Evangelische Kirchengeschichtsdidaktik, Entwicklung und Konzeption, Leipzig 2022, 51–79.
Paul, Eugen: Geschichte der christlichen Erziehung. Bd. 2: Barock und Aufklärung, Freiburg et al. 1995, 213–247.
Nipkow, Karl Ernst u. Schweitzer, Friedrich (Hg.): Religionspädagogik. Texte zur ev. Erziehungs- und Bildungsverantwortung seit der Reformation. Bd.1., München 1991, 100–243.
Lachmann, Rainer: Vom Westfälischen Frieden bis zur Napoleonischen Ära, in: Lachmann, Rainer u. Schröder, Bernd (Hg.): Geschichte des evangelischen Religionsunterrichts in Deutschland. Studienbuch, Neukirchen-Vluyn 2007, 78--27. Quellenbuch 2010, 57–85.
Mendl, Hans: Katholischer Religionsunterricht – ein Längsschnitt, in: Lachmann, Rainer u. Schröder, Bernd (Hg.): Geschichte des evangelischen Religionsunterrichts in Deutschland, Neukirchen-Vluyn, Studienbuch 2007, 331–337. Quellenbuch 2010, 237–342.
Reents, Christine u. Melchior, Christoph: Die Geschichte der Kinder- und Schulbibel. Evangelisch – katholisch – jüdisch, Göttingen 2011, 117–139.
Schröder, Bernd: Religionspädagogik, Tübingen 2012, 84–101; 2. Aufl. 2021, 688–705.
Simon, Werner: Im Horizont der Geschichte, Münster 2001.
Simon, Werner: Katholische Katechetik, Religionspädagogik und Pädagogik im deutschen Sprachgebiet, Münster 2021
Stoodt, Dieter: Arbeitsbuch zur Geschichte des evangelischen Religionsunterrichts in Deutschland, Münster 1985, 393–435.

6. Das Fach Religion zwischen Rationalität, Erweckung und Glaubensvermittlung in der ersten Hälfte des 19. Jahrhunderts

> Der evangelische Religionsunterricht in der öffentlichen Schule ist stark von der Aufklärung, vom Rationalismus und von der Idee des Nutzens für die „Sittlichkeit" geprägt. Im katholischen Religionsunterricht wird das biblische Erzählen für die Glaubensvermittlung weiterentwickelt.
> Schleiermacher betont den nicht-rationalen Charakter der religiösen Erfahrung.
> Die evangelische Erweckungsbewegung beeinflusst die Didaktik in Volksschulen.

Die Entwicklungen im Bildungsbereich in dieser Zeit können vor allem als weitere Folgen der Aufklärung verstanden werden. Bildung bzw. gebildet sein wurde im Laufe des 19. Jahrhunderts zum Merkmal des Bürgertums. Das Schulwesen, die Lehrkräftebildung sowie die Universitäten wurden weiterentwickelt. Allerdings gab es vor 1871 kaum verbindliche Lehrpläne oder Schulbücher. Nachdem in Preußen die Schulen 1794 zu staatlichen Einrichtungen geworden waren (Kapitel 5), wurde danach gestrebt, sie zu vereinheitlichen. Für Gymnasien wurden ab 1809 die neuhumanistischen* Bildungspläne des preußischen Gelehrten und Politikers Wilhelm von Humboldt und seines Mitarbeiters Johann Wilhelm Süvern verwirklicht. Die Kernfächer bildeten die alten Sprachen (Griechisch, Latein und Hebräisch), Geschichte und Mathematik. Die Vernunft und die Bildung wurden verstanden als Selbstbildung und die Menschwerdung wurde betont. Religion hingegen wurde nicht als etwas Rationales betrachtet, sodass „Transzendenz" eine immer geringere Rolle in der Schule spielte. Nachdem das Fach Religion zunächst aus den Lehrkräfteprüfungen und Abiturprüfungen herausgenommen wurde, da es nicht den aufgeklärten Anforderungen genügte, wurde es rational und historisch ausgerichtet. Mit dieser Veränderung konnte es als „normales Fach" wieder als Prüfungsfach im Abitur angeboten werden.

Für die katholische Kirche hatten die napoleonischen Kriege, die französische Besatzung und der Verlust der linksrheinischen Gebiete im Jahr 1794 weitreichende Folgen. Mit der darauffolgenden beginnenden Säkularisation* wurde die politische Herrschaft der katholischen Bischöfe beendet. Der „Reichsdeputationshauptschluss" im Jahr 1803 bedeutete das Ende des „Heiligen Römischen Reiches Deutscher Nation" und gleichzeitig wurden kirchliche Güter, wie Klöster und Klosterschulen, Kirchen, Kapellen und Grundstücke, an den Staat abgetreten. Diese politische und ökonomische „Säkularisation"* traf die evange-

6. Rationalität, Erweckung und Glaubensvermittlung von 1800 bis 1850

lischen Kirchen weniger, weil sie weiterhin von ihren Fürsten abhängig blieben: das so genannte Landesherrliche Regiment. Meist unter deren Druck wurden die alten Streitigkeiten zwischen der lutherischen und der reformierten Konfession als „unvernünftig" beseitigt und „Unierte Kirchen" gegründet.

In dieser Zeit gab es auch eine Gegenbewegung gegen die einseitig rationalistisch-theologische Ausrichtung von Kirchen und Schulen. Der evangelische Theologe Friedrich Schleiermacher plädierte 1799 für eine Aufwertung der religiösen Erfahrung. Parallel zur kulturellen Epoche der Romantik wurde in Deutschland ein pietistisches* „Revival" sichtbar: die „Erweckungsbewegung". In der katholischen Kirche wirkten einerseits die Impulse aus der Aufklärung fort (Sailer, Kapitel 5), andererseits kann eine Aufwertung des Christentums der vorreformatorischen Zeit beobachtet werden: Sakramente, Rituale, Wallfahrten gewannen wieder an Bedeutung, Kongregationen* und sozial-caritative Einrichtungen wurden gegründet.

Das rationale Schulbuch von August Hermann Niemeyer

Am Beispiel des Schulbuchs des evangelischen Religionspädagogen August Hermann Niemeyer ist zu sehen, wie eine vernünftige, rationale Religion gedacht wurde. In seinem weit verbreiteten „Lehrbuch für die Oberen Religionsclassen gelehrter Schulen" (1801, 18. Aufl. 1843) schrieb er, dass er über das Christentum nur rational historisches und theoretisches Wissen vermitteln wollte *(Quelle 6.1)*. Schüler:innen sollten mit Vernunft überzeugt werden, damit sie keine Gefahr

August Hermann Niemeyer (1754–1828)
Niemeyer war ein Urenkel von August Hermann Francke. Er studierte in Halle Theologie und fing 1775 an, als Lehrer an den „Franckeschen Stiftungen" zu arbeiten. 1884 wurde er in Halle Professor für Theologie, ein Jahr später wurde er zum Leiter der „Franckeschen Stiftungen" und 1787 auch des Pädagogischen Seminars ernannt, an dem Lehrkräfte ausgebildet wurden. Niemeyers Vorlesungen über die Theorie des Unterrichts und der Erziehung erschienen 1796 als Buch: *Grundsätze der Erziehung und des Unterrichts für Eltern, Hauslehrer und Erzieher*. Halle 1796, 9. Aufl. 1839. Es war eine erste systematische Pädagogik in deutscher Sprache und entsprach den aufgeklärten Ideen von Rousseau und Pestalozzi. Niemeyer verfasste darüber hinaus noch Erbauungsbücher, Gedichte, Lieder und Oratorien. Als Halle im Jahr 1806 durch die französische Armee besetzt wurde, wurde er für ein Jahr als Geisel nach Paris gebracht. 1807 wurde er zwar als Rector der Universität eingesetzt, aber erst nach dem so genannten Befreiungskrieg im Jahr 1816 konnte Niemeyer wieder in Halle lehren.

Literatur:
Greschat, Martin: Personenlexikon Religion und Theologie, Göttingen 1998, 340.
Klosterberg, Brigitte (Hg.): Licht und Schatten. August Hermann Niemeyer, Halle 2004.
Beutel, Alfred: Kirchengeschichte im Zeitalter der Aufklärung, Göttingen 2009, 134.

mehr laufen würden, „künftig von jedem aufsteigenden Zweifel beunruhigt" zu werden. Niemeyers Schulbuch, das in der Zeit viel zur Akzeptanz des Religionsunterrichts beitrug, besteht aus vier Teilen: (1) Die Hintergründe der biblischen „historischen Bücher". (2) Die „allgemeine Religionsgeschichte" und die „christliche Religionsgeschichte". (3) Die christliche Glaubenslehre: „fromm und tugendhaft zur höheren Glückseligkeit". (4) Die „christliche Sittenlehre".

Methodisch sollte der Unterricht laut Niemeyer vor allem durch Erzählen, Fragen und Erklären bestimmt sein. Dafür wurden auch Bilder, Landkarten, historische Zeitleisten und Tabellen einbezogen. Als Methode für den Unterricht empfahl er, zuerst die „Charakteristik und Bedürfnisse der Lehrlinge" (heute „Lernausgangslage") zu untersuchen. Die Lehrkraft sollte sich fragen: Wie sind die Schüler:innen „beschaffen" und was ist ihr „intellectuelles und moralisches Bedürfniß?" Das Schulbuch hatte keine Bilder, keine Quellentexte oder Aufgaben, sondern bestand nur aus Merksätzen, die auswendig gelernt werden mussten.

Friedrich Schleiermacher und die religiöse Erfahrung

Niemeyers Auffassung wurde in intellektuellen Kreisen seiner Zeit rezipiert und anerkannt. Als Gottesvorstellung setzte sich ein rationaler Deismus* durch, mit dem Gott auf die Rolle des Urhebers der Schöpfung und der unveränderlichen Naturgesetze beschränkt wurde. Wer für Gebete, für eine Gottesbeziehung oder ein frommes religiöses Leben plädierte, wurde in aufgeklärt-gebildeten Kreisen nicht ernst genommen. Schleiermacher machte daraufhin das Verhältnis von Religion, Rationalität und Erfahrung zum Thema seiner sechs Reden „Über die Religion; An die Gebildeten unter ihren Verachtern" (1799, *Quelle 6.2.1*). Er wuchs in der fromm-pietistischen* „Brüdergemeine"* von Graf Ludwig von Zinzendorf auf. Diese stand in der Tradition des Pietismus* (Spener, Francke; Kapitel 5) und des Methodismus in Großbritannien. Schleiermacher schrieb:

> „Als Mensch rede ich zu Euch von den heiligen Mysterien der Menschheit nach meiner Ansicht, von dem, was in mir war, als ich noch in jugendlicher Schwärmerei das Unbekannte suchte, von dem, was, seitdem ich denke und lebe, die innerste Triebfeder meines Daseins ist und was mir auf ewig das Höchste bleiben wird, auf welche Weise auch noch die Schwingungen der Zeit und der Menschheit mich bewegen mögen. Dass ich rede, rührt nicht her aus einem vernünftigen Entschlusse, auch nicht aus Hoffnung oder Furcht, noch geschieht es einem Endzweck gemäß oder aus irgendeinem willkürlichen oder zufälligen Grunde: es ist die innere unwiderstehliche Notwendigkeit meiner Natur, es ist ein göttlicher Beruf, es ist das, was meine Stelle im Universum bestimmt und mich zu dem Wesen macht, welches ich bin." (Über die Religion, 1799. Stuttgart 1980, 5-6)

Wer über Religion spricht, kann, so Schleiermacher, nur von sich und seiner Erfahrung sprechen. Gegenüber den Vertreter:innen der Aufklärung betonte er, dass Religion über den Nutzen, die Ethik und die Metaphysik hinaus gehe. Dies

6. Rationalität, Erweckung und Glaubensvermittlung von 1800 bis 1850

seien menschliche, diesseitige „Wirkungen". Religion lasse sich nicht durch die Angst vor Gott, durch die Notwendigkeit eines „höchsten Wesens" für die Moral oder durch die bloße Hoffnung auf eine andere Welt erklären, sie sei, nach Schleiermacher, eine „eigene Provinz im Gemüte", eine eigene Domäne. Das Wesen der Religion „ist weder Denken noch Handeln, sondern Anschauung und Gefühl. [...] Religion ist Sinn und Geschmack fürs Unendliche" *(Quelle 6.2.1)*. Der Grundfehler der Aufklärung bestehe darin, Religion mit Moral oder mit Dogmen zu verwechseln. Religion sei somit nicht die „natürliche Religion" der frühen Aufklärung, sondern die je subjektive Erfahrung vom „Woher des Universums" (Gott) als „schlechthinniger Abhängigkeit".

Mit dieser Umschreibung für das Wesen der Religion ist die Möglichkeit, diese unterrichtlich vermitteln zu können, stark reduziert *(Quelle 6.2.2)*. Über Religion konnten sich Menschen nur in Hausgemeinden und Gesprächskreisen frei austauschen, wie bei der gemeinsamen religiösen Praxis der Herrnhuter*. Auch Erfahrungen aus Schleiermachers frühromantischem Berliner Kreis, in dem „Virtuosen" sich über Kunst, Musik und Literatur austauschten, spielten eine große Rolle. Schleiermachers Plädoyer für die Partizipation an einer kirchlichen Praxis, die Begegnung und der Austausch im Unterricht von Konfirmand:innen schließt daran an. Die Schule sei dafür als Ort weniger geeignet, weil es dort um Vermittlung von festen Wissensbeständen gehe. Allerdings war Schleiermacher gemeinsam mit Humboldt im Jahr 1810 an der Sektion „Unterricht" im preußi-

Friedrich Daniel Ernst Schleiermacher (1768–1834)
Schleiermacher wuchs in der pietistischen* Herrnhuter Brudergemeine* in Breslau auf. Im Theologiestudium wurde das Verhältnis der eigenen religiösen Erfahrung zur aufgeklärten Bildung einerseits sowie der Theologie und Pädagogik andererseits sein Lebensthema. Nach dem Studium arbeitete er ab 1796 als Hauslehrer, Hilfsprediger und Pfarrer in Berlin und Ostpreußen. Ab 1804 war er Professor in Halle, konnte – wie Niemeyer – durch die französische Besetzung ab 1806 nicht weiter lehren und beteiligte sich am „Befreiungskrieg". In Berlin wurde er reformierter Prediger an der Dreifaltigkeitskirche und 1810 Professor an der neugegründeten Berliner Universität. Er hat zu allen Aspekten der Theologie Bahnbrechendes publiziert und kann als „Kirchenvater des 19. Jahrhunderts" gelten.

Literatur:
Brachmann, Jens: Friedrich Schleiermacher. Ein pädagogisches Porträt, Weinheim 2002.
Kuhmlehn, Martina: Art. Schleiermacher, Friedrich, in: WiReLex 2019. http://www.bibelwissenschaften.de/stichwort/200643/.
Meyer-Blank, Michael: Friedrich Schleiermacher und das religiöse Individuum. In: Ders. (Hg.): Kleine Geschichte der evangelischen Religionspädagogik, Gütersloh 2003, 61–81.

schen Innenministerium beteiligt. In diesem Kontext stand er dem Religionsunterricht weniger ablehnend gegenüber (*Quelle 6.2.3*). In den unteren Stufen könne, wie es gegenwärtig genannt wird, „subjektorientiert" und „kommunikativ-narrativ" unterrichtet werden (Kuhmlehn 2019). In der Oberstufe sei eine intellektuelle Auseinandersetzung mit dem Unverfügbaren möglich. Eine religionspädagogische Didaktik formulierte er nicht. Erweckliche Absichten hätten, laut Schleiermacher, im Religionsunterricht keinen Platz.

Christian Gottlob Barth und die Erweckung und Mission
Im 19. Jahrhundert gab es im europäischen Protestantismus eine Bewegung, die auch die Erfahrung und das Gefühl betonte, aber als erfahrene Wiedergeburt und als emotionales Bekehrungserlebnis zum „Herrn Jesus Christus" (Revival, Réveil). Die Erweckungsbewegung war von Laien bestimmt und weitgehend unabhängig von den Kirchen und dem theologischen Diskurs. Wie bei Francke (Kapitel 5) verpflichtete der Glaube zur aktiven Nächstenliebe, dies zeigte sich vor allem in Gründungen von Krankenhäusern, Behinderteneinrichtungen, Rettungshäusern, Schulen usw. Viele Regionen in Deutschland sind bis heute von der „Erweckung" geprägt, wie beispielsweise Württemberg, das hessische Hinterland, das Siegerland und das Rheinland. Die Einrichtungen der „inneren Mission", die durch Johann Hinrich Wichern im Jahr 1848 eröffnet wurden, sind Vorläufer der heutigen Angebote der Diakonie. Für die „äußere Mission" wurden Missionsgesellschaften gegründet und Missionare in viele Gebiete entsendet: Indien, Ostindien, Ghana usw. Die Mission wurde zwar durch die globalen nationalen kolonialen Bestrebungen ermöglicht, geschah aber nicht im Auftrag der Kolonisator:innen. Die englische „Revival"-Bewegung trug durch Predigten und kritische Schriften viel zur Abschaffung der Sklaverei bei. Das menschenverachtende Auftreten der Kolonialherren begünstigte nicht die Bereitschaft, das Christentum anzunehmen, weswegen viele Missionare darauf bedacht waren, sich von ihnen zu unterscheiden. Dennoch muss die Rolle der Kirchen und Missionsgesellschaften im Kolonialismus als ambivalent beurteilt werden.

Die Erweckungsbewegung hinterließ für den evangelischen Religionsunterricht insbesondere in der Didaktik der Volksschulen Spuren. Im süddeutschen Raum wirkte Christian Gottlob Barth als Prediger und als Gründer des heute noch einflussreichen Calwer Schulbuchverlags. Seine Nacherzählung der biblischen Geschichten „Zweymal zwey und fünfzig biblische Geschichten für Schulen und Familien" (*Quelle 6.3.1*) hatte zwischen 1834 und 1945 483 Auflagen, wurde in 84 Sprachen übersetzt und über fünf Millionen Mal gedruckt. Der Titel war der gleiche wie Hübners „Schulbibel" aus dem Jahr 1714 (Kapitel 5 *Quelle 5.4*). Barths Erzählungen blieben, wie für einen biblizistischen Erweckungsprediger

6. Rationalität, Erweckung und Glaubensvermittlung von 1800 bis 1850

Christian Gottlob Barth (1799–1862)
Barth wurde in Stuttgart als Sohn eines Handwerkermeisters geboren. Nach dem Theologiestudium wurde er 1824 Pfarrer in Möttlingen. Er war an Mission interessiert, reiste durch England, wo er die „Revival"-Bewegung und die Evangelische Allianz* kennenlernte. Im Jahr 1833 gründete er den Calwer Verlagsverein, der sich vor allem um Volksbildung und Schulbücher kümmerte. 1838 zog er nach Calw. Dort widmete sich ganz der inneren und äußeren Mission, arbeitete unermüdlich als Erweckungsprediger im süddeutschen Raum und als Publizist von Schulbüchern, Jugendbüchern und Liedern. Einige Lieder finden sich bis heute im Evangelischen Gesangbuch (z. B. EG 262).
Literatur:
Deutsche Biografie: www.deutsche-biographie.de/pnd118821210.html#ndbcontent
Raupp, Werner: Christian Gottlob Barth. Studien zu Leben und Werk, Stuttgart 1998.

zu erwarten, sehr nah am Bibeltext. Die Bekehrung zu Gott war das allumfassende Thema, wie beispielsweise an der Erzählung der „Sündflut" sichtbar wird (*Quelle 6.3.2*). Vor allem die Auswahl der biblischen Geschichten (*Quelle 6.3.1*) prägte spätere Kinderbibeln.

Auch Barths „Christliche Kirchengeschichte" (*Quelle 6.3.3*) war den Auflagezahlen zufolge sehr einflussreich. Die historisierende Erzählung schließt nahtlos an die biblischen Geschichten an, wodurch einerseits die biblische Erzählung den Charakter von Geschichtsschreibung und „objektiver" Wahrheit bekam, während andererseits die Kirchengeschichte den Charakter von Verkündigung erhielt. Aus seinen Werken lässt sich schließen, dass für Barth die bildreich ausgeschmückte emotionale Erzählung und das Singen die vorrangigen Arbeitsweisen waren.

Der katholische Religionsunterricht und die Aufklärung

Im letzten Drittel des 18. Jahrhunderts kamen auch die katholischen „Elementarschulen" unter staatlichen Einfluss und „katholischer Religionsunterricht" wurde etabliert. Der traditionelle Katechismus-Unterricht wurde weitergeführt, aber zusätzlich kam nun biblisch-heilsgeschichtlicher* Unterricht in den Schulen hinzu. Die erste deutschsprachige katholische Schulbibel, die vor allem in Schlesien und Süddeutschland Verbreitung fand, wurde von Benedikt Strauch (1724–1803) verfasst und von Johann Ignaz von Felbiger (1724–1788) veröffentlicht. Strauch war Prior und Felbiger Abt am Augustiner Chorherrenstift Sagan in Niederschlesien. Für die Verbesserung des Unterrichts besuchten sie die Berliner Realschule von Julius Hecker, konsultierten Hübners Schulbibel (2 x 52 biblische Historien) aus 1714 und standen in Verbindung mit den Philantropen. Die Schulbibel hatte den Titel „Kern der biblischen Geschichte Altes und Neues

Testament". Noch mehr verbreitet war das von Benedikt Strauch verfasste Buch „Kern der biblischen Geschichte alten und neuen Testaments mit beygesetzten kurzen Sittenlehren" aus 1777 (Simon 2019, 23-54). Eine vergleichbare heilsgeschichtliche* Erzählung der Offenbarung Gottes war das Schulbuch des Leiters der Münsteraner Normalschule Bernard Overberg: „Geschichte des alten und neues Testaments" (1799). Es verbreitete sich vor allem im west- und norddeutschen Raum. Overberg schrieb fünf Jahre später auch einen „Katechismus der christkatholischen Lehre zu Gebrauche der größern Schüler".

Das aufgeklärte Denken von Johann Michael Sailer (Kapitel 5) wirkte weiter in der „Biblischen Geschichte für Kinder" (6 Bd., München 1801-1807) seines Schülers und späteren Freundes Christoph von Schmid. Es hatte eine vergleichbare Wirkungsgeschichte wie Barths „2 x 52 biblische Geschichten". Von Schmid (1768-1854) bahnte mit der kindgemäßen Erzählung der Heilsgeschichte* methodisch und inhaltlich einen neuen Lernweg an. In seiner narrativen Vermittlung blieb er nah an der wörtlichen Rede Jesu. Nur gelegentlich fügte er erklärende Sätze hinzu, um auf die heilsgeschichtliche* Wahrheit sowie den Nutzen und die Tugenden hinzuweisen. In *Quelle 6.4* ist seine Nacherzählung des Wunders der Sturmstillung zu lesen. Seine 1813/1814 erschienene Kurzfassung der Bibel zu einer Schulbibel wurde in vielen Diözesen in Süddeutschland, Österreich und der Schweiz zur Grundlage für den Unterricht. Sie wurde auch auf Englisch, Arabisch, Französisch und Italienisch übersetzt.

Johann Baptist von Hirscher (1788-1865)
Von Hirscher wurde mit 22 Jahren zum Priester geweiht und mit 28 Jahren zum Professor für Moral- und Pastoraltheologie in Ellwangen/Tübingen ernannt. Nach 20 Jahren wechselte er nach Freiburg, wo er bis 1863 lehrte. Er schrieb 1831 den „ersten katholischen Gesamtentwurf einer wissenschaftlichen Katechetik" (Simon 2021, 205). Er ging von der subjektiven Selbstbestimmung des Menschen, der Orientierung am „Kind als ganzer Mensch" und am Reich Gottes aus. Sein Ziel war es, „die Jugend zur christlichen Großjährigkeit heranzubilden, sie folglich zur glaubensvollen und liebethätigen Gemeinschaft des in Christus gekommen und im hl. Geist lebendigen Reiches Gottes zu führen" (zit. n. Simon 2020). Methodisch befürwortete er die Erzählung und das verstehende Unterrichtsgespräch. Seine Ansichten und Vorschläge wie das Feiern der Messe in der Volkssprache, eine synodale Leitungsstruktur mit Laien und die Abschaffung des Zölibats wurden später stark kritisiert.

Literatur:
Simon 2001, 61-80. Simon 2021, 202-209.
Simon, Werner: Art. Johann Baptist von Hirscher, in: WiReLex 2020, https://bibelwissenschaften.de/stichwort/200767/.

6. Rationalität, Erweckung und Glaubensvermittlung von 1800 bis 1850

Eine Orientierung an der Heilsgeschichte* unterstützte auch der katholische Theologe Johann Baptist von Hirscher, der ebenso von Sailer beeinflusst war. Wie Schleiermacher ging von Hirscher von einer im Menschen angelegten Religiosität aus, die in der eigenen Lebensgeschichte und in der Geschichte des Reiches Gottes konkret wird. Methodisch war auch er von der Aufklärung beeinflusst. Der Begriff „Sokratische Methode" war allerdings in katholischen Kreisen umstritten und von Hirscher nannte seine erzählende, auf „Selbstfindung" und am Kind orientierte Methode „heuristisch" (Simon 2019, 121–123). In der Mitte des 19. Jahrhunderts wurde sein Ansatz von einer der neuscholastischen* Theologie verpflichteten Katechese als „subjektivistisch" abgelehnt. Der Katechismus des Jesuiten Joseph Deharbe (1800–1871) mit einer in Lehrsätzen gefassten Glaubens- und Sittenlehre drängte seinen Ansatz zurück.

Quellentexte

6.1 August Hermann Niemeyer, Lehrbuch für die oberen Religionsclassen in Gelehrtenschulen, Halle 1801, 18. Aufl. 1843. Im Original Sperrungen, Digitalisat: http://dx.doi.org/10.25673/35113

6.1.1 Aus der Vorrede (III)
Alles, was billig jeder Jüngling, der wissenschaftlich gebildet ist, und sich anschickt, zu höheren Schulen und den weiteren Bestimmungen seines Lebens überzugehen, von Religion wissen sollte, lässt sich unter zwey Hauptgesichtspuncte fassen. Es betrifft entweder historische, oder theoretische Kenntnisse.

6.1.2 Das Christentum hat viel zur Verbreitung der Kultur und Aufklärung beigetragen (1801, 83)
3. Einzelne Christen und christliche Partyen, haben nicht wenig zur Verdunkelung des menschlichen Verstandes, aber das Christenthum überhaupt, hat unendlich viel zur Verbreitung der allgemeinen Cultur und Aufklärung der Menschheit beygetragen; mehr, als von irgend einer philosophischen Schule erweislich ist. Sollte die Geschichte dieser Religion nicht für jedermann wichtig seyn? [...]
8. Der allgemeine Eindruck, welchen diese Geschichte auch in der populärsten Gestalt zurücklässt, scheint nicht vortheilhaft für die Religion. Denn die schädlichen Würkungen, Streitigkeiten und Verirrungen und so oft selbst verfolgenden Fanatismus, – Mißbrauch und Entweihung des Heiligsten – Aberglaube, Betrug, Entfernung von der Natur – dies alles erscheint in allen Zeitperioden, und ungleich stärker, als die wohlthätige Würkung der sanften und reinen Christuslehre.

6.1.3 Die Sehnsucht nach Gott und die Verdienste Jesu (1801, 209–210; 176)
Die Thatsachen [sind ein] redender Beweis [... dafür, dass ...] eine Sehnsucht nach Gott und ein Verlangen nach einer höheren Ordnung der Dinge in allen Geschlechtern und

Völkern vorhanden ist und Religion wesentlicher Bestandteil des menschlichen Daseins darstellt. In der Menschheit wohnt zwar dies Vermögen inne, aber das Licht wurde sehr oft verfinstert. Dennoch entzog sich Gottes ›erziehende Vaterhuld‹ nie ganz, wie in Jesus Christus sichtbar geworden ist. Sein Evangelium hat sich in der ganzen Welt verbreitet und hat die Kraft – trotz Missverständnissen, Verfehlungen und Verfinsterung – uns selig zu machen.

128. Ihm verdanken seine echten Schüler, die wohlthätigste Belehrung über die wichtigsten Gegenstände des menschlichen Denkens – die vollkommenste Anleitung zu einem tugendhaften Wandel – ihm die Befreyung vor jeder quälenden Furcht vor Gott und der Zukunft. Sie gelangen also durch ihn zur Wahrheit, zur Tugend und zur Gemüthsruhe.

6.1.4 „Die „muhamedanische Religion" (1801, 82)

Das Eigenthümliche der Lehre Muhameds, welche seine Anhänger selbst Islam nennen, und davon den Namen Moslemim (Muselmänner – Gläubige) führen, besteht in dem Glauben an Einen Gott und an Muhamed, als den größten außerordentlich bevollmächtigten Propheten, neben welchem auch andre, wie Moses, Christus, als Propheten verehret werden.

1. Das Gebet (fünfmal in 24 Stunden) mit dem Angesicht gegen Mekka, selbst auf Reisen;
2. Das Fasten, theils das strenge und unerläßliche, im Monat Ramadan, das jedesmal mit dem Beiram endigt, theils das freywillige;
3. Das Almosengeben, worüber es bestimmte Vorschriften giebt;
4. Die Wallfahrt zur Caaba (dem heil. Tempel) nach Mekka;
5. Die Enthaltung von Wein und Gewinnstspielen;
6. Die Beschneidung, welche Muhamed als Landessitte beybehielt (1801, 81).

6.2 Friedrich Schleiermacher, Über die Religion – Reden an die Gebildeten unter ihren Verachtern. Berlin (Unger) 1799. Stuttgart 1969/1980. Digitalisat: http://www.zeno.org/nid/20009265988

6.2.1 Aus der Zweiten Rede: Über das Wesen der Religion (34–36. Originalpaginierung 49–53)

[Die Religion] begehrt nicht, das Universum seiner Natur nach zu bestimmen und zu erklären wie die Metaphysik, sie begehrt nicht, aus Kraft der Freiheit und der göttlichen Willkür des Menschen es fortzubilden und fertig zu machen wie die Moral. Ihr Wesen ist weder Denken noch Handeln, sondern Anschauung und Gefühl. Anschauen will sie das Universum, in seinen eigenen Darstellungen und Handlungen will sie es andächtig belauschen, von seinen unmittelbaren Einflüssen will sie sich in kindlicher Passivität ergreifen und erfüllen lassen. So ist sie beiden in allem entgegengesetzt, was ihr Wesen ausmacht, und in allem, was ihre Wirkungen charakterisiert. [...] Die Metaphysik geht aus von der unendlichen Natur des Menschen, und will aus ihrem einfachsten Begriff und aus dem Umfang ihrer Kräfte und ihrer Empfänglichkeit mit Bewusstsein bestimmen, was das Universum für ihr sein kann und wie er es notwendig erblicken muss. Die Religion lebt ihr ganzes Leben auch in der Natur, aber in der unendlichen Natur des Ganzen, des Einen und Allen. [...] Religion ist Sinn und Geschmack fürs Unendliche.

6. Rationalität, Erweckung und Glaubensvermittlung von 1800 bis 1850

6.2.2 Aus der Dritten Rede: Über die Bildung zur Religion (93-94, Originalpaginierung 139-140)

Nicht einmal gewöhnen könnt Ihr jemand auf einen bestimmten Eindruck, sooft er ihm kommt, eine bestimmte Gegenwirkung erfolgen zu lassen, viel weniger dass Ihr ihn dahin bringen könntet, über diese Verbindung hinauszugehen und eine innere Tätigkeit dabei frei zu erzeugen. Kurz, auf den Mechanismus des Geistes könnt Ihr wirken, aber in die Organisation desselben, in diese geheiligte Werkstätte des Universums, könnt Ihr nach Eurer Willkür nicht eindringen, da vermögt Ihr nicht, irgend etwas zu ändern oder zu verschieben, wegzuschneiden oder zu ergänzen, nur zurückhalten könnt Ihr seine Entwicklung und gewaltsam ein Teil des Gewächses verstümmeln. [...] Und von dieser Art ist die Religion; in dem Gemüt, welches sie bewohnt, ist sie ununterbrochen wirksam und lebendig, macht Alles zu einem Gegenstande für sich und jedes Denken und Handeln zu einem Thema ihrer himmlischen Phantasie. Alles was, wie sie, ein Kontinuum sein soll im menschlichen Gemüt, liegt weit außer dem Gebiet des Lehrens und Anbildens. Darum ist jedem, der die Religion so ansieht, Unterricht in ihr ein abgeschmacktes und sinnleeres Wort. Unsere Meinungen und Lehrsätze können wir andern wohl mitteilen, dazu bedürfen wir nur Worte und sie nur der auffassenden und nachbildenden Kraft des Geistes: aber wir wissen sehr wohl, dass das nur die Schatten unserer Anschauungen und Gefühle sind, und ohne diese mit uns zu teilen, würden sie nicht verstehen, was sie sagen und was sie zu denken glauben. Anschauen können wir nicht lehren, wir können nicht aus uns in sie übertragen die Kraft und Fertigkeit, vor welchen Gegenständen wir uns auch befinden, dennoch überall das ursprüngliche Licht des Universums aus ihnen einzusaugen in unser Organ; das mimische Talent ihrer Phantasie können wir vielleicht so weit aufregen, dass es ihnen leicht wird, wenn Anschauungen der Religion ihnen mit starken Farben vorgemalt werden, einige Regungen in sich hervorzubringen, die dem von ferne gleichen, wovon sie unsre Seele erfüllt sehen: aber durchdringt das ihr Wesen, ist das Religion? [...] Zeigt mir Jemand, dem Ihr Urteilskraft, Beobachtungsgeist, Kunstgefühl oder Sittlichkeit angebildet und eingeimpft habt; dann will ich mich anheischig machen, auch Religion zu lehren.

6.2.3 Friedrich Schleiermacher, Erster Entwurf zum Religionsunterricht.1810. In: Rupp 2010, 96.

Bei dem Religionsunterricht ist nach der gewöhnlichen Ansicht das Lernen, das Erwerben von Kenntnissen, nur die Nebensache, nur ein notwendiges Mittel; das Wesentliche, der eigentliche Zweck ist die Belebung der Gesinnung, das wahre, lebendige Sichanschließen an die Gemeine. Auf die Gesinnung zu wirken, kann aber niemals ein unmittelbares Objekt für die Schule sein. [...] Dem Staat muss allerdings daran gelegen sein, dass seine Bürger religiös seien; es muss ihm ebenso sehr daran liegen, dass sie vaterlandsliebend seien. Er tut für das letztere dennoch nirgends etwas Besonderes; warum soll er es für das erstere tun, da dies zu bewirken zumal schon der Zweck einer anderen Anstalt ist, der Kirche.

6.3 Christian Gottlob Barth, Zweymal zwey und fünfzig biblische Geschichten für Schulen und Familien. Calw 1834. Digitalisat: https://archive.org/details/zweimalzweiundfu00unse. Siehe auch Reents u. Melchior 2011, 279–282.

6.3.1 C. G. Barth, Auswahl der 2 x 52 biblischen Geschichten

Altes Testament	
1 Schöpfung der Welt	28 Das Murren Israels
2 Der Sündenfall	29 Bileam
3 Der Brudermord	30 Moses Tod
4 Die Sündfluth	31 Josua
5 Der Thurm zu Babel	32 Die Richter
6 Abrahams Beruf	33 Ruth
7 Abrahams Glaube	34 Eli und Samuel
8 Sodom und Gomorra	35 Samuel und Saul
9 Ismael	36 David als Hirte
10 Isaak	37 Davis Verfolgung
11 Sarahs Tod und Begräbnis	38 Sauls Tod. David wird König
12 Isaaks Heirath	39 Uria wird getödtet
13 Jakob und Esau	40 Geschichte Absaloms
14 Jakobs Wanderschaft	41 Pest in Israel
15 Joseph wird verkauft	42 Salomo
16 Joseph in Aegypten	43 Theilung des Reichs
17 Josephs Brüder kommen nach Aegypten	44 Der Prophet Elia
18 Zweite Reise der Brüder Josephs	45 Elisa
19 Jakob zieht nach Aegypten	46 Die assyrische Gefangenschaft
20 Mose	47 Der Prophet Jona
21 Mose vor Pharao	48 Letzte Könige in Juda
22 Auszug aus Aegypten	49 Die Propheten
23 Israel in der Wüste	50 Die babylonische Gefangenschaft
24 Gesetzgebung	51 Daniel
25 Bürgerliche und kirchliche Gesetze	52 Jerusalem wird wieder aufgebaut
26 Die Luftgräber	A n h a n g zu den Geschichten des
27 Die Kundschafter	Alten Testaments

Neues Testament	
1 Gabriel zu Zacharias und Maria gesandt	29 JEsus in Gethsemane
2 Die Geburt JEsu	30 JEsu Gefangennahme. Petri Verhaftung
3 Die Weisen aus Morgenland	31 JEsus vor Kaiphas
4 Jesus im Knabenalter	32 JEsus vor Pilatus und Herodes
5 Jesus von Johannes getauft und vom Teufel versucht	33 JEsus zum Tode verurtheilt
6 Berufung der Jünger. Hochzeit zu Cana	34 JEsus am Kreuz
7 Samariterin	35 Begräbnis JEsu
8 Petri Fischzug und der Stater	36 Auferstehung JEsu
9 Die Bergpredigt	37 Der Gang nach Emmaus
10-12 Wunder JEsu	38 JEsus erscheint Thomas; Am See Genezareth
13 Die große Sünderin; das Canaänsche Weib	39 JEsu Himmelfahrt
14 Tod des Täufers Johannes	40 Das Pfingstfest

6. Rationalität, Erweckung und Glaubensvermittlung von 1800 bis 1850

15-17 Gleichnisse JEsu	41 Ananias und Saphyra
18 Der reiche Mann und Lazarus	42 Tod des Stephanus
19 Kindlein gerufen; Männer geprüft	43 Der Kämmerer aus Mohrenland
20 Der barmherzige Samariter und der unbarmherzige Knecht	44 Saulus wird bekehrt
21 Von der Demuth	45 Der Hauptmann Cornelius
22 Verklärung JEsu	46 Petrus aus dem Gefängnis befreit
23 Drei Besuche JEsu in Bethanien	47 Paulus in Lystra
24 JEsu Einzug in Jerusalem	48 Lydia und der Kerkermeister
25 Von den Weingärtnern und Königshochzeit	49 Paulus in Athen
26-27 JEsu Reden von den letzten Dingen	50 Die Gefangenschaft Pauli in Cäsarea
28 Das Fußwaschen und das Abendmahl	51 Die Reise Pauli nach Rom
	52 Die Ausbreitung des Evangeliums durch Die Apostel

6.3.2 Die Sündflut, 2500 J. v, Chr. (1. Mose 6-9), C. G. Barth, Zweymal zwey und fünfzig biblische Geschichten für Schulen und Familien. Calw 1834, 13-15. Kursiv statt Sperrschrift. „HErr" im Original. Abb. dort.

Die Menschen vermehrten sich rasch auf Erden. Ebenso wuchs aber auch ihre Sünde und Bosheit. Da sprach Gott: „Die Menschen wollen sich von meinem Geiste nicht mehr strafen lassen, denn sie sind Fleisch. Ich will ihnen noch Frist geben hundertundzwanzig Jahre."

Als aber der HErr sah, daß die Menschen sich nicht bekehrten, sondern immer schlimmer wurden, sprach er: „Ich will die Menschen, die ich gemacht habe, vertilgen von der Erde."

Noah aber fand Gnade vor dem Herrn, denn er war ein frommer Mann, der ein göttliches Leben führte. [...]

Sechshundert Jahre alt war Noah, als er mit seiner Familie in die Arche ging. Der HErr schloß hinter ihm zu. Nun kam die Sündfluth. Es brachen auf alle Brunnen der Tiefe, und die Fenster des Himmels thaten sich auf, und es kam ein Regen auf Erden. 40 Tage und 40 Nächte lang. Und die Wasser wuchsen und hoben die Arche auf, daß sie auf dem Gewässer fuhr. Und das Gewässer nahm so sehr überhand, dass alle hohen berge bedeckt wurden. Fünfzehn Ellen hoch ging das Gewässer über die Berge. Da gingen alle Menschen unter und alle Tiere, die auf dem trocknen leben; nur Noah blieb leben und was mit ihm in den Kasten war. Und das Gewässer stand auf Erden hundertundfünfzig Tage.

Abbildung 4. Die Arche Noah.

Da gedachte Gott an Noah und ließ ein Wind auf Erden kommen, und das Gewässer nahm ab, und die Arche ließ sich nieder auf dem Gebirge *Ararat*. Bald sahen der berge Gipfel hervor. Nun wartete Noah noch 40 Tage, bis er das Fenster öffnete. Dann ließ er

einen Raben ausfliegen, der flog immer hin und her und kam nicht wieder. Darnach ließ er eine Taube ausfliegen, die kam wieder zu ihm in die Arche. Nach sieben Tage ließ er wieder eine Taube ausfliegen, die kam und sieh ! sie trug ein Oelblatt in ihrem Schnabel. Abermals nach sieben Tagen sandte er noch eine Taube aus, die kam nicht wieder zu ihm. Das war am ersten Tag des ersten Monden; und nun that Noah das Dach von dem Kasten, und sah, daß der Erdboden trocken war. Doch dauerte es noch bis zum sieben und zwanzigsten Tage des andern Monden, bis der Erdboden so trocken war, daß Noah aus dem Kasten gehen konnte. – Da brachte Noah dem HErrn ein Dankopfer: der Herr aber sprach: „Ich will hinfort nicht mehr die Erde verfluchen um der Menschen willen; denn das Dichten des menschlichen Herzens ist böse von Jugend auf. Forthin, so lange die Erde steht, soll nicht mehr aufhören Samen und Aernte, Frost und Hitze, Sommer und Winter, Tag und Nacht."
Und Gott segnete Noah, und richtete einen Bund mit ihm auf, und setzte das Zeichen seines Bundes, den Er mit ihm gemacht hatte, in die Wolken, den schönen, siebenfarbigen Regenbogen. Und Gott sprach: „Dies sey das Zeichen des Bundes, den ich aufgerichtet habe und allem Fleische auf Erden."

> (Merckwürdige Versteinerungen finden sich als Überbleibsel jener Fluth, die unsere Gebirge bedeckte, fast in allen Ländern der Erde. In manchen Gegenden Deutschlands kann man kaum einen Fuß auf den Boden setzen, ohne auf versteinerte Seemuscheln zu treten, die seit der Sündfluth da liegen. In Württemberg z. B. zählt man über 500 Arten solcher Versteinerungen.)

6.3.3 C. G. Barth, *Christliche Kirchengeschichte,*: Calw 1835, 23. Aufl. 1892. Kursiv statt Sperrschrift. Abb. dort.

Das apostolische Zeitalter

Ihr habt alle die Apostelgeschichte gelesen, liebe Kinder; und es wird euch gehen, wie vielen anderen Kindern, welchen dies Buch besonders liebe geworden ist, weil es so unterhaltend und lieblich erzählt. Es wird euch daher nicht unlieb seyn, wenn ich den Faden, den *Lukas* dort gezogen hat, weiter spinne. [...]

Abbildung 5. Das Zeichen Konstantins

Die Konstantinische Wende

„Jener Mann, der die Dämme durchstach, und den Strömen Platz machte, war der römische Kaiser *Constantin*. Schon in dem Hause seines Vaters, des Kaisers *Constantius*, hatte er das Christenthum kennen gelernt, ohne sich jedoch mit demselben näher zu befreunden. Dazu führte ihn Gott auf eine wunderbare Weise. Auf einem Kriegszuge gegen seinen Nebenkaiser *Maxentius*, als sein ganzes Schicksal auf dem Spiele stand, und er bekümmert zu dem unbekannten Gott gebetet hatte, erblickte er eines Nachmittags in einem großen Glanze

6. Rationalität, Erweckung und Glaubensvermittlung von 1800 bis 1850

am Himmel das Zeichen des Kreuzes mit der Inschrift: *„Durch dieses Siege!"* Er staunte über diesen Anblick. In der Nacht erschien ihm Christus im Traume mit dem Kreuz, und befahl ihm, dieses Sinnbild zu seinem Kriegspanier zu nehmen. *Constantin* gehorchte, und von da an wurde bei allen seinen Heeren das Kreuz errichtet. [...] Wirklich wurde einige Tage darauf *Maxentius* in einer entscheidenden Schlacht von *Constantin* überwunden. (59 f.)

Mission
Afrika gleicht beinahe dem dunkelfarbigen Schmetterling, Trauermantel genannt, dessen schwarze Flügel rings mit einem weißen Rande eingefaßt sind. Seine Binnenlande sind von ungezählten und unbekannten heidnischen und muhamedanischen Völkerschaften bewohnt; aber rings umher ist es von einzelnen hellen Stellen eingefaßt, von welchen aus das Licht in sein Inneres einzudringen und die alte tausendjährige Finsterniß zu vertreiben sucht. (268)

6.4 Christoph von Schmid, Biblische Geschichte für Kinder. Rottweil 1844, Bd. 2., in: Trautmann 1990, 28–31. Siehe auch Simon 2001, 58–61 und Reents u. Melchior 2011, 260–269. Kursiv statt Sperrschrift.

Stillung des Sturmes
Eines Tages, da es schon gegen Abend gieng, und Jesu das Gedränge des Volkes zu groß wurde, sprach Er zu seinen Jüngern: „Laßt uns auf die andere Seite des See's hinüber fahren." Sie entließen also das Volk. Jesus stieg mit ihnen in das Schiff. Sie fuhren vom Lande. Noch einige andere Schifflein begleiteten Ihn.
Jesus war den Tag hindurch wohl sehr müde geworden. Auf der anderen Seite des See's warteten neue Arbeiten auf Ihn. Er setzte sich also hinten in dem Schiffe nieder, und ruhte auf einem Hauptkissen ein wenig aus.
So weißlich *benutzte Er jeden Augenblick* des Lebens, um immer neue Kräfte des Gutesthun zu sammeln.
Wie sie so fortschifften, erhob sich auf dem See plötzlich ein mächtiger Sturmwind. Die Wasserwellen schlugen in das Schifflein hinein, und über dem Schifflein zusammen. Er wurde ganz von Wellen bedeckt, und fieng schon an voll zu werden. Sie standen in großer Gefahr zu sinken. Er aber schlief!
Jesus – der in einem zerbrechlichen Fahrzeuge, mitten unter dem furchtbaren Sturme schläft, ist uns ein schönes *Bild von der hohen Seelenruhe*, die uns die Tugend und das Vertrauen auf Gott schenkt.
Die Jünger waren voll Furcht und Schrecken. Sie eilten zu Ihm hin, und weckten Ihn, und riefen: „Herr! Rette uns! Wir gehen zu Grunde. Kümmerts dich nicht, daß wir umkommen?"
Daß die Jünger gar so ängstlich und furchtsam waren, verdiente Tadel. Da sie aber doch, so klein auch ihr Vertrauen war, ihre Zuflucht zu Jesus nahmen, verdient Lob und – Nachahmung.
Jesus sagte sanft und ruhig: „Was seyd ihr doch so furchtsam, ihr Kleingläubigen? Wo bleibt euer Glaube? Habt ihr denn gar kein Zutrauen?

Auch diese Worte lehren uns: Mangel an Vertrauen macht ängstlich, bekümmert, voll Unruhe und Sorgen. Glaube an Gott und Jesus macht ruhig und heiter, mitten in den Gefahren. Und so will uns Jesus haben.

Hierauf stand Jesus auf, und geboth dem Sturmwinde: „Schweig!" und sagte dem tobenden Meere: „Sey ruhig!" und der Wind schwieg, und auf dem Meer entstand eine große Stille. Kein Blättchen am Ufer regte sich mehr. Der See war wie ein heller Spiegel. Was Jesus eben mit Worten gelehrt hatte, lehrt Er hier durch *die That: Glauben und Vertrauen.* Er, dem Wind und Meer gehorchen, kann in jeder Gefahr helfen. Er hat noch ebendieselbe Macht. *Er hört* auch jetzt noch unser Flehen, wie das der Jünger. Er hat noch ebendieselbe *Liebe.* Wer Ihm vertraut, der fürchtet nichts.

Als die Leute in den anderen Schiffen, die zugleich gerettet wurden, diese That Jesu sahen, waren sie voll Erstaunen. Eine tiefe Ehrfurcht durchdrang sie. „Wer muß doch dieser seyn", fragte einer zu dem andern, „daß Er sogar Winde und dem Meere befiehlt, und Wind und Meer Ihm gehorchen?"

Die Antwort auf diese Frage mögt ihr, meine Lieben, euch selbst geben."

Zusammenfassung, Fragen, Ideen für Hausarbeiten und Referate, Literatur

Zusammenfassung

Die erste Hälfte des 19. Jahrhunderts wurde von der Aufklärung bestimmt. Der Religionsunterricht in der öffentlichen Schule war der Rationalität verpflichtet: Die Religion musste verstanden und der Nutzen für die „Sittlichkeit" erklärt werden. Gleichzeitig wurde über den nicht-rationalen Charakter der religiösen Erfahrung nachgedacht (Schleiermacher). Im Unterschied zu einer vernunftorientierten Rationalität wurden in der Erweckung (Barth) und im Katholizismus die Bedeutung von gelebter Religion wieder entdeckt und die Kraft des Glaubens (von Schmid) betont.

Fragen

1. Füllen Sie das Schema für diese Zeitspanne aus:

	Ziele	Inhalte	Methoden und Medien
August Hermann Niemeyer			
Friedrich D. E. Schleiermacher			
Christian Gottlob Barth			
Christoph von Schmid			

2. Beschreiben Sie, wie die vier genannten Autoren religiöse Erfahrung mit rationaler Bildung in ihren Schulbüchern miteinander in Verbindung bringen, und bewerten Sie dies aus heutiger Sicht.

6. Rationalität, Erweckung und Glaubensvermittlung von 1800 bis 1850

3. Nennen Sie vor dem Hintergrund von Hübner (Kapitel 5 *Quelle 5.4*), C. G. Barth und C. von Schmid Stichworte für eine aktuelle kindgemäße Erzählung von Gen 6–9 und Mk 4,35–41.

Ideen für Hausarbeiten und Referate
- Religionsunterricht zwischen Rationalismus und gelebter Religion – damals und heute.
- Der Einfluss der Missionsgesellschaften und -orden auf transnationale Bildungsprozesse.
- Die Rezeption von erwecklicher Bildungsliteratur (C. G. Barth, F. L. Zahn) in Nordamerika.

Ausgewählte Literatur
Dam, Harmjan: Ev. Kirchengeschichtsdidaktik. Entwicklung, Konzeption, Leipzig 2022, 81–132.
Rupp, Horst: Vom Reichsdeputationshauptschluss bis zur Reichsgründung, in: Lachmann, Rainer u. Schröder, Bernd (Hg.): Geschichte des evangelischen Religionsunterrichts in Deutschland, Neukirchen-Vluyn, Studienbuch 2007, 128–166, Quellenbuch 2010, 86–112.
Nipkow, Karl Ernst u. Schweitzer, Friedrich (Hg.): Religionspädagogik. Texte zur ev. Erziehungs- und Bildungsverantwortung seit der Reformation, Bd. 2/1, Gütersloh 1994, 244–304.
Reents, Christine u. Melchior, Christoph: Die Geschichte der Kinder- und Schulbibel. Evangelisch – katholisch – jüdisch, Göttingen 2011, 231–345.
Simon, Werner: Im Horizont der Geschichte, Münster 2001, 49–80, 299–307.
Simon, Werner: Spuren der Geschichte, Münster 2019, 23–136.
Simon, Werner: Katholische Katechetik, Religionspädagogik und Pädagogik im Deutschen Sprachgebiet, Münster 2021.
Simon, Werner: Tradition und Wandel. In: Roggenkamp, Antje u. Wischmeyer, Johannes (Hg.): Religiöse Bildung im langen 19. Jahrhundert, Leipzig 2022, 157–168.
Trautmann, Franz: Religionsunterricht im Wandel, Essen 1990, 17–23.
Wittmütz, Volkmar: Die preußische Elementarschule im 19. Jahrhundert, in: Fisch, Stefan et al (Hg.): Lernen und Lehren in Frankreich und Deutschland, Stuttgart 2007, 157–171.

7. Der „geschichtliche Religionsunterricht" und die „Münchener Methode" zwischen 1850 und 1930

> Ab 1850 hat die wissenschaftliche Pädagogik, insbesondere die Herbart-Zillerschen „Formalstufen", großen Einfluss auf die Didaktik des Religionsunterrichts.
> Im katholischen Religionsunterricht wird dies mit der „Münchener Methode" umgesetzt.
> Für den evangelischen Religionsunterricht sind inhaltlich die biblische Geschichte und die Kirchengeschichte leitend.
> In der Weimarer Reichsverfassung 1919 wird der Religionsunterricht als „ordentliches Lehrfach" an die Grundsätze der Religionsgemeinschaften gebunden.

Am 18. Januar 1871 wurde König Wilhelm I. von Preußen zum Deutschen Kaiser Willhelm I. proklamiert. Damit wurde die Einheit von 25 deutschen Territorien unter Preußischer Führung durchgesetzt und die aggressive Außenpolitik, die seit 1862 betrieben worden war, beendet. Ab 1890 erhob das zweite deutsche Kaiserreich weltweite imperiale und militärische Machtansprüche. In der schulischen Bildung wurde der Nationalismus in den Vordergrund gestellt. So proklamierte Wilhelm II. im Jahr 1890: „Deutsche soll man erziehen, keine Griechen und Römer." Die politische Stabilität ging mit einer rasanten Industrialisierung einher. Der dadurch generierte Wohlstand beeinflusste das Schulwesen. Es entstanden neue Schulgebäude und größere Räume, mehr Lehrkräfte und Lehrmittel sowie mehr Pädagogische Ausbildungsseminare wurden notwendig. Neben humanistischen* Gymnasien entstanden Realgymnasien mit Latein und modernen Sprachen sowie Oberrealschulen mit modernen Sprachen, Mathematik und Naturwissenschaften. Durch den Einfluss der Frauenbewegung bekamen Mädchen Zugang zu höheren Schulen.

Die Einheit im Kaiserreich führte zu mehr Vereinheitlichung in der Bildungspolitik, auch wenn in Bayern, Württemberg und Baden die alten Verhältnisse faktisch blieben. In großen Teilen des Reiches wurden die Lehrpläne an allen höheren Schulen angeglichen und religiöse Bildung in der Schule hieß dort flächendeckend Religionsunterricht. Es wurde zudem geregelt, dass er mit zwei Stunden pro Woche erteilt werden sollte. Mit der aufkommenden Kritik an Religion, Kirche und religiösen Überzeugungen (Feuerbach, Marx, Mendel, Darwin, Haeckel) wuchs aber auch die Kritik am Schulfach Religion. In den industriellen Großstädten entstanden zudem Milieus mit geringer Bindung an Religion und Kirche. Die sozialdemokratische Arbeiterpartei forderte 1869 eine Schule ohne Kirchenbindung und ohne Religionsunterricht.

Die konfessionellen Antworten auf diese Entwicklung waren unterschiedlich. Katholische Schüler:innen besuchten meist die konfessionellen Volksschulen und katholische Christ:innen bildeten ein geschlossenes Milieu, konzentrierten sich auf ihre Kirche und milderten damit die Folgeprobleme der Moderne ab. Die evangelische Kirche unterstützte die Entwicklungen des „evangelischen preußischen" Kaiserreichs. Diese Unterschiede verstärkten sich im so genannten Kulturkampf* (1872–1878). Als im Jahr 1907 die Finanzierung der Volksschulen in der Politik diskutiert wurde, wurde beschlossen, dass es weiterhin konfessionelle Schulen geben dürfte, aber in allen Schulen Religionsunterricht für die jeweils andere Konfession eingerichtet werden sollte. Zudem benötigten die evangelischen Religionslehrkräfte eine *vocatio* (kirchliche Berufung), die katholischen, die nun auch so genannte Laien sein konnten, eine *missio canonica* (kirchliche Sendung). Die Inhaltsangaben von drei stark verbreiteten Religions-Schulbüchern in dieser Zeit zeigen, welche Schwerpunkte im evangelischen Religionsunterricht gesetzt wurden (*Quelle 7.1*).

Geschichte, Psychologie und Laizismus
Seit der Mitte des 19. Jahrhunderts wurde die Erforschung der Geschichte zur Leitwissenschaft (Historismus*). Die Vergangenheit sollte so umfassend und objektiv wie möglich dargestellt werden oder, wie der Historiker Leopold von Ranke es ausdrückte: „bloß zeigen, wie es eigentlich gewesen". Dies wurde auch zur Leitformel der evangelischen Theologie. Festzustellen ist dies an dem historisch-kritischen Umgang mit der Bibel, die Erstellung großer Quellensammlungen (wie Luthers Wartburger Arbeiten; WA), und die Entstehung von Archiven usw. Auch in der so genannten Liberalen Theologie* war das Historische wichtig. Die bestehende Kultur sei durch die Geschichte christlich geprägt und das Christentum sollte zum Aufbau der Kultur, im Sinne der Arbeit am Reich Gottes, beitragen. Auch das neue universitäre Fach Religionswissenschaft (Leipzig 1912) war zunächst vergleichend und historisch orientiert.

Um 1900 gewann die in dieser Zeit entstehende Entwicklungspsychologie, Kinder- und Jugendpsychologie an Relevanz für die Pädagogik. Psychologie wurde ein angesehenes Fach an den Universitäten. Auch der Religionsunterricht orientierte sich an ihren Ergebnissen und nahm dadurch die Zielgruppen des Unterrichts genauer wahr. Schulbücher unterschieden nun deutlicher nach Schulform und Altersstufe.

In Frankreich wurde 1905 die Trennung von Kirche und Staat festgelegt, sodass das Land laizistisch wurde. Der Religionsunterricht an öffentlichen Schulen wurde verboten. In Deutschland forderten im selben Jahr Bremer Lehrkräfte die Abschaffung des Religionsunterrichts zugunsten eines allgemeinen religionsgeschichtlichen Unterrichts und einer Moralkunde. Diese Idee war nicht neu: Mitte des 19. Jahrhunderts plädierte der Volksschulpädagoge Friedrich Adolf Wilhelm Diesterweg (1790–1866) für einen Religionsunterricht ohne Kirchenbindung.

Der Herbartianismus und die Formalstufen als Grundlage didaktischen Handelns

Die Überlegungen zum Erkenntniserwerb des Pädagogen Johann Friedrich Herbarts (1776–1841) wurden zum Standard für das Nachdenken über Bildung. Herbart wurde im Jahr 1809 zum Professor in Königsberg berufen, als zweiter Nachfolger von Immanuel Kant. Er arbeitete in dieser Zeit auch an der Schulreform* in Preußen mit. Wie in der Pädagogik von Kant ging es um das „pädagogische Paradox", dass ein Kind zur Freiheit gebracht werden soll, obwohl dafür Erziehung notwendig ist, die immer auch mit Zwang verbunden ist (Simon 2019, 137–155). In der Sprache Herbarts ausgedrückt: Wie bindet sich „der Wille des Zöglings in Freiheit an das Sollen?" (zit. n. Böhm 2013, 82). Im Jahr 1833 publizierte Herbart eine Theorie für Bildungsprozesse, die seines Erachtens universelle Gültigkeit habe:

> A. *Phase der Vertiefung*
> 1. Stufe: Klarheit. Vorwissen wird geordnet und abgerufen.
> 2. Stufe: Assoziation. Neue Wissenselemente werden hinzugefügt und aufgenommen.
>
> B. *Phase der Besinnung*
> 3. Stufe: System. Das neue Wissen wird systematisch im bestehenden eingeordnet.
> 4. Stufe: Methode. Das neue aufgenommene und eingeordnete Wissen wird eingeübt und angewendet.

Der Pädagoge Tuiskon Ziller (1817–1882) vereinfachte Herbarts Phasen zu einer Unterrichtstechnik, die später als Formalstufen* bezeichnet wurde. Ziller arbeitete am Leipziger Lehrkräfteausbildungsseminar mit einer Übungsschule. Auch in Jena wurde durch die Arbeit des Pädagogen Wilhelm Rein die akademische Ausbildung mit didaktischer Praxisforschung in einer Übungsschule verzahnt. Ausgehend von dieser Verknüpfung wurden die fünf Formalstufen* fast flächendeckend „zum Handwerkszeug der Lehrer des 19. und 20. Jahrhunderts" (Böhm 2013, 84):

> Vorbereitung. Das Ziel der Unterrichtssequenz soll genannt werden und die bei den Schüler:innen vorhandenen Gedanken, die ums Thema kreisen, sollen aktiviert werden.
> Darbietung. Neuer Stoff wird durch einen Vortrag, durch Erzählung oder ein fragendes Unterrichtsgespräch vermittelt.
> Verknüpfung. Das neue Wissen wird mit dem alten verknüpft.
> Zusammenführung. Die erarbeiteten Erkenntnisse werden zu einem Grundgedanken, einer Regel oder einem Gesetz zusammengefasst.
> Anwendung. Die neuen Erkenntnisse werden als Können angewendet und eingeübt.

7. Geschichtlicher RU und „Münchener Methode" um 1900

Karl Ernst Thrändorf (1851–1926)
Thrändorf wurde als Sohn eines Pfarrers in Schwaara bei Gera geboren. Er fing 1871 mit dem Studium der Theologie in Leipzig an, wechselte allerdings bald zur Pädagogik und studierte damit bei Ziller. Im Jahr 1873 wurde er Praktikant an der Übungsschule der Leipziger Universität, ab 1874 dort Oberlehrer. Hier konnte er selbstständig Unterrichtsversuche durchführen und seine Didaktik auf Praxistauglichkeit überprüfen. Nach seiner Promotion zur Funktion des Religionsunterrichtes im Jahr 1878 wurde Thrändorf Oberlehrer am neu gegründeten pädagogischen Seminar in Auerbach (Vogtland). 1903 wurde er vom sächsischen König ehrenhalber zum „Professor" ernannt. Im Jahr 1921 erhielt er ein Ehrendoktorat der Universität Jena und ging in Auerbach in Rente. Durch seine reflektierten Unterrichtsversuche, veröffentlicht in konkreten „Präparationen", durch Schulbücher und Vorträge spielte er eine wichtige Rolle für die Entwicklung der Fachdidaktik.

Literatur:
Dam 2022, 159–174. Nipkow u. Schweitzer 1994, 115–121.
Kahrs, www.bbkl.de/public/index.php/frontend/lexicon/T/Th/thraendorf-ernst-71965.

Der „geschichtliche Religionsunterricht" von Ernst Thrändorf

Wie dies im evangelischen Religionsunterricht aufgegriffen wurde, kann am Beispiel der Religionspädagogik von Karl Ernst Thrändorf, einem der „vergessenen Väter der modernen Religionspädagogik" (Pfister 1989), gezeigt werden. Sein wissenschaftliches Interesse war es, auf der Basis der Formalstufen* „eine Religionspädagogik zu entwickeln, die pädagogisch genauso fundiert [sei] wie theologisch" (Pfister 1989, 25). Er publizierte seine Ergebnisse auch in „Präparationen" (Materialien für Lehrende). Sein Interesse galt insbesondere der Didaktik der Kirchengeschichte. Angelehnt an Ziller unterschied er fünf Schritte. Hier ist ein Beispiel für die Oberstufe des Gymnasiums:

> 1. Das Unterrichtsthema wird als Frage genannt. Z. B.: Wie verhielt sich der römische Staat später dem Christentum gegenüber?
> Das Thema wird mit vorhandenem (Bibel-)Wissen verknüpft: Jesus und die Obrigkeit (Mt 22,15), Kreuzigung Jesu, Paulus über den Staat (Rö 13,1), die römische Behörde tolerant gegenüber dem Christentum als jüdischer Sekte.
> 2. Neues Wissen wird dargeboten. Als Quellentext wird der Brief von Plinius an Trajan vorgelegt. Er soll von den Schülern zusammengefasst werden.
> 3. Mit Impulsfragen und weiterem Wissen wird das vorhandene und neue Wissen verknüpft. Die Schüler lesen selbstständig weitere Quellentexte zum Thema.
> 4. Die Grundeinsichten zum Verhältnis Kirche – Staat werden festgehalten.
> 5. Eine Aktualisierung zu heute, oder die Brücke zum neuen Thema wird gelegt. In dieser Unterrichtsreihe war dies Augustinus und „De Civitate Dei".

In *Quelle 7.2.1* ist ein Beispiel für die Volksschule aufgenommen. Thrändorf nannte seinen Religionsunterricht „pädagogische Kirchengeschichte" oder „geschichtlicher Religionsunterricht". In der Mittelstufe sollten die Schüler:innen vor allem mit Lebensbildern* von bedeutsamen Persönlichkeiten aus der Kirchengeschichte konfrontiert werden. Die Oberstufenschüler:innen sollten umfassend „die Hauptwendepunkte der Entwicklung des sittlich-religiösen Lebens" kennenlernen und dadurch selbst Glaubens- und Moralvorstellungen entwickeln (Quelle 7.2.2). Es sollte vor allem um Gegenwartsfragen, d. h. um das 19. Jahrhundert gehen. Er schrieb mit dem Religionspädagogen Hermann Meltzer Quellenbücher, wie das „Kirchengeschichtliche Lesebuch" zur Neuzeit: Quelle 7.2.1. Obwohl Thrändorf eigentlich keinen Lehrplan vorlegen wollte, weil die Praxis immer anders sei, beschrieb er für den „Normalfall", was zu lehren sei (Quelle 7.2.3).

Diskussionen über die Zukunft des Faches wurden vor allem im 1911 von Rein gegründeten „Bund für die Reform* des Religionsunterrichts" und in neuen Zeitschriften geführt, wie die „Zeitschrift für den ev. Religionsunterricht an höheren Schulen" (ZevRU), die „Monatsblätter für den ev. Religionsunterricht" (MERU) und die katholischen „Katechetischen Blätter" (KBl; 1875). In der ersten Ausgabe von MERU 1908 schrieb der Religionspädagoge Heinrich Spanuth:

> „Die christliche Religion ist eine geschichtliche Religion. Sie ruht auf der Vergangenheit, sie lebt von Erinnerungen, sie nährt sich insbesondere an der Bibel. Demgemäß trägt auch der Unterricht in der Religion zunächst historischen Charakter. Sein Kern ist die Geschichte [...] Wir wollen einen Unterricht, der so gewonnene Ergebnisse der historischen theologischen Wissenschaft als verbindlich anerkennt. Wir wollen die Erscheinungen und großen Gestalten in der Geschichte unserer Religion mit unseren geschärften Augen, mit dem geschichtlichen Sinn, den wir als Charisma unserer Zeit preisen, anschauen und anschauen lehren." (in: Roggenkamp 2010, 134)

Im Jahr 1889 wurde für das Fach an einer evangelischen theologischen Fakultät nicht mehr von – mit Kirche assoziierter – „Katechetik" gesprochen, sondern von „Religionspädagogik". Der Begriff setzte sich erst im Laufe des 20. Jahrhunderts durch. Katholischerseits wurde am Begriff „Katechetik" festgehalten. religionspädagogisches Denken wurde im akademischen Diskurs bei beiden Konfessionen weiterhin von Professoren der Praktischen Theologe bzw. Pastoraltheologie geprägt: z. B. durch den Heidelberger Theologen Friedrich Niebergall (1866–1932). Weil er und die meisten seiner evangelischen Kollegen der liberalen Theologie* zugeordnet werden können, wird für diese Zeit von „liberaler Religionspädagogik" gesprochen. Die formulierten Reformvorschläge* änderten an der didaktischen Gestaltung von Religionsschulbüchern jedoch wenig, diese waren weiterhin durch die Idee eines „geschichtlichen Religionsunterrichts" geprägt.

Erneuerung der katholischen Katechese durch die „Münchener Methode"
Die Auffassungen von Herbart, Ziller und anderen „Herbartianern" beeinflussten auch den katholischen Religionsunterricht. Die Erneuerungen von Sailer und von Hirscher wurden Mitte des 19. Jahrhunderts durch die neuscholastische

7. Geschichtlicher RU und „Münchener Methode" um 1900

Offenbarungstheologie verdrängt. Durch Katechismen (wie die von J. Deharbe) sollten die Kinder „die Fülle der göttlichen Offenbarung aus der Hand der Kirche" (zit. n. Kropač 2010, 255) empfangen. Sie sollte erklärt und auswendig gelernt werden. Aber insbesondere in den industrialisierten Großstädten wie München war diese Didaktik am Ende des 19. Jahrhunderts wenig wirkungsvoll. Auch wurde der Unterschied zum gängigen, auf den Formalstufen* beruhenden schulischen Unterricht als immer irritierender erfahren. In München entwickelte der Stadtpfarrprediger und Katechet Heinrich Stieglitz (1868–1920) deswegen eine neue „psychologische" (d. h. modern-pädagogische) Methode. Er publizierte seit 1902 zahlreiche Bücher mit Beispielkatechismen, die viele Neuauflagen und weite Verbreitung fanden. Illustrierte Schulbibeln und Religionsbücher (*Quelle 6.3.1*) erschienen bald darauf.

Stieglitz' Kollege Anton Weber (1868–1947) veröffentlichte 1905 die Programmschrift „Die Münchener Katechetische Methode", in der die Formalstufen* zur Grundlage der „Münchener Methode" wurden. Er reduzierte sie auf drei Schritte: Zillers erste Stufe mit der Zielangabe und dem „Abholen" des Kindes in seiner Lebenswelt ist bei den „Münchenern" eine Nebenstufe. Auch Zillers vierte Stufe „Zusammenfassung" ist eine Nebenstufe.

(1) Die Darbietung. Mit einer lebhaften anschaulichen Erzählung aus der Bibel oder aus dem Leben der Kinder wird der Glauben dargelegt.
(2) Die Erklärung. In der zweiten Stufe wird die Brücke zum Katechismus geschlagen. Die dort formulierten Wahrheiten sind die Deutung der Erzählung.
(3) Die Anwendung auf kirchliche Rituale und auf die religiös-sittliche Entwicklung des Kindes (siehe auch Simon 2001, 129–130; vgl. *Quelle 7.3.1*).

Eine weitere Differenzierung erhielt die „Münchener Methode" durch die Arbeit von Joseph Göttler (1874–1935), der 1911 in München der erste katholische Professor für „Pädagogik und Katechese" wurde. Er hatte schon 1908 einen Vorschlag für einen „Einheits-Religionslehrplan" (*Quelle 7.3.2*) vorgelegt. Didaktisch griff er den narrativen Ansatz von Sailer und von Hirscher wieder auf und legte Wert auf die religiös-sittliche Erziehung. Göttlers Hauptwerk „Religions- und Moralpädagogik" erschien 1923 und trug den Untertitel: „Eine „zeitgemäße Katechetik". Göttler lehnte darin zwar die Lehrbarkeit von Religion (vgl. Kabisch im nächsten Absatz) ab, aber war von der „Erziehbarkeit" von Religion (Simon 2001, 143) überzeugt: In der Natur des Menschen war die Fähigkeit, glauben zu können, angelegt. Daran konnte die Erziehung zum Glauben anschließen.

Die „Münchener" hatten zunächst mit viel Widerstand von konservativen Theologen zu kämpfen. Sie würden zu sehr vom Kind und nicht von den ewigen Wahrheiten der Kirche ausgehen, so der Vorwurf. Dies sei subjektivistisch und „modernistisch" – hatte doch Papst Pius X. 1910 den Modernisteneid für alle Kleriker verpflichtend gemacht. Dennoch verbreitete sich die „Münchener Metho-

>
>
> **Joseph Göttler (1874-1935)**
> Göttler studierte an der Universität München und wurde 1898 zum Priester geweiht. Er war Mitbegründer und erster Vorsitzender der süddeutschen Gruppe des Vereins für Christliche Erziehungswissenschaft. Neben seiner Professur in München seit 1911 veröffentlichte er viel in den Katechetischen Blättern, deren Schriftleiter er von 1908 bis 1930 war. Als „christlicher Erziehungswissenschaftler" strebte er eine sowohl theologisch als auch pädagogisch begründete wissenschaftliche katholische Religionspädagogik an.
>
> **Literatur:**
> Sayler, Wilhelmina: Josef Göttler und die christliche Pädagogik, München 1962.
> Simon, Werner: Joseph Göttler (1874-1935) in: Kat. Bl. 112, 1987, 341f.
> Simon 2001, 141-146. Simon 2019, 103-104.

de" schnell und sie wurde die vorherrschende Didaktik bis in die 1960er Jahre. So beeinflusste sie z. B. den so genannten Grünen Katechismus (Kapitel 8). Von einer Reformpädagogik* kann aber nur „sehr bedingt" (Simon 2001, 140) gesprochen werden.

Richard Kabisch und die Frage nach der Lehrbarkeit von Religion

Ein wichtiger Impuls für die Diskussionen um die Ausrichtung des evangelischen Religionsunterrichts formulierte 1910 Richard Kabisch in seinem Buch „Wie lehren wir Religion?" (*Quelle 7.4*). Kabisch (1858-1914) promovierte im Fach „Altes Testament", arbeitete aber ab 1910 im preußischen Staatsdienst. Sein Buch erschien noch 1931 in einer siebten Auflage, herausgegeben vom Religionspädagogen Hermann Tögel. Kabisch reagierte darin auf die grundsätzliche Kritik, dass Religionsunterricht kein Schulfach sein könne, weil Religion nicht lehrbar sei. Er orientierte sich an Schleiermacher und an William James' Religionspsychologie und plädierte für die Vermittlung einer religiösen Erfahrung, um die Entwicklung der Schüler:innen zu sittlich-religiösen Persönlichkeiten zu bewirken:

> „Die Religion ist ein Lebensvorgang, nämlich das Eintreten einer neuen, aus der nicht erkennbaren Welt durch das Unterbewusstsein in das Bewusstsein einströmenden Lebenskraft, die durch die Gehobenheit des Gefühls als unmittelbar wirklich erfahren wird. Sie ist unmittelbare Wirklichkeit des über sich selbst gesteigerten Lebens."
> (Wie lehren wir Religion, 5. Aufl. 1920. Zit. n. Stoodt 1985, 282.)

„Konkret sei im Unterricht von der Religion des Kindes auszugehen (69), der Lehrer habe dessen Erfahrungen aus der Begegnung mit der Natur (99) und dem Gewissen (101) nachzugehen und, ‚diese auf Erfahrungstatsachen gegründete Religion' sukzessive an die ‚Symbole, die das kirchliche Leben dafür geschaffen hat' heranzuführen." (zit. n. Schröder 2012, 121; 2021, 726f). Schleiermachers schlechthinniges Abhängigkeitsgefühl wurde auf diese Weise zu einem opera-

7. Geschichtlicher RU und „Münchener Methode" um 1900

Carola Barth (1879–1959)
Barth besuchte nach der Schule ein Lehrerinnenseminar in Frankfurt a. M. Nach dem externen Abitur studierte sie in Bonn evangelische Theologie und Geschichte, allerdings nur als „Gasthörerin", weil in Preußen Frauen erst 1908/09 immatrikuliert werden konnten. Durch das Studium bekam sie die Lehrbefähigung für höhere Schulen. Sie wollte promovieren, weil sie, wie damals gesagt wurde, sonst „das Schreibfräulein" geblieben wäre. In Jena erhielt sie 1907 das angestrebte, damals so genannte Lizentiat. Nach einem Aufenthalt als Archäologin im Nahen Osten unterrichtete sie in Frankfurt. Ab 1921 war sie Direktorin eines Mädchengymnasiums in Köln und u. a. religionspädagogische Vertreterin im Leitungsgremium der evangelischen Kirchen. Als ihre Schule 1934 von den Nationalsozialisten geschlossen wurde, zog sie zurück zur Mutter in Frankfurt, publizierte aber weiter Bücher, wie über den japanischen Sozialreformer Toyohiko Kagawa. Nach dem Zweiten Weltkrieg engagierte sie sich in der CDU und im „Bund für Freies Christentum".
Literatur:
Henze, Dagmar: Carola Barth. Karriere zwischen Engagement und Anpassung, in: Pithan, Annebelle (Hg.): Religionspädagoginnen des 20. Jahrhundert, Göttingen/Zürich 1997, 41–52.

tionalisierbaren Erlebnis. Kabischs Betonung der Erfahrung änderte nicht die geschichtliche Ausrichtung des Religionsunterrichts (*Quelle 6.4*). Die Bibel und ihre Geschichte sind als „objektive Religion [zu] vermitteln, um subjektive zu erzeugen". (Lachmann 2013, 375)

Die erste promovierte Religionspädago*gin*

Die erste Theologin, die im Jahr 1907 in Deutschland promovierte, war eine Religionspädagogin: Carola Barth. Es gehört zu den größten Erfolgen der Frauenbewegung, dass im Jahr 1909 alle deutschen Universitäten für Frauen geöffnet wurden. Durch die so genannte Zölibatsklausel konnte Barth nur arbeiten, wenn sie unverheiratet blieb. Als Lehrerin und Schulleiterin engagierte sie sich im Kampf um qualifizierte Berufe für Frauen. Als liberale* Religionspädagogin vertrat sie einen religionsgeschichtlichen Unterricht, der entwicklungspsychologisch begründet war. In ihrem Buch „Religionsunterricht als religiöse Erziehung" (1931) schrieb sie: „Es gilt dem Schüler ein gediegenes Wissen zu vermitteln und vor allem ihn zu schulen, das zeitgebundene, geschichtlich bedingte in unserer Religion von ihrem ewigen Inhalt zu trennen." (zit. n. Henze 1997, 48) Sie war im Vorstand des Bundes zur Reform* des Religionsunterrichts und schrieb an mehreren Schulbüchern mit.

Religionsunterricht nach der Weimarer Reichsverfassung

Der Erste Weltkrieg und die Proklamation der Weimarer Republik bilden eine Zäsur in der deutschen Geschichte. Die Weimarer Reichsverfassung (WRV 1919) beendete die geistliche Schulaufsicht. Der Religionsunterricht wurde in der

Stundentafel gekürzt, um u. a. für das neue Fach „Staatskunde" Platz zu machen. Der Status des Religionsunterrichts wurde in der WRV in Art. 146 und 149 festgeschrieben, eine Formulierung, die 1949, nur unterbrochen durch die Zeit des Nationalsozialismus, im Grundgesetz übernommen wurde und bis heute gilt:

> „Der Religionsunterricht ist ordentliches Lehrfach der Schulen mit Ausnahme der bekenntnisfreien (weltlichen) Schulen. Seine Erteilung wird im Rahmen der Schulgesetzgebung geregelt. Der Religionsunterricht wird in Übereinstimmung mit den Grundsätzen der betreffenden Religionsgesellschaften unbeschadet des Aufsichtsrechts des Staates erteilt.
> Die Erteilung religiösen Unterrichts und die Vornahme kirchlicher Verrichtungen bleibt der Willenserklärung der Lehrer, die Teilnahme an religiösen Unterrichtsfächern und an kirchlichen Feiern und Handlungen der Willenserklärung desjenigen überlassen, der über die religiöse Erziehung des Kindes zu bestimmen hat.
> Die theologischen Fakultäten an den Hochschulen bleiben erhalten."

Evangelische Didaktik in den 1920er Jahren
Diese geschichtliche Ausrichtung der Didaktik blieb in den 1920er Jahren weiter bestehen, wie an der Bestseller-Schulbuchreihe von Hermann Schuster, Walter Franke (Hg.) „Lehrbuch für den ev. Religionsunterricht an höheren Schulen" zu sehen ist. Es erschien bis in die 1950er Jahre. Schuster war der erste Professor für „Religionspädagogik". In Frankes Teilband „Helden und Werke der Kirche" wurden die Personen aus der Kirchengeschichte heroisch dargestellt (*Quelle 7.5*). (Zu Schuster nach 1933: Kapitel 8).

Zwei Entwicklungen, die erst in den 1930er und 1950er Jahren ihren Einfluss auf die Didaktik entfalteten, begannen in den 1920er Jahren: die dialektische Theologie* und das völkische Denken. Die liberale* Religionspädagogik wurde durch die dialektische Offenbarungstheologie von Karl Barth et al. in Frage gestellt. Statt Geschichte sollte das offenbarte Wort Gottes im Mittelpunkt des Religionsunterrichts stehen. Ein wichtiger Vorreiter war der evangelische Religionspädagoge Gerhard Bohne (1895–1977). Er begründete dies im Vorwort seines Buches „Das Wort Gottes und der Unterricht" (1929) mit seinen Erfahrungen im Ersten Weltkrieg: „Verdun beendete eine Epoche der deutschen Geistesgeschichte. Keiner, der dort mitkämpfte, konnte in die geistige Welt der Vorkriegszeit wie in eine Heimat zurückkehren. Diese Welt war ihm fremd, sie war ihm unwahr geworden" (Käbisch/Wermke 2007, 20–28). Bohne beeinflusste besonders die Religionspädagogen Martin Rang und Helmuth Kittel, die nach 1945 großen Einfluss entfalteten.

Als Hermann Tögel im Jahr 1931 die 7. Auflage von Kabischs Buch herausgab, kritisierte er die dialektische Theologie* und die neue Religionspädagogik von Bohne. Auch fügte er 100 Seiten mit „Gegenwartsfragen" hinzu und plädierte für „die Einschmelzung des Christentums in das deutsche Wesen" (Lachmann 2010, 159f.). Mit diesem beginnenden völkischen Denken war er offen für den wachsenden Nationalsozialismus, wie im nächsten Kapitel besprochen wird.

7. Geschichtlicher RU und „Münchener Methode" um 1900

Quellentexte

7.1 Inhaltsangaben von auflagenstarken Religionsbüchern. 1857 bis 1936.

Wilhelm Adolph Hollenberg **Hülfsbuch für den evangelischen Religionsunterricht in Gymnasien.** Berlin 1857, 42. Aufl. 1893		Wilhelm Armstroff **Evangelisches Religionsbuch für die Hand der Schüler.** Langensalza 1880, 54. A. 1936		Heinrich und Johannes Wendel **Evangelisches Religionsbuch.** Breslau 1857, 462. Aufl. 1927	
I Kirchenlieder	1	I Gebete	1		
II Der kleine Katechismus Das christliche Kirchenjahr	34				
III Das alte Testament	53	II A. Geschichten aus dem alten Testament	5	Bibelkunde Biblische Geschichten des Alten Testaments	16 33
IV Das neue Testament	94	II. B Geschichten aus dem neuen Testament	105	Biblische Geschichten des Neuen Testaments	120
V Die Kirchengeschichte Alte Kirchengeschichte Mittlere Kirchengeschichte Neue Kirchengeschichte	144	III Bilder aus der Kirchen-Geschichte	180	Bilder aus der Kirchen-Geschichte	201
		IV Bibelkunde V Das heilige Land	237 245	Kirchenjahr und Gottesdienstordnung	257
VI Zur Glaubenslehre	246	VI Luth. Katechismus	248	Kl. Katech. Luthers Bibelsprüche zum K.	261 273
VII Die Augsburgische Confession nebst den 3 ökumenischen Symbolen	283	VII Spruchbuch VIII Psalmen IX Das chr. Kirchenjahr X Kirchenlieder	264 317 325 368-402	Fünfzig Kirchenlieder Zehn geistige Volkslieder Zwölf Psalmen Karten	289 315 319 325

7.2 Ernst Thrändorf, Hermann Meltzer, Kirchengeschichtsdidaktik. Ca. 1910

7.2.1 Unterricht über die Reformationszeit in den höchsten Klasse der Volks- und Realschule

Unterrichtsskizze für die Lehrkräfte mit Stichworten für den Lehrervortrag. Hermann Meltzer, Skizzen zu Behandlung der Kirchengeschichte, Leipzig 1909, 24.

Wie Luther zum Reformator herangereift ist.
I u. II. Bekannte Erlebnisse bis 1517, ergänzt durch KgL 80 f.
Was hat Luther ins Kloster geführt? Verschüchtert in der Jugend; Anschauung von Gott und Christus; Frömmigkeitsideal der Zeit: Mönchtum, verdienstliche Werke; religiöser Natur. Dazu äußere Ereignisse. Das alles verdichtet sich zu raschem Gelübde. Ziel dabei: Gott einen großen Dienst tun, sich den Himmel verdienen.
Erfahrungen im Kloster: Zwist mit dem Vater; statt innerer Befriedigung Bewusstsein der Sündhaftigkeit, Furcht vor gerechter Strafe. (Romreise ohne besondere Bedeutung.) Trost in der Bibel, besonders Paulus Röm 1 17 3 23f 28. Dadurch findet er Frieden und Freudigkeit zu reicher Tätigkeit als Professor und Prediger. So war aus dem ängstlichen Mönch ein tätiger biblischer Theolog geworden; wie ist nun aus diesem der Reformator geworden? Anlaß: Ablaßhandel; Thesenstreit.

Quellentexte für Schüler:innen der Volks- und Realschule. Thrändorf/Meltzer, Kirchengeschichtliches Quellenlesebuch (KgL), Ausgabe C, Dresden, 2. Aufl. 1920, 41 f.
(1) Zu Luthers Kindheit aus den Tischreden: meine Eltern haben mich gar hart gehalten, dass ich darüber gar schüchtern wurde. Mein Vater stäupte mich einmal so sehr, dass ich ihn floh und ward ihm gram und währte lange, bis er mich wieder zu sich gewöhnte. Die Mutter stäupte mich einmal um einer geringen Nuss willen, dass das Blut danach floß. Ihr ernst und gestreng Leben, das sie mit mir führten, das verursachte mich, dass ich hernach in ein Kloster lief und ein Mönch wurde. Aber sie meinten es herzlich gut.
(2) Predigt, dass man die Kinder zur Schule halten solle (1530): Verachte mir nicht die Gesellen, die vor der Türe den Brotreigen singen! Ich bin auch ein solcher Partekenhengst gewesen und habe das Brot vor den Häusern genommen, sonderlich zu Eisenach, in meiner lieben Stadt. [...]
(3) Im Kloster. Brief an den Vater (21. Nov. 1521): Ich gedenke noch allzuwohl, da es wieder unter uns gut ward [bei der Priesterweihe 1507] und du mit mir redetest, und da ich Dir sagte, dass ich mit erschrecklicher Erscheinung vom Himmel gerufen wäre, – denn ich ward ja nicht gern oder willig ein Mönch, viel weniger um Mästung oder der Bauches willen; sondern als ich mit Erschrecken und Angst des Todes eilend [plötzlich] umgeben, gelobte ich ein gezwungen und gedrungen Gelübde – gleich daselbst sagtest Du: ›Gott gebe, dass es nicht ein Betrug oder teuflisches Gespenst sei!‹ Aber ich, verstockt in meiner eignen Frömmigkeit, hörte und verachtete Dich ganz als einen Menschen.

7.2.2 Ernst Thrändorf, Kirchengeschichte und Erziehung. *Aus dem Thesenblatt zum Vortrag vor der Konferenz von Religionslehrern an den höheren Schulen Sachsens, 1910.*
1. *Allgemeine Aufgabe des Religionsunterrichts*: Der Religionsunterricht soll die häusliche Erziehung fortführen und ergänzen, nicht indem er bestimmte religiöse Überzeugungen und Bekenntnisse aufzuzwingen sucht, sondern indem er durch Anbahnung des Verständnisses für religiöse Persönlichkeiten und religiöses Gemeinschaftsleben Interesse und Teilnahme weckt und so den Schüler fähig und geneigt macht, sich selbst für oder gegen eine religiöse Lebensrichtung zu entscheiden.
2. *Bedeutung und Aufgabe der Kirchengeschichte*: Die Kirchengeschichte stellt die immer vollkommenere Entfaltung des Wesens des Christentums in seiner Verbindung mit der fortschreitenden geistigen Entwicklung der Völker dar. Ihre zielbewusste Behandlung soll dem Schüler Verständnis und Interesse für diesen Vorgang wecken und ihn an der Hand der Vergangenheit so in die Gegenwart einführen, dass er befähigt wird, später mit möglichst großem Verständnis sich an der Lösung ihrer Aufgabe zu beteiligen.
6. *Lehrverfahren*: Unter Verzicht auf jede Art von Aufnötigung eines bestimmt formulierten Bekenntnisses sind die Schüler anzuleiten, sich denkend und fühlend in die dargebotenen Stoffe einzuleben. Zu diesem Zwecke muss der Lehrer durch die passenden Hauptfragen oder andere Unterrichtsimpulse (Hinweise, Einwürfe, Äußerung von Zweifel) eine möglichst ungezwungene Diskussion in Fluss zu bringen suchen, durch die die Schüler sich des Unterrichtsstoffes bemächtigen und womöglich ihm gegenüber einen eigenen Standpunkt gewinnen. Von der Geschichte aus kann dann auch für das Gemeindebekenntnis das rechte Verständnis und die rechte Wertschätzung gewonnen werden.

7. Geschichtlicher RU und „Münchener Methode" um 1900

7.2.3 Lehrplan für den Religionsunterricht des Gymnasiums. Vgl. Pfister 1989, 56–59.
1. Schuljahr. (Vorbereitender Unterricht)
2. Schuljahr. Patriarchen* (weil sie, wie die Kinder, in Familien lebten und Autorität naiv anerkannten)
3. Schuljahr. Moses und Richter (Ziller Stufe 2; Gott v. a. Gesetzgeber)
4. Schuljahr. Königszeit bis etwa Elia (wie 3)
5. Schuljahr. Prophetismus. (Sie bereiten auf das Kommen Jesu vor)
6. Schuljahr. Leben Jesu (der Kern des RU: Gesetzesreligion überwunden)
7. Schuljahr. Leben Jesu (evtl. plus Apostelzeit, Paulus)
8. Schuljahr. Apostelzeit (Volksschule: Reformation und Soziale Frage)
9. Schuljahr. Alte Kirche und Mittelalter
10. Schuljahr. Reformation* (Luther als Apostel einer neuen Zeit)
11. Schuljahr. Pietismus* und Aufklärung (Christentum als Mündigkeit)
12. Schuljahr. Das 19. Jahrhundert.

Abbildung 6. Die Auferstehung Jesu in: H. Stieglitz, Große Schulbibel, Kempten 1912. In: Helmreich, Ernst C., Religionsunterricht in Deutschland von den Klosterschulen bis heute, Düsseldorf 1966, 120.

7.3 Die „Münchener Methode". 1915

7.3.1 Heinrich Stieglitz, Religionsbüchlein für die Kleinen (1.-3. Schuljahr), Kempten-München 1915, 55. In: Trautmann 1990, 84–85.

54 Jesus heilt den Knecht des Hauptmanns
Jesus stieg vom Berge herab und machte sich auf dem Weg nach Kapharnaum. Die Scharen folgten ihm.
Als er sich dem Städtchen näherte, trat ein Hauptmann auf Jesus zu und sprach: „Herr, mein Knecht liegt an der Gicht krank und leidet große Schmerzen."
Jesus sprach zu ihm: „Ich will kommen und ihn gesund machen." Der Hauptmann erwiderte: „Herr, ich bin nicht würdig, daß du eingehest unter mein Dach: sondern sprich nur ein Wort, so wird mein Knecht gesund!"
Jesus wunderte sich und sprach zum Volke: „Wahrlich, ich sage euch: Einen so großen Glauben habe ich in Israel nicht gefunden!" Dann wandte er sich zu dem Hauptmann und sprach: „Geh hin! Dir geschehe, wie du geglaubt hast." Und in derselben Stunde ward sein Knecht gesund.

- - -

Jesus hat viele Kranke wunderbar geheilt. Für die Kranken hat er uns auch ein Sakrament geschenkt – die letzte Ölung.
65. Was ist die Letzte Ölung?
Die Letzte Ölung ist das Sakrament der Schwerkranken.

Auch schwerkranke Kinder, die etwa fünf Jahre alt sind, können die heilige Ölung empfangen.

7.3.2 Joseph Göttler, Einheits-Religionsplan 1908. Vgl. Simon 2001, 144–145.
1. Schuljahr: religiös-sittlicher Anschauungsunterricht
2./3. Schuljahr: biblischer Geschichtsunterricht (AT/NT)
4./5. Schuljahr: Hinführung zu den Sakramenten (Erstbeichte, Erstkommunion)
6./7. Schuljahr: systematischer Katechismusunterricht; Abschlussklassen der Volksschule.
Religionsunterricht in den Fortbildungsschulen: populäre Apologetik und christliche Lebenskunde.

7.4 Richard Kabisch, Wie lehren wir Religion? Versuch einer Methodik des evangelischen Religionsunterrichts für alle Schulen auf psychologischer Grundlage. 1910, 5. Aufl. bearbeitet von Hermann Tögel, Göttingen 1920.

2. Die Einordnung der Religion in den Erziehungsplan. (75-76)
„Emporbildung der menschlichen Kräfte zu reiner Menschenweisheit" wollte Pestalozzi [Abendstunde, 1780]; und zur reinen Menschenweisheit gehörte ihm vor allen Dingen die Erkenntnis der wahren Bedürfnisse des Menschen und die Einschränkung des Strebens auf deren Befriedigung. [...] Kein Athleten- und kein Theologentum, kein Mönch- und kein Evangelistentum haben wir zu entwickeln, sondern reines Menschentum nach den möglichst vollkommenen Formen einer göttlichen Bestimmung. Wir bieten den künftigen Geschlechtern, die in irgendeiner Weise immer Kinder einseitiger Kulturen sind, Kräfte dar, um sie zu reiner Allseitigkeit und damit zu reiner Menschenweisheit emporzubilden. Wir tun dies, solange wir in unserem Wirken auf die Jugend die reine Menschenbildung als ein Ziel setzen und festhalten dürfen. Zu diesen Kräften gehören ohne Frage die religiösen; denn Gott ist die allgemeinste und die höchste Beziehung der Menschheit. Die Selbständigkeit und Dauerhaftigkeit religiösen Lebens innerhalb der übrigen ihm erreichbaren Kultur, dies Ziel wird für den Zögling auf religiösem Gebiet innerhalb des ganzen Bildungsplans die Erziehung anstreben müssen.

4. Die Anordnung des religiösen Lehrstoffes. (154)
1. *Der leitende Stoff ist Geschichte.* Wenn wir erkennen, dass der Lehrstoff des Religionsunterrichts im Grunde geschichtlicher Art ist und nur zum Schluss des Ganzen eine Übersicht über den Zusammenhang der gewonnenen Glaubensvorstellungen erfolgt, so ergibt sich von selbst, dass die Frage nach der Anordnung des Lehrstoffes gleichbedeutend ist mit der Frage nach Anordnung seiner geschichtlichen Bestandteile. Die Lieder, soweit sie sich nicht in die Stimmung des Kirchenjahres einfügen, geben den ästhetischen Ausdruck, die künstlerische Form für die Empfindungen her, die an geschichtlichen Stoffen geweckt sind; der Ort also, wo sie auftreten, ist ausschließlich durch diese bedingt. Von den Sprüchen oder einzelnen Katechismussätzen, die im Sinne der obigen Darlegungen als Verdichtung innerer Erlebnisse mit den geschichtlichen Ereignissen verknüpft sind, gilt dasselbe. Eine Zusammenstellung der 10 Gebote geschieht von selbst innerhalb innerhalb der alttestamentlichen Geschichte, der

Glaubensartikel bei dem Beginn christlicher Glaubenspredigt und bei der Reformationsgeschichte, – soweit nicht die einzelnen Artikel schon früher aufgestellt wurden (etwa der erste nach der Behandlung der Propheten, der zweite nach dem Tod Jesu, der dritte nach Abschluss der Apostelgeschichte). Das Vaterunser gehört ins Leben Jesu und ist durch gottesdienstliche Übung schon von früherher vertraut. Die Glaubenslehre im Zusammenhang bildet den Abschluss des Unterrichts für jede Schulgattung. [...]
C. Das Lehrverfahren im Religionsunterricht. [...] *2. Die Besprechung der biblischen Geschichte* [...]
1. Die Besprechung als Hauptaufgabe (186-187). Man hielt lange die Besprechung für die Hauptsache am biblischen Geschichtsunterricht. Da man immer noch unter dem Banne der Sokratik* stand, so war die Bearbeitung des kindlichen Gedankenkreises, das Hervortreten des Lehrers vor den Stoff, das gemeinsame Zerlegen und Beurteilen, das Lehrer und Schüler an ihm vornahmen, die Hauptsache. Wirklich Mustergültiges in dieser Lehrweise, die gewiss noch heute von vielen erfahrenen Pädagogen als die beste betrachtet wird, hat die Herbart-Zillersche Schule geleistet, so der ältere und der jüngeren Staude, Reukauf und Heyn, Thrändorf und Meltzer.
2. Die Besprechung als ergänzende Hilfsarbeit. So musterhaft aber eine Bearbeitung nach ihrer Art anmutet, soviel aus dem Stoff dabei ‚herausgeholt' wird, ich halte von dem Wert gerade der Besprechung der biblischen Geschichte nicht allzuviel. [...] Während des Erzählens lebten die Schüler in der heiligen Welt. Da war lautlose Stille und etwas in den Augen, was ins Weite sah. [...] Sobald die Arbeit darin besteht, die religiösen Gefühle nicht unmittelbar durch das Erlebnis zu erwecken, sondern vielmehr die erweckten ins Bewusstsein zu heben und zu befestigen, waltet die Vorstellung, der Verstand, das Urteil vor, und die Schüler haben das Gefühl, das sie nun lernen müssen. [...] Und deshalb ist es das beste, die Besprechung eilt straff und rasch zum Ziel und vermittelt die Einsicht, klärt die religiöse Vorstellung, die zum Bewusstsein kommen und durch klare Formung der Ergebnisse befestigt werden soll, auf dem kürzesten Wege.

7.5 Walter Franke, Helden und Werke der Kirche, Frankfurt 1926, 73. 20. Aufl. 1939, Mittelstufenband (1. Teil) in: Schuster, Hermann u. Franke, Walter: Lehrbuch für den evangelischen Religionsunterricht an höheren Schulen (1926 bis 1958).

Luthers Triumphfahrt nach Worms 1521.
Luthers Sache sollte von dem jungen Kaiser Karl V., der seit 1519 seinem Großvater Maximilian gefolgt war, auf dem Reichstag zu Worms entschieden werden. Seine Feinde erhofften vom Kaiser Luthers Vernichtung. Sein treuer Kurfürst erwirkte ihm aber ein freies Geleit. Unter dem Schutz des Reichsheroldes Kaspar Sturm trat Luther seine Triumphfahrt nach Worms an. Wenn Luther in eine Stadt zog, lief das Volk vor die Tore und wollte den Wundermann sehen, der so kühn sich gegen Papst und alle Welt stellte. In Erfurt, Gotha und Eisenach predigte er, überall geehrt vom Rat, der ihn unter Glockengeläute einholte. Oft erinnerte man ihn an das Schicksal von [Johannes] Huß. ›Und wenn sie gleich ein Feuer machten, daß zwischen Wittenberg und Worms bis an den Himmel reichte, so wollt' er doch erscheinen‹, war die Antwort. Am Dienstag, den 16. April vormittags um 10 Uhr traf Luther in Worms ein. [Die ausführliche Erzählung von Luthers Rede in Worms endet mit dem bekannten Schluss aus der Quelle von Johann Matthesius, einem Freund von Luther, der schon früh zu einem heroischen

Lutherbild beigetragen hat.] „So kann und will ich nicht widerrufen, weil es weder sicher noch geraten ist, etwas wider das Gewissen zu tun. Hier stehe ich; ich kann nicht anders; Gott helfe mir! Amen".

Zusammenfassung, Fragen, Ideen für Hausarbeiten und Referate, Literatur

Zusammenfassung
Die Didaktik des evangelischen und katholischen Religionsunterrichtes wurde im ausgehenden 19. Jahrhundert zunehmend von den pädagogischen „Formalstufen"* beeinflusst, die von Herbart und Ziller entwickelt worden waren. Eine Reform* der „Religionspädagogik", so die Bezeichnung des Faches an evangelischen Fakultäten ab ca. 1890, wurde in der liberalen Theologie*, im „Bund zur Reform des Religionsunterrichts", in Vereinen und in neuen Zeitschriften diskutiert. Geschichte als Leitwissenschaft war ausschlaggebend für die Inhalte des evangelischen Unterrichts in den 1930er Jahren. An dieses „objektives Wissen" konnten die Persönlichkeits-, Moral- und Glaubensentwicklung festgemacht werden. In der Weimarer Reichsverfassung 1919 wurde das „ordentliche Lehrfach" inhaltlich an die Grundsätze der Religionsgemeinschaften gebunden.

Fragen
1. Füllen Sie das Schema für diese Zeitspanne aus:

	Ziele	Inhalte	Methoden und Medien
Ernst Thrändorf			
Richard Kabisch			
„Münchener Methode"			

2. Stellen Sie den Unterschied zwischen „Lehrbarkeit" (Kabisch) und „Erziehbarkeit" (Göttler) von Religion dar und beurteilen Sie beide aus heutiger Sicht.
3. Herbart beanspruchte Allgemeingültigkeit für seine (so später genannte) Formalstufentheorie, die weit verbreitet war. Vergleichen Sie die Stufen von Herbart/Ziller mit den Empfehlungen von Augustinus (*Quelle 2.2*) und Salzmann (*Quelle 5.7*) zum Unterrichtsvorgang und beurteilen Sie ihre Anwendbarkeit im gegenwärtigen Religionsunterricht.
4. Seit 1904 gilt die Bindung des Religionsunterrichts an eine Konfession bzw. „Religionsgesellschaft". Die Regelung, die in der WRV 1919 und im GG 1949 bestätigt wurde, gilt bis heute. Diskutieren Sie, inwiefern sie heutzutage noch zeitgemäß ist.

7. Geschichtlicher RU und „Münchener Methode" um 1900

Ideen für Hausarbeiten und Referate
- Chancen und Grenzen von biografischem Lernen durch die Verbindung von Erfahrung, Erlebnis und die Identifikation mit (historischen) „Persönlichkeiten".
- Das Verhältnis von Theorie und Praxis in den Anfängen der Berufsprofessionalisierung um 1900 und in der Gegenwart.
- Die „Katechetischen Blätter" als Seismograph für den religionsdidaktischen Diskurs.

Ausgewählte Literatur
Böhm, Wilfried: Geschichte der Pädagogik, München 4. Aufl. 2013.
Dam, Harmjan: Evangelische Kirchengeschichtsdidaktik. Entwicklung und Konzeption, Leipzig 2022, 133-234.
Käbisch, David u. Wermke, Michael: Gerhard Bohne, Religionspädagogik als Kulturkritik, Leipzig 2007.
Käbisch, David: Erfahrungsbezogener Religionsunterricht. Eine religionspädagogische Programmformel in historischer und systematischer Perspektive, Tübingen 2007.
Kropač, Ulrich: Die „Münchener" und die Münchener Methode. Wegzeichen für eine moderne Religionspädagogik, in: Münchener Theologische Zeitschrift 61 (2010), 254-263.
Kropač, Ulrich: Art. Die Münchener Methode, in: WiRelex 2020. www.bibelwissenschaft.de/Stichwort/200626/.
Lachmann, Rainer: Die Weimarer Republik, in: Lachmann, Rainer u. Schröder, Bernd (Hg.): Geschichte des Evangelischen Religionsunterrichts in Deutschland, Neukirchen-Vluyn 2007, 203-210.
Lachmann, Rainer: Die Entwicklung der Bibeldidaktik von 1900 bis zum problemorientierten Religionsunterricht, in: Zimmermann, Mirjam u. Zimmermann, Ruben (Hg.): Handbuch Bibeldidaktik, Tübingen 2013, 375-381.
Meyer-Blank, Michael: Kleine Geschichte der ev. Religionspädagogik, Gütersloh 203, 83-132.
Nipkow, Karl Ernst u. Schweitzer, Friedrich (Hg.): Religionspädagogik. Texte zur ev. Erziehungs- und Bildungsverantwortung seit der Reformation. Bd. 2/1 Gütersloh 1994, 107-223.
Pfister, Gerhard: Vergessene Väter der modernen Religionspädagogik, Ernst Thrändorf, August Reukauf und Richard Staude, Göttingen 1989.
Roggenkamp, Antje: Das (zweite) deutsche Kaiserreich, in: Lachmann, Rainer u. Schröder, Bernd (Hg.): Geschichte des Evangelischen Religionsunterrichts in Deutschland, Neukirchen-Vluyn, Studienbuch 2007, 167-202. Quellenbuch 2010, 113-137.
Schröder, Bernd: Religionspädagogik, Tübingen 2012, 101-139, 2. Aufl. 2021, 705-731.
Simon, Werner: Im Horizont der Geschichte, Münster 2001, 127-168.
Simon, Werner: Spuren der Geschichte, Münster 2019, 137-184.
Trautmann, Franz: Religionsunterricht im Wandel, Essen 1990, 39-100.

8. Religionsunterricht in der Zeit des Nationalsozialismus

> Im Nationalsozialismus werden die Schulen im Sinne der NS-Ideologie gleichgeschaltet*. Ein Großteil der evangelischen Religionspädagog:innen begrüßt das völkische Denken und passt die Inhalte des Religionsunterrichts daran an.
> Sowohl in der Bekennenden Kirche, die den Einfluss des Nationalsozialismus auf die Kirche ablehnt, als auch in der katholischen Kirche wird eine kirchliche, biblische Didaktik entwickelt.

Am 6. November 1932 wurde die NSDAP mit 33,1 % der Stimmen die größte Fraktion im Reichstag. Zwar war das ein Rückgang um 4 % im Vergleich zu Juli 1932, aber eine Regierung ohne die NSDAP konnte nicht mehr gebildet werden. Am 30. Januar 1933 wurde Adolf Hitler der neue Reichskanzler. Schon im Februar gab es Einschränkungen der Presse- und Versammlungsfreiheit. Mitglieder der Sturmabteilung (SA) und Schutzstaffel (SS) wurden als bewaffnete „Hilfspolizisten" eingesetzt. In März 1933 wurde Joseph Goebbels zum Propaganda-Minister ernannt und in Dachau wurde eins der ersten Konzentrationslager für politische Gegner:innen eingerichtet. Mit dem so genannten Ermächtigungsgesetz vom 23. März 1933 wurde die Macht des Parlaments zugunsten des neuen Regimes stark eingegrenzt. Innerhalb weniger Monate wurde die Entwicklung zur nationalsozialistischen Diktatur unumkehrbar.

Am gleichen Tag erklärte Hitler, dass er das „positive Christentum" als Basis für die Moral in der Schule und in der Erziehung in Schutz nehmen werde. Auch wenn mit „positiv" nur „das Vorhandene" gemeint wurde, wurde es von vielen als Werturteil aufgefasst. Im Juni 1933 erklärte Reichsinnenminister Wilhelm Frick sogar, dass der Religionsunterricht zum Pflichtfach für alle werden sollte. Damit erhoffte sich die Regierung, Religionslehrkräfte und Pfarrer für ihre Politik gewinnen zu können. Mit dem Vatikan schloss die Regierung im Juli 1933 ein Konkordat* (Staatskirchenvertrag), um einerseits die Katholik:innen für den Nationalsozialismus zu gewinnen und andererseits den Einfluss des politischen Katholizismus einzudämmen. Die katholische Kirche durfte u. a. ihre Bekenntnisschulen weiterführen und der katholische Religionsunterricht wurde als ordentliches Lehrfach in der Schule garantiert. In der Praxis wurde es in den Jahren darauf aber schwierig, die Rechte dieses Vertrags einzufordern. Die katholische Jugendarbeit wurde ab 1937 verboten. Die evangelische Jugend-

8. RU in der Zeit des Nationalsozialismus

arbeit wurde bereits im Dezember 1933 gleichgeschaltet*, indem sie in die Hitlerjugend eingegliedert wurde.

Die Unterdrückung und Verfolgung der jüdischen Bevölkerung wurde systematisch vorangetrieben: Im April 1933 war der erste so genannte Judenboykott, 1935 wurden die „Arier-Gesetze" verabschiedet, 1938 geschah die Reichspogromnacht und 1942 fand die Wannseekonferenz statt, auf der die Auslöschung des jüdischen Volkes beschlossen wurde.

In den Jahren 1933 und 1934, als die Schattenseiten des totalitären Regimes noch nicht so sichtbar waren, begrüßten viele national-konservativ eingestellte evangelische Christ:innen die Ernennung Hitlers zum Reichskanzler als „nationale Erhebung". Sie wurden von der Haltung der Nationalsozialist:innen gegen die „rote Gefahr" – der Kommunismus der Sowjetunion – sowie der Kritik an der Weimarer Republik, in der die evangelische Kirche ihre privilegierte Position im Reich verloren hatte, überzeugt. Dies galt auch für Religionspädagog:innen wie Helmuth Kittel, Gerhard Bohne, Magdalene von Tiling, Hermann Werdermann und für den Göttinger Professor für Religionspädagogik Hermann Schuster. Die Spaltung der evangelischen Kirche in „Deutsche Christen"* (DC) und „Bekennenden Kirche"* (BK) zeigte sich auch in der Religionspädagogik. Wer dem Regime kritisch gegenüberstand, wie beispielsweise Martin Rang, wurde entlassen. Im Jahr 1935 verordnete Reichsminister Bernhard Rust (Wissenschaft, Erziehung und Volksbildung), dass in Volksschulen nur Lehrer und keine Pfarrer oder Priester den Unterricht erteilen dürften. Viele Geistliche verloren daraufhin ihre Unterrichtserlaubnis.

Richtlinienerlasse für die evangelischen Lehrpläne

Um die Schulen auf die nationalsozialistischen Erziehungsziele auszurichten, wurden die Lehrpläne überarbeitet. Der preußische Ministerialrat Hans Richert, der seit 1922 diese Stelle innehatte, wurde mit dieser Arbeit beauftragt. Auch Hermann Schuster arbeitete als Vorsitzender des „Verbandes für evangelische Religionslehrer an höheren Schulen" daran mit. Er war im Frühjahr 1933 Mitglied der NSDAP geworden, hatte den Verbandsvorstand mit Parteifreunden besetzt und mit Hochdruck an einem „zeitgemäßen" Lehrplanentwurf gearbeitet. Richert verwendete für seinen Entwurf von September 1933 hauptsächlich diese Verbandsvorlage. Die Begriffe „Kultur, Religion, Persönlichkeit und Deutschheit" wurden durch „Volk, Evangelium und Kirche" ersetzt *(Quelle 8.1.1)*. Inhaltlich bildeten Jesus und die Evangelien den Schwerpunkt, der Stoff des Ersten Testaments wurde wegen seiner jüdischen Herkunft gekürzt. Mit Luthers Lehre der zwei Regimente sollten Christentum und völkisches Denken genügend unterschieden werden. Die neuen Lehrplan-Formulierungen gingen den Natio-

>
> **Hermann Schuster (1874–1965)**
> Hermann Schuster war nach seinem Studium Lehrer für die Fächer Religion, Philosophie, Deutsch und Geschichte in Frankfurt und später in Hannover. Im Jahr 1924 wurde er in Göttingen der erste (Honorar-)Professor für Religionspädagogik. Er war zudem Vorsitzender des Verbandes für evangelische Religionslehrer an höheren Schulen, Herausgeber der Zeitschrift für Ev. Religionsunterricht (ZEvRU) und bis 1932 Abgeordneter im Preußischen Landtag für die Deutsche Nationale Volkspartei, die „Liberalen" von Gustav Stresemann. Schusters religionspädagogische Konzeption war stark vom geschichtlichen Religionsunterricht geprägt. Zudem gab er eine auflagenstarke mehrbändige Schulbuchreihe heraus. Mitautor:innen waren u. a. Walter Franke, Otto Clemen, Carola Barth und Rudolf Peters. In „seiner" ZevRU schrieb er, wie fast alle evangelischen Religionspädagog:innen in dieser Zeit, enthusiastisch über die Aufgaben, „die dem evangelischen Religionsunterricht aus der gewaltigen Flutwelle der die ganze Nation mitreißenden völkischen Bewegung erwachsen" (1933, 177). Als Verbandsvorsitzender trug er einerseits durch die Lehrplanarbeit „an der Volkswerdung des deutschen Volkes" bei (Kraft 1996, 29), versuchte dadurch andererseits das Fach in der Schule vor der Verdrängung zu bewahren. Nach 1945 überarbeitete er seine Schulbuchreihe und sie blieb auch in den 1950er Jahren ein verbreitetes Schulbuch.
> **Literatur:**
> Dam 2022, 225–231, 236–247 und 266–274.
> Schröder, Bernd: Religionspädagogische Schmiegsamkeit und religionsdidaktische Expertise im Umbruch der Zeiten. Hermann Schuster (1874–1965), in: Bernd Schröder (Hg.), Göttinger Religionspädagogik, Tübingen 2018, 185–211.

nalsozialist:innen aber nicht weit genug. Richert wurde im April 1934 auf eigenen Wunsch in den Ruhestand versetzt. In einem Brief an Carola Barth (siehe Kapitel 7) schrieb er, dass er mit seiner Anschauung im Ministerium alleine stand und sich um die Entwicklung der Schule große Sorgen mache.

Mit weiteren Richtlinienentwürfen wurde versucht, das Fach evangelische Religion an das nationalsozialistische Bildungswesen anzupassen und gleichzeitig bewahren zu können. Im Jahr 1935 gelang es Walter Franke, dem Mitautor in Schusters Buchreihe, der NSDAP-Parteimitglied und Mitglied im Verbandsvorstand war, in einem neuen Entwurf, deutsch-christliche Gesichtspunkte und Positionen der „Bekennenden Kirche" miteinander zu verbinden (*Quelle 8.1.2*). Der Entwurf wurde im Dezember 1936 der Parteizentrale vorgelegt, aber als „völlig indiskutabel" abgelehnt. Das NS-Regime bestrebte immer mehr, den Religionsunterricht aus den Schulen zu verdrängen. Bereits 1937 wurde das Fach nur in Randstunden unterrichtet. An den Napolas, den nationalsozialistischen Eliteschulen, und an den Adolf-Hitler-Schulen wurde kein Religionsunterricht erteilt.

8. RU in der Zeit des Nationalsozialismus

Völkisches Denken in einem evangelischen Schulbuch

Das Schulbuch „Das Evangelium im deutschen Volk" aus dem Jahr 1938, geschrieben von Schuster und Franke, war für einen „deutsch-nationalen" bzw. „völkischen" Religionsunterricht gedacht *(Quelle 8.2)*. Die Kirchengeschichte des deutschen Volkes beginnt in diesem Schulbuch nicht mit Jesus oder dem Christentum im Römischen Reich, sondern mit dem „Glauben der germanischen Vorfahren". Ausführlich wird über die Naturverbundenheit, die Naturgeister, die drei großen Götter (Ziu, Wodan und Donar) und über die Feste (Julfest, Frühlingsfest) berichtet. Schuster und Franke stützen sich dabei auf das Buch von Hermann Tögel „Germanenglaube" (2. Aufl. 1935). Luther wird zum heldenhaften Vorbild für die evangelischen Deutschen im Nationalsozialismus instrumentalisiert *(Quelle 8.2.2)*. Auch werden Hitlers Verdienste für das deutsche Volk und die deutsche Kirche dargelegt *(Quelle 8.2.3 und 8.2.4)*. Das Schulbuch wurde in der Theologischen Literaturzeitung von 1939 als „zeitgemäß" gelobt. Wie deutsch-christliches Gedankengut im Unterricht eindrang, zeigt ein Bericht über eine gehaltene Stunde des Dozenten an der Hochschule für Lehrkräftebildung in Dortmund, Hermann Werdermann, in *Quelle 8.3*.

Biblischer Unterricht in der Bekennenden Kirche

Die innerkirchlichen Gegensätze verkomplizierten die Situation des Religionsunterrichts. Einige kritische evangelische Christ:innen, wie z. B. die bedeutenden Theologen Dietrich Bonhoeffer und Martin Niemöller, sahen früh, dass der Einfluss der Regierung negative Folgen für die Kirche haben würde. Sie forderten, dass die Kirche ihre Identität unabhängig von der NS-Ideologie bewahren sollte. In der Bekenntnissynode von Barmen („Barmer Thesen" 1934) formierte sich die Bekennende Kirche* mit eigenen Strukturen und Ordnungen. Der Religionsunterricht bildete für sie keinen Schwerpunkt, aber je mehr er aus der Schule verdrängt wurde, um so mehr plädierte die Bekennende Kirche* für eine eigene konfessionelle „Schule mit der Bibel" und für eine biblische und verkündigende „Christenlehre", die auch in Räumen der Kirche stattfinden könnte. Die Bekennende Kirche* richtete dazu eine Schulkammer* ein. Erste Schulbücher sowie ein umfangreiches Handbuch für den „Biblischen Unterricht" wurden Mitte der 1930er Jahre von Martin Rang geschrieben. Er wurde 1933 als Professor an der Pädagogischen Akademie in Halle suspendiert und arbeitete ab 1935 als Lehrer an einer Mädchenschule in Wiesbaden. Bereits 1932 schrieb Rang einen Entwurf für einen „Biblischen Unterricht", mit dem den Schüler:innen der Volksschule die große heilsgeschichtliche* Linie der Bibel vermittelt werden sollte. Dabei stützte sich Rang stark auf die Überlegungen, die Gerhard Bohne in

Martin Rang (1900–1988)
Rang wuchs in Ostpreußen auf. Er studierte kurzzeitig Malerei in Stuttgart und ab 1921 Theologie in Marburg. Hier lernte er das Denken von Karl Barth und der dialektischen Theologie kennen. In Jena, Gießen und Paris studierte er Germanistik und Romanistik, weil er Lehrer und kein Pfarrer sein wollte. Nach einem Jahr als Gymnasiallehrer wurde er 1930 Dozent in Halle an der neuen „Pädagogischen Akademie". Diese trat, unter dem Einfluss des Pädagogen Hermann Nohl, für eine große Autonomie gegenüber Staat und Kirche ein. Sie wurde im Januar 1933 geschlossen und Rang in den Wartestand versetzt. In den Jahren ab 1935 schrieb er Schulbücher, die der Grundstock für sein Bestseller-Schulbuch „Unser Glaube" in den 1950er Jahren wurden. Ab 1939 war Rang im Kriegsdienst, u. a. in Frankreich eingesetzt und er geriet in englische Kriegsgefangenschaft. Nach dem Krieg äußerte er sich kaum über diese Zeit. Rang wurde zunächst mit dem Aufbau der Ausbildung von Volksschullehrkräften in Nordhessen beauftragt. Von 1960 bis zu seiner Emeritierung arbeitete er als Professor für Philosophie und Pädagogik an der Johann-Wolfgang-Goethe-Universität in Frankfurt am Main.

Literatur:
Adam, Gottfried: Art. Rang, Martin, in: Lexikon der Religionspädagogik 2 (2001), 1587f.
Albers, Bernhard: Religionspädagogik in Selbstdarstellungen. Bd. 1, 119–133.
Meyer-Blank, Michael: Kleine Geschichte der ev. Religionspädagogik, Gütersloh 2003, 133–155.
Nipkow u. Schweitzer 1994, 120–131.

seinem Buch „Das Wort Gottes und der Unterricht" (1929) verfasst hatte (*Quelle 8.3* und vgl. Kapitel 7). Im Jahr 1939, als die Nationalsozialist:innen Polen den Krieg erklärten, erschien Rangs biblische Didaktik in einer zweiten Auflage, nun in zwei Bänden. Der Untertitel lautet: „Theoretische Grundlegung und praktische Handreichung für die christliche Unterweisung der evangelischen Jugend". Ihren Einfluss entfalteten die Bücher allerdings vor allem mit der 3. Auflage im Jahr 1948 (vgl. Kapitel 9). Rang begann sein erstes Kapitel „Religionsunterricht als Verkündigung" mit einem Zitat aus Bohnes Buch:

> „Was die Jüngerschaft nach dem Auferstehungserlebnis unter die Völker treibt – nämlich der Auftrag des erhöhten Herrn: ‚Geht hin und machet zu Jüngern alle Völker' –, das allein ist auch die Grundlage für den evangelischen Religionsunterricht. Was sie trieb, das treibt auch uns, nämlich daß Gott vernehmlich zu Menschen geredet hat. Die Gewißheit des heutigen evangelischen Religionsunterrichtes ist ebenso wie die jener Männer unmittelbar und von Gott selbst durch Offenbarung geschaffen." (121)

Der Inhalt des Unterrichts war für Rang die Bibel als Wort Gottes. In seiner Grundlegung wurde die Verbindung zwischen der biblischen Botschaft und jungen Menschen durch zwei Elemente bestimmt: den Alltag (da stützt er sich auf Nohl) und die Grenzsituationen (so ausgearbeitet vom Philosophen Karl Jaspers). Im Alltag geht es um menschliche Erfahrungen, um Lebensnähe. Die Grenzerfahrungen, wie „die Endlichkeit des Seins" oder „Kontingenz"*, kennt

8. RU in der Zeit des Nationalsozialismus

das Kind aber nicht und sie müssen ihm darum als Unbekanntes verkündet werden. Der Unterricht ist auf die Kirche bezogen, sollte aber nach Rang auch eine Art Gegenkultur in einer von der totalitären Ideologie beherrschten staatlichen Schule sein. Den Schüler sieht er als den Getauften, den Lehrer als den Zeugen, der sich zum Wort Gottes bekennt und im Gehorsam weitergibt. Methodisch unterscheidet sich der Unterricht von der kirchlichen Predigt, weil es in der Schule immer um ein Unterrichtsgespräch gehe *(Quelle 8.5)*.

Verdrängung des Religionsunterrichts aus der Schule

Der evangelische und katholische Religionsunterricht wurde, trotz aller Zusicherungen, nach und nach auf administrativem Wege aus der Schule entfernt. Vor allem der Nationalsozialistische Lehrerbund beschleunigte diesen Prozess. Im Frühjahr 1938 wurde an Volksschulen der Religionsunterricht auf zwei Stunden reduziert, ab Klasse 6 sogar auf eine Stunde pro Woche. Bei der Bekennenden Kirche verlagerte sich der Religionsunterricht immer mehr in die Kirchräume und nahm den Charakter von Glaubenserziehung und Gesamtkatechumenat* an. Auch in der katholischen Kirche wurde der religiöse Erziehungsauftrag als „Kinderseelsorgestunden" oder „verkündigende Katechese" immer mehr in den Kirchen statt in den Schulen erfüllt *(Quelle 8.6)*. Im Jahr 1939 verordnete die NS-Regierung, dass die Abmeldung vom Religionsunterricht zu jeder Zeit und nicht nur zum Schuljahresende möglich sei. Im August 1939 wurde der Religionsunterricht an Berufsschulen gänzlich gestrichen, 1940 geschah dies an höheren Schulen. Im Jahr 1941 folgte die Entfernung des Faches Religion aus den Mittelschulen und aus den Zeugnissen. Auch wenn während des Krieges keine weiteren Maßnahmen gegen den Religionsunterricht erlassen wurden, änderte dies an der weitgehend vollzogenen Verdrängung nichts mehr.

Quellentexte

8.1 Lehrplan und Richtlinienentwürfe aus 1933 und 1935. In: Kraft 1996, 200–206 und 212–216. Punktierung wie im Original.

8.1.1 Entwurf eines Lehrplanes für den evangelischen Religionsunterricht an höheren Schulen. 1933

1. Der ev. RU. ist gebunden an das Evangelium, das in der Bibel gegeben ist, in den Bekenntnissen der Reformation* bezeugt und von der Kirche verkündet wird. Er ist deshalb auf lebendige Verbindung mit der Kirche angewiesen und wird nach den Grundsätzen der Kirche erteilt. Der RU. sieht Lehrer und Schüler in der Wirklichkeit der sie bindenden Ordnungen wie Rasse und Volk, Staat und Kirche, Familie und Schule, Beruf und Gemeinschaft. Er erkennt diese als Gottes Ordnungen an und weiß sie an

Gottes Willen gebunden. Er weiß darum Lehrer wie Schüler verpflichtet, in ihrem Dienst Gottes Willen zu erfüllen.

Der RU. ruht auf der Überzeugung, dass die Botschaft des Evangeliums über allen Völkern und Zeiten die gleiche ist. Er soll daher ganz christlich sein. Er weiß aber auch, dass die innere Einstellung zum Evangelium und die Ausprägungen des Christentums im Wandel der Zeit sich ändern, sich den geschichtlichen Lagen, den Fragestellungen eines neuen Zeitalters anpassen und der völkischen Eigenart entsprechen müssen, wenn sie lebendig und wirksam bleiben sollen. Darum kann der Religionsunterricht an der Volkswerdung der deutschen Nation nicht vorbeigehen. [...]

2. Im Mittelpunkt des RU. steht die Offenbarung Gottes in Jesus Christus als dem Herrn der Menschheit. Hier begegnet uns der heilige und erlösende Gotteswille, der den Einzelnen wie die Völker in seinen Dienst ruft. [...] Diese Gottesoffenbarung ist uns in der Bibel bezeugt. Es ist eine entscheidende Aufgabe des RU., die Schüler zu der Einsicht zu führen, dass uns hier in irdenem Gefäße ein ewiger Schatz geschenkt ist. Sie sollen lernen, nach Luthers Anleitung, von Christus als dem Mittelpunkte aus eine wahrhafte und ehrfürchtige Wertung der Bibel zu gewinnen. [...]

Das Alte Testament ist für den evangelischen RU. wesentlich die vorbereitende Offenbarung Gottes, die in den Propheten ihren Höhepunkt hat. Die anderen Teile des Alten Testamentes haben ihren Wert soweit sie Vorläufer oder Auswirkung der Propheten sind. Das Alte Testament ist die Bibel, mit der Jesus aufgewachsen ist und in der er wie die Urgemeinde Gottes Wort gefunden hat: Darum ist Jesus und das Neue Testament, die Geschichte der Kirche, ihre Liederdichtung und ihre Kunst ohne eine Kenntnis des Alten Testamentes nicht zu verstehen. [...]

Die Geschichte des Christentums in unserem Volk [steht] im Mittelpunkt des Unterrichts. Der Schüler muss erkennen, dass das Christentum in den verschiedenen Völkern nach ihrer Rasse und Eigenart sich eigentümlich gestaltet, dass bei der Verschmelzung von Christentum und Germanentum auch der nordisch-germanische Einfluss immer wieder zum Durchbruch gekommen ist, etwa im Heliand, in der Gotik, in der Mystik*, in der deutschen Reformation* und in der geistigen Bewegung unserer Tage. [...] Das Deutschtum [hat sich] immer wieder aus dem Geist des Christentums erneut und in der deutschen Reformation Luthers die für uns entscheidende und unlösliche Verbindung von Evangelium und Volkstum vollzogen, die dem deutschen Genius entspricht. [...]

Bei der Verschiedenartigkeit der Stoffe, den verschiedenen Lebensaltern der Schüler, der wechselnde Seelenlage und wachsende Reife und den sich wandelnden Fragestellungen des Jugendlebens muss die Methode des RU. sich der einzelnen Aufgabe beweglich und lebendig anpassen. Bei allen Arbeitsmethoden muss der Lehrer sich immer bewusst bleiben, dass der RU. in seiner Verkündigung des Wortes Gottes eine eigene Würde und ein eigenes Gesetz hat und dass durch falsche Psychologisierung und Historisierung die Ehrfurcht vor dem Geheimnis nicht angetastet werden darf.

8.1.2 *Richtlinien für den evangelischen Religionsunterricht an Höheren Schulen.* 1935.
Vorbemerkung.

Der evangelische Religionsunterricht in der nationalsozialistischen deutschen Schule sieht Lehrer und Schüler in den geschichtlichen Wirklichkeiten von Blut und Boden,

8. RU in der Zeit des Nationalsozialismus

Volk und Staat, Familie und Geschlecht und erkennt darin gottgegebene Ordnungen und Bindungen, in denen der einzelne wie die Gesamtheit ihren Dienst auszurichten haben.

A. Die Aufgabe

1. Im Mittelpunkt des Religionsunterrichts steht die Offenbarung Gottes in Jesus Christus, wie sie in der Heiligen Schrift bezeugt, in den Bekenntnissen der Reformation wieder zu rechtem Verständnis gebracht und als der allein tragende Grund einer lebendigen evangelischen Kirche anzusehen ist.
2. Das biblische Evangelium ist überzeitlich, wird aber in den Anschauungsformen verschiedener Zeiten, Völker und Kulturen gepredigt. Der im Evangelium wurzelnde Glaube ist nur der eine Glaube an Jesus Christus, aber er wirkt sich aus in verschiedenen zeitlich und völkisch bedingten Formen.
3. Der Religionsunterricht stellt die deutschen Prägungen evangelischen Glaubens, wie sie in Lutherbibel und deutschem Choral ihren unvergleichlichen Ausdruck gefunden haben, in den Dienst gegenwartsnahe Verkündigung.
Die Lebensäußerungen der Kirche in Gottesdienst und Kirchenordnung, Brauch und Sitte, Kunst und Musik sind immer auch völkisch geprägt.

B. **Stoffgebiete**

I. Die Heilige Schrift. [...] Das Kernstück des Religionsunterrichts ist mithin das Neue Testament. [...] Das Alte Testament ist nur als Vorbereitung der im Neuen Testament gegebenen Offenbarung zu behandeln. Darum muss aus seinem Inhalt eine sorgfältig erwogene Auswahl getroffen werden. [...] Die Beschäftigung mit der Geschichte des Volkes Israel soll nicht der Vermittlung von Kenntnissen oder gar moralischen Auffassungen dieses Volkes dienen. [...]
II. Kirchengeschichte. [...] „Aus der Kirchengeschichte ist nur heranzuziehen, was Ursprung, Auftrag und Wesen der Kirche veranschaulicht sowie alles, was den Blick für die gegenwärtige Lage der evangelischen Kirche und ihre Aufgabe im deutschen Volke schärft. [...] Im Vordergrund des kirchengeschichtlichen Unterrichts steht jedoch auf allen Stufen Martin Luther als Prophet der deutschen Reformation." [...] Der kirchengeschichtliche Unterricht wird in Zusammenarbeit mit dem Deutsch- und Geschichtsunterricht auf das Verhältnis des christlichen Glaubens zu der nordisch-germanischen Frömmigkeit eingehen.
III. Der Katechismus. [...] Die Schüler sollen im Katechismus des deutschen Reformators Halt und Richtung für ihre Lebensführung finden.

8.2 Hermann Schuster, Walter Franke: Das Evangelium im deutschen Volk.
Frankfurt 1938, 3. Aufl. 1940. Ohne Sperrschrift und halbfett.

8.2.1 Inhaltsangabe
1. Der Eingang des Christentums in Deutschland
2. Deutsche Frömmigkeit in der Nachfolge Christi
3. Martin Luther und die deutsche Erneuerung der Kirche
4. Evangelische Männer und Frauen im Dienste des Nächsten
5. Große deutsche Künstler als Werkleute Gottes
6. Soldatenglaube in der Armee der preußischen Könige

7. Deutscher Christenglaube in der Zeit deutscher Not und Größe
8. Deutschlands Erhebung zum Dritten Reich
9. Deutsche Blutzeugen für Glauben und Volkstum
10. Deutsches Volkstum und evangelischer Glaube im Ausland
11. Vom Wirken des Heilandes unter den Völkern.

8.2.2 Götterdämmerung. Die Christianisierung der Germanen (6)
Am Eingang der Bibel steht das Wort: Im Anfang schuf Gott Himmel und Erde. Gott steht ewig und unvergänglich über der sich ändernden und vergehenden Welt. Die Götter unserer Vorfahren aber waren nicht ewig, sie hatten die Welt nicht erschaffen, nur geordnet. Über ihnen stand das Schicksal, dem auch sie sich beugen mußten. Aber das Schicksal war blind. [...] Wir wissen, daß manche Germanen es aufgaben, Götter zu verehren, die ja doch machtlos waren, daß sie an nichts mehr glaubten als an ihr eigenes Schwert und ihren eigenen Mut. [...] An solche Vorstellungen konnten die Sendboten des Christentums anknüpfen.

8.2.3 Luthers Kampf für seine ›lieben Deutschen‹. Worms 1521 (35 und 43)
Luther verfällt dem Bann [päpstliche Bannbulle 1520; Exkommunikation*], wenn er nicht innerhalb einer Frist von 60 Tagen widerruft. Was nun? Unmöglich kann er die in schweren Seelennöten gewonnene Überzeugung preisgeben. Das verbietet ihm schon seine persönliche Art, die ein feiges Zurückweichen wie die Sünde haßt. Immer mehr durchdringt sich Luther mit dem Bewußtsein, daß er nicht nur seinen eigenen Kampf kämpft, sondern berufen ist, gerade als *Deutscher* dem deutschen Volke eine religiöse Erneuerung zu bringen. Eine tiefe Liebe zum deutschen Volk, dem er angehört, ein starker Glaube an dieses Volkes Sendung trägt sein Wirken und Kämpfen. [...] [Luther hatte in Worms 1521] die großen Kampflieder der evangelischen Welt angestimmt, die wie ein Sturm in die Herzen fuhren. Und hinter dem allen stand eine Persönlichkeit, die noch nach Jahrhunderten über alle Glaubensunterschiede hinweg die deutschen Menschen packen und zur Bewunderung zwingen sollte: weil er sich selbst durch und durch deutsch fühlte. Hier stand ein Mann voll Liebe zum Deutschtum, von korniger Art, voll wuchtiger Kraft; ein Mann, der nichts Halbes und Unwahres in sich und um sich duldete, der immer aufs Ganze ging. Hier stand ein Mann, der als einziger furchtlos den Kampf gegen die Welt, gegen Kirche und Reich zugleich aufnahm und durchfocht: ›Für meine lieben Deutschen bin ich geboren, ihnen will ich dienen‹.

8.2.4 Kapitel 8. Deutschlands Erhebung zum Dritten Reich. ›Wir treten zum Beten ...!‹ (116)
Es ist am Samstagabend, am 28. März 1936, als in ganz Deutschland die Kirchenglocken läuten. Gewaltige Menschenmassen eilen auf die öffentlichen Plätze der Städte und Dörfer, um am Vorabend der Reichstagswahl die Rede des Führers aus Köln zu hören. Noch sind die Begeisterungsstürme nicht verhallt, mit denen die deutschen Truppen bei ihrem Einrücken in das freie Rheinland begrüßt wurden. Der Führer hat kühn wieder eine Fessel des Versailler Vertrags zerrissen und dem bisher von deutschen Truppen unbesetzten Rheinland die volle Freiheit wiedergegeben. Nun soll am Sonntag, dem 29. März 1936, das deutsche Volk selbst durch seine Stimme bei der Reichstagswahl sich zu der mutigen Befreiungstat des Führers bekennen. [...]

8. RU in der Zeit des Nationalsozialismus

Es ist Sonnabend-Abend, am 9. April 1938. Wieder läuten die Glocken, nicht nur im Reich, sondern auch in den österreichischen Landen. Der Führer hat endlich die deutschen Brüder der Ostmark in die Heimat zurückgeführt.

Abbildung 7. „Hindenburg wird bei seinem 70. Geburtstag in Kreuznach von der Jugend begrüßt." In: Schuster u. Franke, Das Evangelium im deutschen Volk, 1938, 96

8.3 Hermann Werdermann, Jesus der Kämpfer. Eine Religionsstunde in einer Knabenklasse (Volksoberschule) 1940. In: Kommende Kirche – Wochenblatt für eine christliche Kirche deutscher Nation, 8/1940, 3. Kursiv im Original. Siehe auch: Lachmann u. Schröder 2010, 171–172.

Vorbesprechung
Jetzt kommt die Passionszeit. Da sprechen wir von Jesus, dem Dulder. Er hat gelitten, und zwar nicht nur einige Wochen und Tage am Ende seines Lebens, sondern sein ganzes Leben hindurch. Wohl schon als Kind unter Verkennung und in der langen Zeit seines Wartens. Und dann unter seinen Feinden, unter seinen Freunden, die ihn nicht verstanden oder falsch verstanden. Sein Leiden hat sich gesteigert bis hin zum Tode am Kreuz, wo Jesus seine Liebe und sein Werk durch seinen Opfertod vollendet hat.
Frage: Können wir nun auch von Jesus als dem Kämpfer sprechen?
Antwort der Jungen: Er hat einmal den Tempel gereinigt. Da hat er die Händler mit einem Strick hinausgejagt. Das war tatsächlich ein Kampf, zu dem gewaltiger Mut gehörte. Jesus stand ganz allein […] *Jesus kämpfte gegen die fromme Gewohnheit, gegen die Geschäftsinteressen der jüdischen Händler, gegen den Mißbrauch des Heiligen.*
Ein Junge: Man braucht nicht bloß mit einem Schwert oder einer Geißel aus Stricken zu kämpfen; man kann auch mit Worten kämpfen […].
Wir schlagen eine Bibelstelle nach: Eph. 6,17: Schwert des Geistes […].
Wir schätzen und verehren im Dritten Reich den Kämpfer, den Helden. Ist nun nicht die Gefahr, dass wir heute im Religionsunterricht etwas mitmachen und nachmachen, was heute gern gemacht und gehört wird? Wir nehmen dafür, nachdem wir bis jetzt mit dem Neuen Testament gearbeitet haben, einmal unser *Gesangbuch* zur Hand. Wir schlagen zahlreiche Lieder und Verse auf, z. B. „Heute geht aus seiner Kammer Gottes Held, der die Welt".
Wir stellen also fest: Wenn wir von Jesus als dem Kämpfer, dem Helden sprechen, tun wir es wahrlich nicht unserer kämpferischen Zeit zuliebe. Starke, gläubige frühere Zeiten

haben einen *starken, kämpferischen Heiland* gehabt. Das Jesusbild war zu weich und süß geworden. Unsere kämpferische Zeit hat uns auch Jesus neu sehen gelehrt. [...] Der Kampf dieses Helden ist umso ergreifender als er ein Kampf gegen das gefährlichste Gift war, das je die Welt sah und das seine Wirkung noch immer ausübt, nämlich das *jüdische* Gift, dessentwegen er am Kreuz verbluten musste.
Schlußbesprechung: Jesus ist beides: *Lamm und Löwe,* wie es schon das Neue Testament sagt; er ist beides: *Dulder und Kämpfer* [Apk 5,5].

8.4 Gerhard Bohne, Keine Methode, Jede Methode! In: G. Bohne, Sachanspruch und pädagogischer Bezug, 1930, S. 367. In: Stoodt 1985, 244–245.

Meine Methode? Oder gar meine Didaktik? Ich habe keine, wenigstens keine, die man verallgemeinern könnte, und die sich notwendig aus meiner Forderung ergäbe. [...] Trotzdem wissen andere, daß ich eine habe. Wenn ein praktischer Theologe lehrt, daß die Aufgabe des Seelsorgers ist, Menschen aus ihrer Not zu Gott hinzuführen, so hat er doch damit noch keine Methode angegeben. Dasselbe gilt vom Religionsunterricht! Voraussetzung dafür, daß ich dem Schüler das Wort Gottes an ihn in seiner Lage hörbar zu machen suche, ist doch, daß ich diese Lage kenne.
Die werde ich aber nie kennen, wenn sie mir der Schüler nicht im Vertrauen selbst zeigt, wenn er nicht offen ist! Denn zur Lage gehört doch in erster Linie die innere Lage! Nun soll mir jemand eine „Methode" sagen, wie man Vertrauen gewinnt! Hier heißt es einfach vertrauenswürdig zu sein und dann zu jeder Klasse, ja zu jedem einzelnen oder doch zum manchem einzelnen Wege suchen. Das ist nicht leicht. Es gibt tausend Wege, aber sie wollen gesucht sein. Auch außerhalb des Unterrichts. Ich glaube, daß das Beste, was im Unterricht geschieht, irgendwie seine Wurzeln im Handeln außerhalb des Unterrichts hat. Ich könnte davon manches Beispiel berichten. Der Religionslehrer sollte über die Klassen am besten Bescheid wissen, auch was sie außerhalb der Schule tun, aber nie durch Bespitzeln, sondern immer irgendwie auf dem Wege des Vertrauens. Weiß er nichts von den Schülern vor sich, dann kann sein Unterricht auch nicht den lebendigen Bezug zwischen dem Lehrer und Gott, von dem wir reden, herstellen. [...] Pädagogen sind wir dadurch, daß wir den Sachanspruch – und der ist hier der Anspruch Gottes, hörbar in seinem Wort – in lebendigen Bezug zum Schüler irgendwie zur Geltung bringen suchen. Mit oder ohne Methode. Das ist mir gleich.

8.5 Martin Rang, Handbuch für den biblischen Unterricht, 1939, Bd. 2., 226–227.
Die erste Leidensverkündigung (Mtth. 16, 21–26). Stundenbild für die vierte Klasse (Achtes Schuljahr). Ohne Sperrschrift und Petit. In: Nipkow u. Schweitzer 1994, 120–131.
1. Die Beziehung zur vorigen Geschichte
Warum beginnt Jesus gerade nach dem Petrusbekenntnis* den Jüngern von seinem und ihrem Leiden zu sprechen?
Antwort: Weil die Jünger sonst sich seine Herrlichkeit als eine irdische Herrlichkeit vorstellten. Indirekte Bestätigung dafür ist, daß gerade Petrus Jesus vom Leiden abzuhalten sucht.
Entsprechend: die Nachfolge der Jünger als Nachfolge zu irdischer Herrlichkeit (Vorbereitung von Mrk. 10, 35–45)

8. RU in der Zeit des Nationalsozialismus

2. Die Abschnitte unserer Geschichte
    1. Die eigentliche Leidensankündigung V. 21
    2. Das Gespräch mit Petrus V. 22 u. 23
    3. Die Aufforderung zur Nachfolge im Leiden V. 24–26

3. Der Opfergang Jesu
Wir gehen aus von der Frage: Wann geht ein Mensch freiwillig in den Tod? Zwei Fälle: der Selbstmord und das Opfer. Die Schüler nennen Beispiele von Opfertod: John Maynard, der Freund in der „Bürgschaft", Ulrich Graf, der sich am 9. November 1923 schützend vor den Führer geworfen hat. Der Lehrer fügt die Geschichte vom Winkelried hinzu. Wir stellen das Gemeinsame und den Unterschied gegenüber dem gewöhnlichen Soldatentod fest: Der Soldat ist zwar bereit, sein Leben zu opfern, aber er sucht es soweit möglich zu schützen. Zum Opfertod im strengen Sinne gehört das Wissen und der Wille zum Tod.
So also ist Jesus in den Tod gegangen mit dem vollen Bewußtsein und in voller Absicht, in Jerusalem den Tod zu erleiden. Sein Zug nach Jerusalem war ein „Opfergang".

4. Die Versuchung Jesu.
Die Bitte des Petrus persönlich und sachlich begründen: Liebe zu Jesus; der Messias soll siegen, aber nicht sterben.
Frage: Warum antwortet Jesus so scharf? Warum nennt er ihn Satan? Jesus erscheint ihm als der Versucher (Rückblick auf die Versuchungsgeschichte); Jesus wehrt ab wie einer, der fürchtet, dieser Lockung zu folgen (Vorausblick auf die Gethsemanegeschichte).
Widerspricht das nicht dem unter 3 Gesagten? Beides gilt zusammen: sein Wissen und sein Willen zum Tode einerseits und die menschliche Angst vor dem Leiden andererseits. Lesen Luk. 12, 49f. Die furchtbare Spannung zwischen Erwartung und Eintritt des Todes.

5. Die Nachfolge der Jünger
Wir gehen aus von dem Wort „Nachfolgen"; wo sind wir ihm schon begegnet? Berufung der Jünger, der reiche Jüngling, die „Nachfolger" (Luk. 9, 57–62). Worin bestand bisher die Nachfolge? Alles verlassen, heimatloses Wanderleben (Luk. 9, 58). Was ist neu in diesen Worten? Das „Kreuz", das Leben verlieren. Hinweis auf das spätere Schicksal der Jünger.

6. Unsere Nachfolge (bes. V. 25)
Wir rufen in Gedächtnis: Jesu Gang nach Jerusalem ist ein Opfergang. Wer Jesu nachfolgen will, über dessen Leben steht also das Wort „Opfer".
Wir denken zuerst an die christlichen Märtyrer. [...]
Gibt es auch Opfer im Alltag? Können nicht auch wir tagtäglich Jesus nachfolgen?
Der Lehrer: Im Griechischen ist „Leben" und „Seele" dasselbe Wort (Psyche). Wie läßt sich V. 25 also auch übersetzen?
Die gewöhnliche Antwort: „Wer sein Leben erhalten will, der wird seine Seele verlieren; wer aber sein Leben verliert um meinetwillen, der wird seine Seele finden." – Das ist richtig, gibt es aber auch einen Sinn, wenn man übersetzt: „Wer seine Seele erhalten will, der wird sie verlieren; wer aber seine Seele verliert um meinetwillen, der wird sie finden"? Mehr als ein Erstaunen erreicht man zunächst nicht. Aber nun ist das Interesse gerade erwacht.

Frage: Wovon lebt eigentlich die Seele? Wie der Leib, so braucht auch die Seele Nahrung: Bücher, Stunden der Besinnung usw. Nun stellen wir gegenüber: Dort eine Frau, die kinderlos ein beschauliches Leben führt, nicht sich oberflächlich amüsiert, sondern liest, Musik treibt, wandert, reist und von Jahr zu Jahr mehr geistige Nahrung in sich aufnimmt; hier eine Mutter, die tagaus, tagein für ihre Kinder arbeitet – früher hat sie auch mal wie jene gelebt, jetzt hat sie zum Lesen, Musizieren oder Reisen keine Zeit mehr. Es ist für die Kinder keine Frage, wen sie höher stellen. So verstehen sie das Wort. „Wer seine Seele verliert = hingibt, der wird sie finden." Die Seele lebt mehr noch als vom Aufnehmen vom Geben: Opfer, Hingabe ist das Leben der Seele.

Alles Opfer geschieht aus Liebe; so können wir auch sagen: Liebe ist das Leben der Seele. Wir lesen 1. Kor. 13, 1–3.

8.6 Der katholische Religionsunterricht im Zweiten Weltkrieg. Fragmente aus Rudolf Hagendorn, Gemeinden leben den Widerspruch. Chronik- Erinnerungen – Profile aus der katholischen Kirchengemeinde in Hagen 1933–1945. Paderborn 1999. In: Lachmann u. Schröder 2010, 248.

Am 19. Januar 1941 wurde die folgende Erklärung in der Kirche bekanntgegeben: „Nach dem Erlass des Regierungspräsidenten von Arnsberg kann bis auf weiteres der Religionsunterricht in den Volksschulen nicht mehr erteilt werden. Wir beklagen es mit euch, dass gerade jener Unterricht, der früher das Kern- und Herzstück der ganzen Arbeit der Volksschule war, in Wegfall kommt. Wir hegen die Erwartung, dass es nur eine vorübergehende Kriegsmaßnahme ist, da ja von hoher und höchster Stelle wiederholt, besonders vor Einführung der Gemeinschaftsschule, öffentlich und feierlich versichert wurde, dass der Religionsunterricht in der Schule erhalten bleiben würde." Es folgte eine Mahnung an die Eltern, die religiöse Erziehung der Kinder noch mehr als bisher in die Hand zu nehmen. [...]
Am 7. September wurden nach der Andacht die Kinder gesegnet, die in die Schule aufgenommen wurden und damit auch mit dem Religionsunterricht beginnen. [...]
Je eine Wochenstunde für die ältere und die jüngere Pfarrjugend wurde von September ab wieder regelmäßig gehalten.

Zusammenfassung, Fragen, Ideen für Hausarbeiten und Referate, Literatur

Zusammenfassung

In der Zeit des Nationalsozialismus befürwortete ein großer Teil der evangelischen Religionspädagog:innen das völkische Denken und passte den Religionsunterricht inhaltlich daran an. Die katholische Kirche erhoffte sich durch das Konkordat* im Jahr 1933, ihre Rechte zu wahren, aber auch sie wurden durch das Regime weitgehend zurückgedrängt und aufgehoben. In der Bekennenden Kirche, die sich dem Einfluss des Nationalsozialismus in der Kirche widersetzte, entwickelte sich eine biblische Didaktik, die auch als Katechetik in kirchlichen Räumen stattfinden konnte.

8. RU in der Zeit des Nationalsozialismus

Fragen
1. Füllen Sie das Schema für diese Zeitspanne aus:

	Ziele	Inhalte	Methoden und Medien
Richtlinien für den Ev. RU 1933 / 1935			
Martin Rangs „Biblische Didaktik"			

2. Vergleichen Sie den Lehrplantext von 1933 (*Quelle 8.1.1*) mit der Richtlinientext aus 1935 (*Quelle 8.1.2*) und Schuster/Frankes Schulbuch aus 1938 (*Quelle 8.2*). Untersuchen Sie, ob und inwiefern nationalsozialistisches Gedankengut festzustellen ist.
3. *Quelle 8.4* zeigt einen Stundenentwurf von Martin Rang für eine Mädchenschule zu den Themen Opfer und Leiden. Arbeiten Sie heraus, wie Alltag, Grenzsituation und Verkündigung vorkommen und welche ethischen Konsequenzen für das Handeln in der Zeit des Nationalsozialismus zu identifizieren sind.
4. *Quelle 8.5* ist ein Stundenbericht von Hermann Werdermann aus einer Jungenklasse zum Thema Jesus als Leidender und Kämpfer. Arbeiten Sie heraus, welches Jesusbild vermittelt wird und welche ethischen Konsequenzen für das Handeln in der Zeit des Nationalsozialismus benannt werden können.
5. Stellen Sie sich vor, dass Sie heute in einem totalitären Regime unterrichten müssten und Ihr Fach auf vergleichbare Weise nach 1933 aus der Schule gedrängt wird. Überlegen Sie, inwiefern Sie Handlungsspielräume hätten.

Ideen für Hausarbeiten und Referate
- Kirche und Schule in der Zeit des Nationalsozialismus vor Ort. Eine Untersuchung der lokalen Situation der Kirche und der Schule in Ihrem Wohnort bzw. Studienort.
- Magdalene von Tiling, Ilse Peters und Carola Barth. Drei Frauen zwischen liberaler Theologie, Bekennender Kirche und Nationalsozialismus.
- „Vertrauenswürdigkeit" (Bohne), „Authentizität" (EKD 1984) und „Positionalität" (H. Simojoki 2017). Eine Analyse dreier Bedingungen für guten Religionsunterricht.

Ausgewählte Literatur
Dam, Harmjan: Evangelische Kirchengeschichtsdidaktik. Entwicklung und Konzeption, Leipzig 2022, 259–309.
Dam, Harmjan: Hermann Schuster und Martin Rang. Wie zwei Religionspädagogen mit den Katastrophen „Nationalsozialismus" und „Zweiter Weltkrieg" umgegangen sind, in: Janus, Richard et al., Katastrophen. Religiöse Bildung angesichts von Kriegs- und Krisenerfahrungen im 19. und 20. Jahrhundert, Leipzig 2023, 225–238.
Hermle, Siegfried u. Thierfelder, Jörg: Herausgefordert. Dokumente zur Geschichte der Evangelischen Kirche in der Zeit des Nationalsozialismus, Stuttgart 2008.

Kraft, Friedhelm: Religionsdidaktik zwischen Kreuz und Hakenkreuz, Berlin/New York 1996.
Mendl, Hans: Katholischer Religionsunterricht – ein Längsschnitt, in: Lachmann, Rainer u. Schröder, Bernd (Hg.), Geschichte des evangelischen Religionsunterrichts in Deutschland. Studienbuch Neukirchen, 2007, 351–355. Quellenbuch 2010, 248f.
Rickers, Folkert: Die nationalsozialistische Ära, in: Lachmann, Rainer u. Schröder, Bernd (Hg.): Geschichte des evangelischen Religionsunterrichts in Deutschland. Studienbuch Neukirchen, 2007, 233–267. Quellenbuch Neukirchen 2010, 163–184.
Roggenkamp, Antje: Bildung und Kultur, in: Hermle, Siegfried u. Oelkers, Harry (Hg.), Kirchliche Zeitgeschichte_evangelisch. Band 2: Protestantismus und Nationalsozialismus (1933–1945), Leipzig 2020, 140–150.
Nipkow, Karl Ernst u. Schweitzer, Friedrich (Hg.): Religionspädagogik. Texte zur ev. Erziehungs- und Bildungsverantwortung seit der Reformation. Bd 2/2, Gütersloh 1994, 34–41, 105–143.
Trautmann, Franz: Religionsunterricht im Wandel, Essen 1990, 101–130.
Wermke, Michael (Hg.): Transformation und religiöse Erziehung. Kontinuitäten und Brüche der Religionspädagogik 1933 und 1945, Jena 2011.

9. Evangelische Unterweisung und kerygmatischer Religionsunterricht nach 1945

> Nach 1945 ist das Vertrauen in einen Religionsunterricht, der auf moralische Erziehung und historisches Verstehen zielte, verloren gegangen.
> Im evangelischen Religionsunterricht wird stattdessen durch die „Evangelische Unterweisung" die Verkündigung des offenbarten Glaubens betont.
> Im volkskirchlichen geschlossenen katholischen Milieu herrscht ebenso ein verkündigender „kerygmatischer* Religionsunterricht" vor.

Der Zweite Weltkrieg riss, Schätzungen zufolge, zwischen 50 und 80 Millionen Menschen in den Tod: Es gab militärische und zivile Opfer, Tote durch Hunger, Tote durch Vertreibung sowie sechs Millionen Jüd:innen, die industriell ermordet wurden, ebenfalls Sinti und Roma, Zeugen Jehovas, Homosexuelle et al. Nach Kriegsende musste halb Europa wiederaufgebaut werden. Zudem gab es große machtpolitische Veränderungen. Auf der Konferenz von Jalta in Februar 1945 bestätigte der sowjetische Politiker Josef Stalin die Absicht, Osteuropa abzutrennen. Der britische Politiker Winston Churchill sprach von einem „Eisernen Vorhang". 1949 wurde im Osten Deutschlands die Deutsche Demokratische Republik (DDR) gegründet, was Folgen für den Religionsunterricht dort hatte. In der Bundesrepublik Deutschland (BRD) im Westen trat 1949 trat ein neues Grundgesetz in Kraft und die Deutsche Mark wurde das neue Zahlungsmittel. Alles wurde von zwei Bestrebungen beherrscht: Wiederaufbau und Stabilität.

Evangelischer Religionsunterricht als „Unterweisung und Zeugnis"

Im Jahr 1945 formierte sich die Evangelische Kirche in Deutschland (EKD). Eine Mehrheit war davon überzeugt, dass ein Neuanfang nötig sei und dass dieser bei den Überzeugungen der Bekennenden Kirche (BK) anschließen müsse, die als moralische und theologische Siegerin, so die Darstellung, aus der NS-Zeit hervorging. Bis weit in die 1960er Jahre hinein verstanden sich die evangelischen und katholischen Kirchen als Volkskirchen. Die evangelische Kirche richtete eine „Kammer für Schule und Unterricht"* ein, die in allen Schulfragen mit den staatlichen Behörden und den alliierten Militärregierungen verhandelte. Eine der führenden Personen war der evangelische Pädagoge Oskar Hammelsbeck, der seit 1937 ein Katechetisches Seminar der Bekennenden Kirche leitete. Je mehr der Religionsunterricht durch die nationalsozialistische Politik in den 1930er Jahren aus der Schule verdrängt worden war, desto mehr setzten sich

Mitglieder der Bekennenden Kirche für einen „kirchlichen Unterricht" ein und strebten nach einer Christenlehre und einem Gesamtkatechumenat* (siehe Kapitel 8). Unter der Leitung von Hammelsbeck und des Theologen und Widerstandskämpfers Martin Albertz formulierte die Schulkammer* 1945 „Richtlinien für die Gestaltung des evangelischen Religionsunterrichts in der Schule" (Quelle 9.1). Er wurde als ein Amt der Kirche und als Unterricht an den getauften Gliedern verstanden: „Er soll Unterweisung und Zeugnis sein von dem in Christus offenbarten Gott auf Grund des Zeugnisses der Propheten und Apostel. Er ist also nicht ,historisch' und auch nicht ,moralisch' gemeint." Die an dem kirchlichen Unterricht Beteiligten sollten regelmäßig Arbeitsgemeinschaften besuchen, in denen sie sich mit Pfarrern zur Bibelarbeit treffen sollten. Die Begriffe „Unterweisung und Zeugnis" und die starke Verbindung zur eigenen Konfession bestimmten den Religionsunterricht in den 1950er Jahren.

Im Grundgesetz § 7,3 wurde 1949 die Regelung der Weimarer Reichsverfassung (Kapitel 7) übernommen. Der konfessionelle Religionsunterricht, meistens mit zwei Stunden pro Woche, wurde die Regel. Ausnahmen in der konfessionellen Bindung wurden hinzugefügt: In Bremen hieß der Religionsunterricht „biblische Geschichte auf allgemein christlicher Grundlage"; in Berlin wurde er „kirchlich verantworteter Unterricht" genannt. Die Volksschulen waren mehrheitlich evangelische oder katholische „Bekenntnisschulen", obwohl sie auch „Gemeinschaftsschulen" sein konnten, in denen nicht nach Konfessionen der Schüler:innen getrennt wurde. Durch die Immigration von etwa 14 Millionen Geflüchteten aus den ehemaligen Ostgebieten, wie Ostpreußen, Schlesien und Pommern, lösten sich bestehende monokonfessionelle Gebiete nach und nach auf. Die Mitte der 1950er Jahre abgeschlossenen Staatskirchenverträge mit den Kirchen trugen dazu bei, dass sie eine bevorzugte politische und rechtliche Stellung im politischen System der Bundesrepublik behielten.

„Nie wieder Religionsunterricht!"
„Nie wieder Religionsunterricht! Das ganze Elend wurzelt in dem Namen ,Religionsunterricht'.", schrieb Helmuth Kittel 1947 am Anfang seines Buches „Vom Religionsunterricht zur evangelischen Unterweisung" (Quelle 9.2). In dieser polemischen „Programmschrift" formulierte er, was nach dem Krieg das „Eigentliche" des Faches Religion in der Schule sein sollte. Der alte historisierende und auf den ethischen (sittlichen, moralischen) Kulturbeitrag gerichtete „Religionsunterricht" habe versagt, an seiner Stelle sollte die „Evangelische Unterweisung" treten. Kittel ist ein gutes Beispiel für viele, die nach dem Zusammenbruch im Jahr 1945 eine Neuorientierung für das Fach suchten. Der Optimismus über den Kulturbeitrag des Christentums war nach zwei Weltkriegen zerstört und das historische Verstehen konnte keine Erklärung für „den Untergang des

9. Ev. Unterweisung und Kerygmatischer RU nach 1945

Abendlandes" (Oswald Spengler; schon 1923) bieten. Nun erst wurde wichtig, was Gerhard Bohne im Jahr 1929 in seinem Buch „Das Wort Gottes und der Unterricht" (Kapitel 7) formuliert hatte: „Keiner [...] konnte in die geistige Welt der Vorkriegszeit wie in eine Heimat zurückkehren" (in: Vrijdaghs 1989, 226). Kittel kritisierte, dass Religion wie eine Weltanschauung vermittelt worden sei und weder der christliche Glaube noch das Wort Gottes eine zentrale Stellung eingenommen hätten. Schüler:innen sollten in der Evangelischen Unterweisung die befreiende Botschaft des Evangeliums zugesprochen bekommen. Die Religionslehrkräfte hätten ein „Amt" und sollten wieder „echte Katecheten" werden. Kittel bezeichnete Luther als „Lehrer der Lehrer", deswegen war ein Drittel seines kleinen Buches eine Textauswahl theologischer Lehrtexte aus Luthers Werk. Schüler:innen des Religionsunterrichts betrachtete Kittel als „Getaufte", die die Fähigkeit besaßen, von Gottes Geist ergriffen zu werden und das Evangelium zu hören. Die drei wichtigsten Elemente und Medien der Evan-

Helmuth Kittel (1902-1984)
Kittel kam aus einer Familie, die mit den Begriffen „preußisch, evangelisch, deutsch-national und Beamtentum" beschrieben werden kann und der Weimarer Republik kritisch gegenüberstand. Er war in der Jugendbewegung aktiv und wurde 1933 Bundesführer der „Deutschen Freischar". Kittel studierte Theologie und promovierte 1925 bei dem Lutheraner und Kirchenhistoriker Karl Holl. Im Jahr 1930 wurde er Dozent für Religionspädagogik an der Pädagogischen Akademie Hamburg-Altona. Kittel trat 1933 der Sturmabteilung (SA) bei, war überzeugter „Deutscher Christ" und Berater vom Kirchenminister Hanns Kerrl. Die Bekennende Kirche* und Karl Barths Position verurteilte er scharf. Im Jahr 1936 wurde Kittel Mitglied der NSDAP und 1937 Professor für Neues Testament in Münster. Im Zweiten Weltkrieg arbeitete er als Militärpfarrer. Seine Rückkehr nach Münster wurde 1945 durch die Militärregierung der Britischen Zone und Westfälische Landeskirche, die sich als Bekennende Kirche verstand war, verhindert. Durch seine Kontakte zum Direktor Hans Bohnenkamp (auf der Abbildung rechts) wurde er Dozent an der neugegründeten Pädagogischen Hochschule in Celle. Im Jahr 1947 erschien sein Büchlein „Vom Religionsunterricht zur evangelischen Unterweisung". Von 1959 zu bis seiner Emeritierung 1970 war er wieder Professor in Münster, nun aber für Praktische Theologie. Kittel vermied lebenslang eine aktive öffentliche Auseinandersetzung mit seiner Rolle im NS-Staat.
Literatur:
Lähnemann, Johannes: Helmuth Kittel (1902-1984), in: Schröer, Henning u. Zilleßen: Dietrich: Klassiker der Religionspädagogik, Frankfurt 1989, 250-265.
Rickers, Folkert: Vom Individuum zum Volksgenossen. Helmuth Kittel und die Jugendbewegung, in: Wermke, Michael (Hg.): Transformation und religiöse Erziehung, Jena 2011, 215-242.
Nipkow u. Schweitzer 1994, 144-153.

gelischen Unterweisung sollten nun wieder die Bibel, das Beten, das Singen (Gesangbuch) und der Katechismus sein. Kirchengeschichte kam an vierter Stelle und konnte höchstens *exempla fidei* (Beispiele des Glaubens) bieten. Es ging nicht mehr darum, historische Tatsachen zu erläutern, sondern um die Frage, wie Gottes Geist in den Menschen gewirkt habe. Der Glaube müsse in der Schule gelebt werden, zum Beispiel in Schulgottesdiensten und im Singen im Unterricht. Die Rolle von Methoden sah Kittel kritisch. Zu lange hätten Methoden die Inhalte verdrängt. Nun ginge es wieder darum, dass die Lehrkraft sich der Bibel und dem Wort Gottes öffnete und das weitergab, was Gott ihr und den Kindern zu sagen hat.

Lehrpläne und Schulbücher für die Evangelische Unterweisung
In seiner „Programmschrift" nahm Kittel Ilse Peters „Lehrplan für die Evangelische Unterweisung an Volksschulen" auf. Erste Entwürfe dazu hatte Peters bereits 1936 in der Schulkammer* der Bekennenden Kirche entwickelt. Sie plädierte für eine kirchliche „Christenlehre", in der nicht das Christentum als historische Religion, sondern der christliche Glaube die Mitte sei. In ihrer Mitarbeit an den Lehrplänen für Nordrhein (1946), für die Rheinprovinz (1948) und schließlich Nordrhein-Westfalen (1953) schloss sie sich Kittels Begriff einer Evangelischen Unterweisung an. Der Unterrichtsstoff wurde in sechs Themenkreise eingeteilt und zeigte genau, welche biblischen Texte in welcher Klasse behandelt werden sollten *(Quelle 9.3)*:

(1) Biblisches Grundwissen als Gottes Handeln an den Menschen im Alten und Neuen Bund.
(2) Feste des Kirchenjahres als Begründung des Heilsgeschehens.
(3) Bilder und Themen der Kirchengeschichte einschließlich der Christenverfolgung und der Entstehung verschiedener Denominationen.
(4) Kirche heute (Bekennende Kirche*, Ökumene*, Verbände u. ä.)
(5) Christliche Ethik.
(6) Geschichte Israels bis heute.

Peters schrieb mit Kittel und anderen Religionspädagog:innen Ende der 1950er Jahre eine Schulbuchreihe für die Volksschulen mit dem Titel „Gottes Wort und Gottes Kirche". Die Didaktik der Evangelischen Unterweisung zeigt sich bereits an den Titeln dieser Schulbücher, bekannte Kirchenlieder:
1. Band I (Unterstufe): „Freut Euch, Ihr lieben Christen".
2. Band II (Oberstufe): „Erhalt uns, Herr, bei deinem Wort".

9. Ev. Unterweisung und Kerygmatischer RU nach 1945

Ilse Peters (1893–1980)
Ilse Peters war die älteste Tochter von Rudolf Peters, einem bekannten Schulbuchautor und Vorsitzenden vom Verein ev. Religionslehrer an Höheren Schulen. Ihre Mutter Ida Cohen war Christin mit jüdischen Wurzeln und Ilse somit in NS-Kategorien „Halbjüdin". Sie studierte Germanistik, Theologie und Geschichte und arbeitete 1920 als Lehrerin in Essen. Im Jahr 1930 wurde sie an der Pädagogischen Akademie in Dortmund für das Fach „Religionswissenschaften" berufen. Damit war sie die erste Professor*in* in Deutschland. Sie bildete die Studierenden im liberal-theologischen Sinne aus. Ihre Schwerpunkte waren Ethik, die menschlichen Grundregeln, Gebote, die Bergpredigt und die Gestalt Jesu als Religionsstifter. Im März 1933 wurde Peters „in den Ruhestand versetzt" und zog als unverheiratete Frau (vgl. Carola Barth) ins Elternhaus in Düsseldorf zurück. In ihrer BK-Kirchengemeinde verantwortete sie Kindergottesdienste. Ab 1936 wurde sie in die Lehrplanarbeit der BK-Schulkammer* einbezogen. Nach 1945 wurde Peters Dozentin an der Pädagogischen Hochschule in Kettwig und wirkte an den Lehrplänen und Schulbüchern für die Evangelische Unterweisung mit. Wegen ihrer jüdischen Wurzeln trieb sie auch das religionspädagogische Denken über das Verhältnis der Kirche zu Israel entscheidend voran.
Literatur
Reents, Christine: Ilse Peters (1893-1980) „Gegen das Vergessen" – Erste Professorin für Religionspädagogik und Mitgestalterin der Konzeption der Evangelischen Unterweisung, in: Pithan, Annebelle (Hg.): Religionspädagoginnen des 20. Jahrhunderts, Göttingen 1997, 53–79.

Die Bücher wurden weniger oft nachgedruckt als Martin Rangs Bestseller „Unser Glaube" und die Neuauflagen von Schusters Schulbuch aus den 1920er Jahren (vgl. Kapitel 7).

Wie Peters arbeitete auch Martin Rang (Porträt in Kapitel 8) an einer Pädagogischen Akademie, bis auch er 1933 in den Wartestand versetzt wurde. Rang setzte sich in der Bekennenden Kirche für einen Religionsunterricht ein, der „Kirche in der Schule" (vgl. Kapitel 8) sein sollte und somit eine Gegenkultur zum totalitären Staat bildete. Sein Ansatz wurde nach 1945 aufgegriffen. Rangs Handbuch für den biblischen Unterricht aus den 1930er Jahren (*Quelle 8.4*) passte zur konzeptionellen Ausrichtung der Evangelischen Unterweisung. Seine Schulbücher, die ab 1935 nur geringe Verbreitung gefunden hatten, gewannen nun an Relevanz.

Seine Schulbuchreihe „Unser Glaube" hat vier Bände für die höheren Schulen und drei für die Realschulen, dazu noch umfangreiches Quellenmaterial. Schon Band 1 für die ersten Klassen der weiterführenden Schule „Biblische Geschichte und Bilder aus der Kirchengeschichte" (*Quelle 9.4*) wurde bis 1975 27 Mal neu aufgelegt. Es ist eine aus Bibeltexten kompilierte Glaubensgeschichte. Vor oder nach den Bibeltexten stehen kurze bibelkundliche und erklärende Anmerkungen im Kleindruck. Das Buch hat keine Aufgabenstellungen und wird mit nur wenigen Abbildungen illustriert. Die Auswahl und die Folge der Bibeltexte geben die Richtung für ein heilsgeschichtliches* Verstehen der Bibel vor. Der Bibeltext, so Rang, könnte in den Alltag der Schüler:innen sprechen und zur Verkündigung werden, wenn das Unbekannte des Textes sie berührte oder der Text mit einer Grenzsituation aus ihrem Leben korrespondierte.

Trotz Neuausrichtung auch Kontinuität
Auch wenn in dieser Zeit Einigkeit darüber bestand, dass sich der Religionsunterricht von der historisierenden und moralischen Ausrichtung aus der Vorkriegszeit verabschieden musste, ist keine einheitliche Didaktik entstanden, wie Kittel mit seiner „Programmschrift" erhofft hatte. In den Zeitschriften wurden zur Evangelischen Unterweisung, evangelischen Erziehung und evangelischen Schulpolitik unterschiedliche Akzente gesetzt (Schweitzer u. Simojoki 2010). Es erschienen viele Schulbücher aus den 1920er und 1930er Jahren nur leicht geändert weiter, was eher auf Kontinuität in der didaktischen Praxis hinweisen kann. So wurde Schusters Schulbuchreihe „Lehrbuch für den evangelischen Religionsunterricht an höheren Schulen" ab 1950 unter dem neuen Namen „Evangelisches Religionsbuch" fortgesetzt. Das Unterstufenbuch „Lebensbilder* aus Bibel und Kirche" erschien 1950 unter dem Titel „Aus Bibel und Kirche" (21 Auflagen bis 1971). Das Buch stellt weitgehend die gängigen biblischen Geschichten und Personen aus der Kirchengeschichte dar. Lediglich die Bedeutung der Personen für den Glauben (*exempla fidei*) wurde stärker betont. Band II, für die Mittelstufe, hieß nicht mehr „Helden und Werke der Kirche", sondern „Evangelium und Geschichte" (22. Aufl. 1972). Die neue Ausrichtung ist vor allem am neuen Titel sichtbar. Das wechselhafte und oft problematische Verhältnis zwischen Kirche und Staat wurde nicht erwähnt. Zum ersten Mal wurde nach dem Krieg die Zeit des Nationalsozialismus beschrieben. Die Darstellung verfolgte das Narrativ der „guten evangelischen Kirche in der bösen Hitler-Zeit".

Eine vergleichbare, also nur geringfügige Veränderung kann bei der Schulbuchreihe von Paul Börger, Studienrat für Geschichte und Evangelische Religion, „Am Quell des Lebens" festgestellt werden. Als typisches Lehrbuch für die evangelische Unterweisung in den 1950er Jahren (16. Aufl. 1970) war es das Nachfolgewerk von „Auf Ewigem Grunde" aus den 1930er Jahren. Der Text blieb weitgehend gleich, aber für die neue konzeptionelle Ausrichtung wurde im Kleingedruckten auf bestimmte Bibeltexte, auf Katechismus-Paragrafen oder auf Gemeindelieder hingewiesen. Auch Börger, der 1933 der NSDAP beigetreten war, benannte die Rolle der Kirche im Nationalsozialismus. Er schrieb, dass das Hitlerregime von Anfang an anti-christlich gewesen sei und „Volk" statt „Kirche" und „Geburt" (Blut) statt „Taufe" betont hatte. Die Theologische Erklärung von Bar-

9. Ev. Unterweisung und Kerygmatischer RU nach 1945

men aus dem Jahr 1934 wurde als einziger Quellentext für die Zeit von 1933 bis 1945 aufgenommen.

Kerygmatischer Unterricht
Der Wunsch nach Stabilität nach dem Zweiten Weltkrieg war auch in katholischen Kreisen groß. Die Erfahrungen aus dem Kulturkampf* im 19. Jahrhundert ähnelten denen der Zeit des Nationalsozialismus und führten zu einem weitgehend geschlossenen katholischen Milieu. Katholische Eltern bestanden auf dem Recht auf katholische Schulen für ihre Kinder und die Schulen wurden „zum Medium einer volkskirchlichen religiösen Sozialisation" (Simon 2001, 222). Als Zeichen, dass das Hakenkreuz überwunden war, wurden wieder Kruzifixe in den Schulen aufgehängt. Die Fuldaer Bischofskonferenz von 1956 erklärte die katholische Schule zum Ideal einer Erziehungsschule für Kinder und Jugendliche. Die negativen Erfahrungen in der Zeit des Nationalsozialismus führten auch bei den Katholik:innen zu einer Neuausrichtung des schulischen Religionsunterrichts. In Anknüpfung an die „Kinderseelsorgestunden" (Kapitel 8) kamen Impulse zum Tragen, wie sie Josef Andreas Jungmann in seiner Programmschrift aus dem Jahr 1935 „Die Frohbotschaft und unsere Glaubensverkündigung" entwickelt hatte. Darin war eine biblisch-heilsgeschichtliche*, christozentrische und an die gottesdienstliche Feier in der Gemeinde rückgebundene Richtung vorgegeben. Die Glaubensunterweisung war vergleichbar mit der Evangelischen Unterweisung. Die „material-kerygmatische* Katechese" stellte „die Frohbotschaft vom nahenden Reich Gottes samt deren Verkündigung und das Leben und Glauben der Schülerinnen und Schüler in die Mitte der Lernprozesse" (Bitter

Josef Andreas Jungmann (1889–1975)
Jungmann wurde in Südtirol geboren, 1913 zum Priester geweiht und trat 1917 in den Jesuitenorden ein. Ab 1930 war er Professor für Pastoraltheologie in Innsbruck. Im Jahr 1935 erschien sein Buch „Die Frohbotschaft und unsere Glaubensverkündigung". Es bestimmte in den 1950er Jahren die Didaktik des katholischen Religionsunterrichts. Jungmann war davon überzeugt, dass das Christentum von seiner Mitte – Jesus Christus – her neu verkündet und gelebt werden sollte. Das zeigt sich auch in seinem Buch „Katechetik. Aufgabe und Methode der religiösen Unterweisung" (Freiburg 1953).
Jungmanns wichtigster Beitrag lag allerdings woanders: Er erforschte die Geschichte der Messe und trug als Mitglied der Liturgischen Kommission des Zweiten Vatikanischen Konzils* stark zur Erneuerung der Liturgie bei.
Literatur:
Naab, Erich: Art. Jungmann, Josef Andreas. Biografisch-Bibliografisches Kirchenlexikon Bd. 3, Herzberg 1992, 876–877.
Universität Innsbruck: https://www.uibk.ac.at/theol/jungmann.html

2016). Der wegen der Farbe seines Einbands so genannte Grüne Katechismus aus dem Jahr 1955 zeigt diesen Ansatz *(Quelle 9.5.1)*. Er wurde in den höheren Klassen der Volksschule als Religionsbuch eingesetzt. Auch im Religionsunterricht anderer Schulformen ging es material-kerygmatisch* um die heilsgeschichtliche Botschaft der Bibel, durch die die Schüler:innen in das Gemeindeleben, die Sakramente und die Liturgie eingeführt werden sollten. Das „Glaubensbuch für das 3. und 4. Schuljahr", das noch 1963 von den deutschen Bischöfen für alle Bistümer herausgegeben wurde, zeigt diesen kerygmatischen* Ansatz *(Quelle 9.5.2)*.

Kritik an der Evangelischen Unterweisung
Im Jahr 1957 wurde in Niedersachsen ein neuer Lehrplan im Sinne der Evangelischen Unterweisung eingeführt. Auf der einführenden Tagung in Bielefeld wurden von den anwesenden Lehrkräften Bedenken zu dieser Didaktik geäußert: (1) Der Unterricht werde auch von dem historischen Quellentext, von der Schulklasse und von der Persönlichkeit der Lehrkraft und nicht nur vom Bibeltext bestimmt. (2) Eine historische Quelle könne nicht in derselben Stunde mit der Bibel bearbeitet werden. (3) Die biblische Ausrichtung dürfe nicht dazu führen, dass die Quellentexte nicht mehr mit wissenschaftlicher Genauigkeit erarbeitet werden. Diese Bedenken der Lehrkräfte zeigten, dass die auf Verkündigung ausgerichteten Ziele und das verfügbare Unterrichtsmaterial einerseits, sowie der rationale säkulare schulische Kontext andererseits zu Verunsicherungen führten.

Diese Kritik zeigt sich ebenso in Publikationen von Religionspädagog:innen wie Hans Stock *(Quelle 9.6)*, Martin Stallmann, Ursula Meinecke, Ingo Baldermann und Gert Otto in dieser Zeit. In den 1980er und 1990er Jahren, als die Arbeit an den so genannten religionspädagogischen Konzeptionen auf dem Höhepunkt war, wurden ihre Veröffentlichungen als „hermeneutischer* Religionsunterricht" bezeichnet. Sie betonten die Notwendigkeit eines wissenschaftlich historisch-kritischen Umgangs mit der Bibel. Zudem forderten sie, die Einsichten des Neutestamentlers Rudolf Bultmann – die Entmythologisierung der Bibel und das Kerygma* (die eigentlich christliche Botschaft) – in die Religionsdidaktik aufzunehmen. Mitte der 1970er Jahre verurteilte die Theologin Karin Bornkamm (1976, 190–192) die Didaktik der Evangelischen Unterweisung als „biblizistischen Fundamentalismus"*.

Christenlehre in der DDR
Der Osten Deutschlands wurde 1945 zur sowjetischen Besatzungszone und ab 1949 zur Deutschen Demokratischen Republik (DDR), bzw. in eine sozialistische Gesellschaft umgewandelt. Die Führung der DDR lag bei der kommunistischen Sozialistischen Einheitspartei Deutschlands (SED) und beim Zentralkomitee

(ZK). Die evangelischen Landeskirchen blieben formal Mitglied der Evangelischen Kirche in Deutschland (EKD) und erkannten die deutsche Teilung nicht offiziell an. Ihr Spielraum wurde fortwährend kleiner. So führte die DDR in Konkurrenz zur Konfirmation das Ritual der staatlichen Jugendweihe ein. Die Situation verschärfte sich durch den Bau der Mauer 1961 und führte zu einem „existenziellen Dauerkonflikt" (Hoenen 2007, 307).

Der Religionsunterricht war als Fach seit 1945 nicht mehr im Lehrplan der sozialistischen Einheitsschulen aufgenommen, aber die Kirchen durften bis etwa 1960 das Fach in schulischen Räumen in eigener Verantwortung anbieten. Um es von den anderen Schulfächern zu unterscheiden, bekam es den Namen „Christenlehre". Auch wenn in den östlichen Landeskirchen die Bekennende Kirche* vor 1945 kaum verbreitet gewesen war, wurde die Christenlehre an den BK-Lehrplänen aus den 1930er und 1940er Jahren ausgerichtet (*Quelle 9.1, 9.2*). Der Unterricht wurde als Glaubenserziehung verstanden und sollte auf den dreijährigen Konfirmandenunterricht und auf die Mitarbeit in der Jungen Gemeinde vorbereiten. Die Didaktik der „Christenlehre" ähnelte der der Evangelischen Unterweisung. Wer sich in der Schule als Christ:in aus Gewissensgründen gegen den sozialistischen Einheitsstaat äußerte, wurde durch den Staat an seinen Bildungschancen gehindert. Für die zahlenmäßig kleine Gruppe katholische Christ:innen gab es faktisch keinen Religionsunterricht an den säkularen staatlichen Schulen mehr. Auch für sie verlagerte er sich als Glaubenserziehung in die Gemeinden, auch als „Religiöse Kinderwochen". Darüber hinaus entstanden eine Reihe katholischer Bildungseinrichtungen, wie „Fachschulen im Sozialbereich und Fachhochschulen" (Mendl 2007, 359).

Umbruch
Schon am Ende der 1950er Jahre wurde im Westen Deutschlands ein Umbruch sichtbar. Es waren Risse in die traditionell-konfessionelle Gesellschaft gekommen, die in der Nachkriegszeit als Idealbild hochgehalten worden war. Es begann eine öffentliche Debatte über die Umwandlung von konfessionellen in bekenntnisfreie Schulen, was vor allem die katholischen Schulen traf. Auch in der evangelischen Kirche wurde man sich immer mehr bewusst, kein weltanschauliches Monopol mehr zu besitzen, sondern Teil einer säkularen Gesellschaft zu sein, und zwar mit abnehmendem Einfluss. Schon 1958 erklärte die EKD in ihrem „Schulwort": „Die Kirche ist zu einem freien Dienst an einer freien Schule bereit." Rangs Formel „Kirche in der Schule" wurde unzeitgemäß. Der didaktische Umbruch, der zwischen 1960 und 1980 stattfand, wird im nächsten Kapitel beschrieben.

Quellentexte

9.1 Richtlinien für die Gestaltung des evangelischen Religionsunterrichts in der Schule. Beschluss der „Kammer für Schule und Unterricht" des Bruderrates der Ev. Kirche in Deutschland vom 28. August 1945. In: Stoodt 1985, 216.

1) Der evangelische Religionsunterricht ist ein Amt der Kirche, die für die Unterweisung ihrer getauften Glieder verantwortlich ist. Daher kann er nur von Lehrenden als von Gemeindegliedern in kirchlichem Auftrag, nach kirchlichem Lehrplan und nach kirchlich anerkanntem Lehrbuch erteilt werden.
2) Er soll Unterweisung und Zeugnis sein von dem in Christus offenbarten Gott auf Grund des Zeugnisses der Propheten und Apostel. Er ist also nicht „historisch" und auch nicht „moralisch" gemeint.
3) Lehrer und katechetische Hilfskräfte der Kirche, die sich für den evangelischen Religionsunterricht zur Verfügung stellen wollen, geben eine entsprechende schriftliche Erklärung ab. Diese wird durch ihre Kirchengemeinde der Leitung des Kirchenkreises (Dekanat bzw. Superintendentur) weitergereicht. Über die Zulassung entscheidet ein Ausschuss für kirchliche Unterweisung nach Prüfung der kirchlichen und fachlichen Eignung. Er kann seine Entscheidung von einer Besprechung mit dem Bewerber abhängig machen. Bei Zustimmung beauftragt die Kirchengemeinde die Lehrperson mit dem Unterweisungsdienst, gegebenenfalls nach Art der Ältesteneinführung. Die Beauftragung wird der Gemeinde von der Kanzel bekanntgegeben.
4) Alle an der kirchlichen Unterweisung Beteiligten sind in regelmäßigen Arbeitsgemeinschaften zwischen Pfarrern und Lehrern zusammenzufassen. Die Arbeitsgemeinschaft gilt vorwiegend gemeinsamer Bibelarbeit als Grundlage für alle Erörterung fachlicher und erzieherischer Fragen.
5) Der Ausschuss hat das Recht der Aufsicht über den Religionsunterricht und kann ihm beiwohnen.
6) Diese Richtlinien gelten für alle Schulgattungen.

9.2 Helmuth Kittel, „Vom Religionsunterricht zur evangelischen Unterweisung". 1947, 2. Aufl. 1949, 3. Aufl. 1957. Siehe auch: Bolle 2002, 134–147.

1. Religionsunterricht?
Der ev. RU ist seit langer Zeit besonders unfruchtbar. Dem Sachverständigen kam deshalb seine Katastrophe in den Jahren nach 1933 nicht überraschend. Fragt man nach den Gründen, dann ist es nicht töricht, zu sagen: das ganze Elend wurzelt im Namen „Religionsunterricht", Namen sind nämlich kein Schall und Rauch, sondern pflegen geistige Mächte zu kräftiger Wirksamkeit auf die Menschen, ihr Denken, Fühlen und Handeln zu bringen.
Sinnvoll war dieser Name RU, solange man ihn selbstverständlich, d. h. ohne ein Problem dabei zu empfinden, auf die christliche Religion bezog. [...] Grundsätzlich anders wurde diese Lage aber durch die Einwirkung der Aufklärung. Jetzt wurde die selbstverständliche Gleichung zwischen Religion und Christentum aufgehoben. Der

9. Ev. Unterweisung und Kerygmatischer RU nach 1945

neue historische Überblick, den man gewann, ließ das Christentum nur noch als Religion unter den Religionen erscheinen. Die Folge davon war, dass der Begriff Religion zu einem Abstraktum wurde. Der Gebrauch eines solchen Abstraktums „Religion" war und ist durchaus sinnvoll, solange die Abstraktion als solche streng gewahrt wird. Tatsächlich geschah aber Folgendes. Das Abstraktum „Religion" wurde unter der Hand zu einem Ersatz-Konkretum. Einmal durch die Religionsphilosophie, sodann durch die Religionspsychologie, beide gestützt auf das Material der Religionsgeschichte. An die Stelle Gottes als Inhalt eines konkreten Glaubens trat entweder ein religionsphilosophischer Begriff, wie z. B. „das Absolute" oder ein religionspsychologisches Phänomen, wie z. B. das „Gefühl der Unendlichkeit". (S. 7) [...]
So war es schließlich durchaus nichts seinem Wesen nach Neues, wann dann auch alt- und neugermanische Texte in den RU gerieten. Es ging ja schon lange nicht mehr um den christlichen Glauben und um den Gott, der der Vater Jesu Christi ist, sondern eben um die Pflege eines allgemeinen religiösen Bewusstseins und religiösen Gefühls.
In diese Entwicklung ist nun die evangelische Theologie eingebrochen. Nach dem ersten Weltkrieg kamen in Deutschland theologische Ansätze zu voller Entfaltung, die wir einer Erneuerung der Gedankenwelt des dänischen Denkers Sören Kierkegaard und des deutschen Reformators Martin Luther in unserer Generation verdanken. Karl Barth und Friedrich Gogarten sind die Namen, die diese neue evangelische Theologie in erster Linie charakterisieren. Sie hat sämtliche theologische Disziplinen nicht nur, sondern auch ihr Verhältnis zur Philosophie, die Verkündigung unserer ev. Pfarrer und das geistliche Leben unserer ev. Gemeinden reich befruchtet.
Auch Theorie und Praxis des RU erfuhren heilsame Einflüsse von dort her. Mit dem 1929 erschienenen Buch Gerhard Bohnes „Das Wort Gottes und der Unterricht" wurde eine grundsätzliche Störung alles unter dem überlieferten Religionsbegriff stehenden Unterrichts eingeleitet. In scharfer Kritik wurde gezeigt, wie aller aufklärerisch-idealistische RU zur Sinnlosigkeit verurteilt ist, weil nun konkrete Religion wirkliche Religion ist, und die Aufblähung des Abstraktums Religion zum Religionsersatz eben Ersatz ist. (S. 8) [...] Evangelische Unterweisung, so heißt die neue uns gestellte Aufgabe – nie wieder RU! Wir wissen jetzt, dass jeder überkonfessioneller Unterricht in Wahrheit weniger als konfessionell wird, jeder überchristliche in Wahrheit weniger als christlich. Die „Religion im Allgemeinen" ist als inhaltlos – trotz ihres Gefühls- und Wortreichtums – durchschaut. Wir wenden uns entschlossen den Aufgaben zu, die uns gestellt sind, seitdem das Evangelium Jesu Christi wieder zum Wort Gottes an uns ward. (S. 10)

2. Bibel

Evangelische Unterweisung (EU) ist Unterweisung im rechten Umgang mit dem Evangelium. Wir brauchen diese Unterweisung, ob wir jung sind oder erwachsen, weil wir den Umgang mit dem Evangelium aus unserer Natur heraus immer wieder falsch verstehen. Es handelt sich vor allem um die Fehler des Historisierens, des Theoretisierens und des Moralisierens. (S. 10). [...] Evangelium ist nach dem NT Gottes Wort, Fleisch geworden in Jesus Christus (Joh. 1). Recht mit dem Evangelium umgehen heißt also: Gottes Wort in Jesu Christi Wort und Werk hören. (S. 11) [...] Wir dürfen sagen: EU ist Unterweisung im rechten Umgang mit der Bibel. Wenn unsere EU in der Schule das nicht leistet, dass sie Kinder sachgemäß mit der Bibel umgehen lehrt, ist sie verfehlt und mag sie noch so „interessant" und „lebendig" sein. Und umgekehrt: wenn ihr das geschenkt wird, dass sie die Kinder zu sinnvollem Leben mit der Bibel führt, ist sie recht und mag sie methodisch noch so unbeholfen sein. (S. 12)

3. Gesangbuch

Beten hat mithin für alle EU lebensnotwendige Bedeutung. Der Lehrer muss beten, dass ihm selber das Wort der heiligen Schrift aufgeschlossen werde; er muss aber auch für seine Kinder beten, dass sie diesen sich öffnet; die Kinder müssen selber beten, dass sich Gott zu ihnen neige; und schließlich müssen Eltern und Gemeinde für beide beten, für Lehrer und Kinder, dass Gott ihnen gnädig sei und nicht stumm bleibe. Weil das so ist, gewinnt ein anderes Buch für die EU Bedeutung neben der Bibel: das Gesangbuch. Das Gesangbuch ist nämlich weit mehr als jene Gedächtnisstütze für das Mitsingen im Gottesdienst, als die es heute so oft nur noch gebraucht wird. Es ist das Gebetbuch der evangelischen Gemeinde. (S. 12)

4. Katechismus

Der Katechismus ist Summa und Auszug der heiligen Schrift. [...] Katechismusunterricht ist echte christliche Lehre. Nur wenn wir es wagen, ihn als solche zu behandeln, kommen wir überhaupt auf den richtigen Weg. [...] Das bedeutet, dass der Katechismus in der EU *geschlossen* behandelt werden muss. (S. 13f.)

5. Kirchengeschichte

Je sachgemäßer man die Beziehungen zwischen Bibel, Gesangbuch und Katechismus knüpft, desto beziehungsloser scheint die Kirchengeschichte im Gefüge der EU zu werden. Also gerade das Gebiet, das bisher für so viele den roten Faden aller einschlägigen Stoffe abgab. (S. 15) [...] Die nachbiblische Kirchengeschichte zeigt uns, dass die Gabe des heiligen Geistes nicht auf das biblische Zeitalter beschränkt ist, sondern Gott diesen seinen Geist gnädig allen Geschlechtern bis zur Gegenwart verliehen hat. Bei der Darstellung dieser Kirche der Geistempfänger kommt es also lediglich darauf an, Beispiele solchen Geistempfanges aus den verschiedensten Epochen bis zur Gegenwart zu geben, nicht dagegen eine lückenlose historische Überlieferung kirchlicher Lebensformen zu schildern. [...] Kirchengeschichtlicher Unterricht muss *exempla fidei* bieten. [...] Unsere Kinder müssen vom Wirken des heiligen Geistes in der deutschen Reformation* und im gegenwärtigen Geschlecht erfahren. Die Zeugnisse hiervon sind wir unbedingt schuldig, wenn sie selber einmal Zeugen reformatorischen Glaubens werden sollen. (S. 16)

8. Methodik

Je gegenstandsloser der RU wurde, desto mehr wandte sich das Interesse der Lehrer methodischen Fragen zu. [...] In dem Augenblick, wo es wieder ernsthaft um den christlichen Glauben geht, also aus dem RU echte EU wird, wird dieser Methodismus aufgehoben. [...] Alle methodischen Probleme werden wieder „sekundär", d. h. „folgen" aus der Antwort auf der Frage nach dem Gegenstand. Habe ich, um es noch genauer zu sagen, einen biblischen Text zu unterrichten, dann geht mein Ringen zunächst um gar nichts anderes als *unter* ihm stehend, zu hören, was Gott hier zu mir und meinen Kindern redet. (S. 23) [...]

12. Vom Amt der Evangelischen Unterweisung

In dem Maße, in dem uns die Aufgabe, wirkliche EU zu erteilen, wieder deutlich wird, wächst auch die Einsicht unter uns, dass dies nur auf Grund eines besonderen Auftrages geschehen kann, zu dem der Staat, eben weil er Staat ist, keine Legitimation besitzt. [...]

9. Ev. Unterweisung und Kerygmatischer RU nach 1945

Dieser Auftrag ist ein Auftrag, den der *gegenwärtige* Herr uns erteilt, wie er ihn damals den Elfen [= Jünger] erteilte. (S. 35) [...] Das heißt auch, dass wir Lehrer aus Religionslehrern wieder echte Katecheten werden müssen. (S. 52)

9.3 Ilse Peters, Lehrplan für die Evangelische Unterweisung an Volksschulen. 1949. In Anlehnung an die „Evangelische Christenlehre" von Albertz-Forck, ausgearbeitet im Auftrag des Katechetischen Amtes der Evangelischen Kirche der Nordrheinprovinz. Febr. 1948. In: Kittel, Helmuth: Vom RU zur ev. Unterweisung, 2. Aufl. 1949, 116–134. Auszüge und Zusammenfassungen.

I. Grundschule
Die evangelische Christenlehre der Grundschule soll den Kindern die Macht und Herrlichkeit, die Gnade und Barmherzigkeit Gottes zeigen. Sie sollen erfahren, daß Gott die Welt gut geschaffen hat, daß wir Menschen aber von ihm abgefallen sind und wir daher nur im Dunkel der Gottesferne leben müßten, wenn uns Gott nicht den Heiland gesandt hätte, der uns und die Welt wieder zu Gott zurückführen kann und will. [...] Das alles geht aus den biblischen Geschichten des Alten und Neuen Testamentes hervor, wenn wir sie recht erzählen. Recht erzählen heißt: bibelgemäß erzählen. Wir dürfen keine fremden Gesichtspunkte herantragen, etwa moralische oder historische, und sie nicht um solcher Gesichtspunkte willen aus ihrem Zusammenhang reißen. Wir müssen bei den Kleinen oft den knappen Bibeltext erweitern, aber man sollte nicht mehr von ihm abweichen, als zum Verstehen notwendig ist und von Anfang an das Ziel im Auge behalten, daß die Kinder lernen sollten, später einmal selbständig in der Bibel zu lesen. [...] Bilder und Persönlichkeiten aus Gegenwart und Vergangenheit der Kirche sollen eindrücklich machen, daß Gottes Wort auch heute gilt und daß sein Reich unter uns ist.

Erstes Schuljahr (6-Jährige)
Urgeschichte: Schöpfungsgeschichte, Sündenfall und Vertreibung aus dem Paradies.
Die Geschichten des Weihnachtskreises (Lk. 2, Mt 2).
Jesus erweist sich als der Heiland durch seine helfende Liebe zu allen Menschen: Segnung der Kinder, Krankenheilungen, Berufung der Jünger.

Zweites Schuljahr
Bis Pfingsten: Ihr seid getauft. Wiederholung der Urgeschichte. Hinzufügen Kain und Abel.
Pfingsten bis Advent: Abraham, Jakob, Joseph. (Isaaks Opferung ist bewusst wegzulassen.)
Advent bis Ostern: Weihnachtsgeschichte wiederholen, dazu die Darstellung im Tempel. Weitere Jesusgeschichten: Von den Sorgen (Mt 6, 25–34), Knecht des Hauptmanns, zehn Aussätzige, Jüngling zu Nain, Gleichnis vom Verlorener Sohn (es ist „Evangelium im Evangelium"), Leidensgeschichte, Auferstehung und Himmelfahrt.

Drittes Schuljahr
Die Gegenwart Jesu in seiner Gemeinde damals und heute: Joh 20, 11–18, Pfingstgeschichte (Apg. 2), Die „Heilung des Lahmen" (Apg. 3) und „das Leben der Urgemeinde" (Apg. 2). Dazu soll erzählt werden von „Männern und Frauen, die Gott in seinen Dienst gerufen hat; etwa Theodor Fliedner, Bodelschwingh und Mathilda Wrede.

Von Gottes Handeln an den Menschen im Alten Bund: Wiederholung der Urgeschichten, Turmbau zu Babel, König David, Zehn Gebote.
Von Gottes Handeln an den Menschen im Neuen Bund. Lk 4 und 5, Zachäus, Pharisäer und Schriftgelehrten, Vom rechten Geben und Beten (Mt 6,1–15). Heilung am Teich Bethesda, Blindgeborene, Taubstumme, Tochter Jairus, Sturmstillung, Speisung der 5000.
Leidensgeschichte ausführlicher und Festgeschichten wiederholen.
Das Kirchengebäude mit Taufstein, Altar, Kanzel und Glocken. Pastor, Kirchenälteste, Organist, Küster, Diakonie, Innere Mission.
Viertes Schuljahr
Emmausjünger, Jesus erschien den Jüngern und Thomas am See Genezareth.
Mose, Josua, Gideon.
Umwelt der Jesus-Geschichten. Johannes der Täufer, Taufe Jesu.
Gleichnisse. „Das Reich Gottes fordert Entscheidung."
Vor dem Reformationsfest: „Wie Luther uns Gottes Wort neu geschenkt hat", ergänzt durch die wichtigsten Stationen aus Luthers Leben (Klostereintritt, Thesenanschlag, Reichstag, Bibelübersetzung).
Adventszeit: Von der Zukunft des Reiches Gottes und vor der Wiederkunft Christi (Mt. 24).

II. Oberstufe [der Volksschule]
Ein Unterricht, in dem sich Lehrer und Schüler gemeinsam unter Gottes Wort stellen, wird den besten Schutz gegen Irreführung durch anti-christliches Gerede bieten. [...] Die biblische Unterweisung vollzieht sich so, daß, von Ausnahmen bei schwierigen Stellen abgesehen, der Text gemeinsam gelesen und im gemeinsamen Nachsinnen ausgelegt wird, selbstverständlich unter Führung des Lehrers.
Fünftes Schuljahr
Apostel Paulus. Aufbau der Bibel. Gleichnis von dem bösen Weingärtner (Mt 21, 33–41), Senfkorn, Sauerteig, Verlorenes Schaf, Groschen und Sohn (Lk 15).
Das Christentum im Römischen Reich. Von verfolgter Religion zur Staatsreligion.
Die Christianisierung* der Germanen: Wulfila, Bonifatius, Karl der Große.
In der Adventzeit: Weihnachten in aller Welt. Nommensen, Bekehrung der Bataker, China.
Von der Mittelalterlichen Kirche soviel, wie zum Verständnis der Reformation notwendig ist: Mönchtum und Papsttum. Heiligenverehrung.
Sechstes Schuljahr
Die Reformation*: Martin Luther, Reformation, Calvin, Reformierten, Quäker, Hugenotten*, Erweckungsbewegung des 19. Jh. Lebendige Gemeinden bei uns und anderswo.
Das Glaubensbekenntnis.
Wir und unsere Mitmenschen: Ehrfurcht für den Eltern, Geld, Arbeit, Mission, Beten.
Siebtes Schuljahr
Propheten: Elia, Jesaja, Jeremia, Esra, Nehemia
Die Zerstreuung des Volkes Israel (Rö 9–11), „Israel bleibt der echte Ölbaum".
Von der Mittelalterlichen Kirche und ihrer Frömmigkeit.

9. Ev. Unterweisung und Kerygmatischer RU nach 1945

Achtes Schuljahr
Lektüre vom Lukas-Evangelium, Bergpredigt und Offb 4–6, 21–22. Tod und Erlösung durch Jesus Christus. Jesus ist Sieger.
Verhältnis von Kirche und Staat nach Daniel 1–7.
Die Lage der Kirche in der Welt heute: die Bekennende Kirche, die Ökumenische Bewegung* und die großen Kirchenversammlungen (1925, 1934, 1948).
Kirchliche Werke und Verbände: Männerwerk, Frauenhilfe, Burckhardthaus, CVJM.

9.4 Martin Rang, Biblische Geschichte und Bilder aus der Kirchengeschichte.
Bd. 1 Ausgabe A für höhere Schulen von „Unser Glaube", Unterrichtswerk für den evangelischen Religionsunterricht. Göttingen 1949, 29. Aufl. 1975, 15 u. 179f.

I. Der Gott Israels
Israel bekennt seinen Glauben. 5. Mose 6, 20–24
Wenn dein Sohn dich fragen wird: Warum gelten all die Regeln und Ordnungen, die Gott der Herr euch gegeben hat?, so antworte: Wir waren Sklaven des Pharao in Ägypten. Da führte uns der Herr mit starker Hand aus Ägypten heraus, und der Herr tat vor unseren Augen große und unheimliche Zeichen und Wunder an den Ägyptern, an Pharao und seinem ganzen Hause; uns aber führte er von dort heraus, um uns hierher zu bringen und uns das Land zu geben, das er unseren Vätern zugeschworen hatte. Und der Herr gebot uns, nach allen diesen Regeln zu leben.

5. Mose 26, 5–9
Ein umherirrender Aramäer war mein Vater, und als er nach Ägypten hinabzog, war er dort ein Fremdling; aus nur wenigen Leuten wurde er dort zu einem großen, starken und zahlreichen Volk. Die Ägypter aber behandelten uns schlecht, bedrückten uns und legten uns harten Dienst auf. Da schrien wir zu dem Herrn, dem Gott unserer Väter, und der Herr erhörte uns und sah unser Elend und unsere Mühsal und unsere Bedrängnis. Und der Herr führte uns aus Ägypten mit starker Hand und ausgestrecktem Arm, mit mächtigen Taten, mit Zeichen und Wundern, und brachte uns an diesen Ort und gab uns dieses Land, in dem Milch und Honig fließt.

Abbildung 8. Umschlag eines Bandes aus der Schulbuchreihe „Unser Glaube" 1949

Was Israel hier in einem uralten kurzen Bekenntnis ausspricht, geht auf Ereignisse und Überlieferungen zurück, die aus dem 13. Jahrhundert vor Christus stammen: Gott befreit das werdende Volk aus ägyptischer Unterdrückung und schenkt ihm das Land, in dem es leben darf; so wird es sein Volk. An dieses zentrale Thema erinnert das alte Testament immer wieder: Geschichtserzähler, Psalmdichter und Propheten. Darum bestimmen die Gebote dieses einen Gottes das Leben Israels; darum denkt man in immer größeren Zusammenhängen darüber nach, wie er handelt: man erzählt und besingt, was er schon den Vorvätern von Abraham bis Joseph zusagte und tat, ja wie er am Anfang den Menschen, seine nächste Umwelt und das Weltall schuf. (S. 15) [...]

VI. Gottes Forderung und Gottes Güte
Die Bergpredigt

Jesus verkehrte mit offenkundigen „Sündern" und versprach ihnen Gottes Vergebung. [...] Da könnte jemand auf den Gedanken kommen: Jesus verlangte weniger als die frommen Juden seiner Zeit; die „frohe Botschaft" macht das Leben bequem. Das Gegenteil ist richtig. [... Er hat] mit einem um so strengeren Maßstab alle Handlungen beurteilt, die für unser Verhältnis zu Gott und zu den Menschen wichtig und wesentlich sind. Was ist „wesentlich"? Was ist das wichtigste und höchste Gebot? Jesus hat auf die Frage einmal eine kurze Antwort gegeben (Mark. 12, 28-31, S. 180). Und er hat in vielen einzelnen Ermahnungen und Warnungen deutlich gemacht, worauf es ankommt. Warnung davor, sein Vertrauen statt auf Gott auf den Reichtum zu setzen (Matth. 6, 24ff.; Mark. 10, 17-27, S. 187f.); Warnung davor, in den Tag hineinzuleben und nicht an das Ende zu denken (Luk. 12, 16-20, 35-46, Matth. 25, 1-13, S. 176); Warnung davor, sich auf die eigene Frömmigkeit was einzubilden (Luk. 17, 7-10; 18, 9-14, S. 169) und vor den Menschen damit zu protzen (Matth. 6, 1-18, S. 185); Ermahnung zum anhaltenden Beten (Matth. 7, 7-11, S. 188f.; Luk. 18, 1-18, S. 189); Ermahnung, die Gebote des Alten Testaments in ihrem vollen Ernst zu erfüllen (Matth. 5, 21-48, S. 183); Ermahnung, Jesus nachzufolgen und sich zu ihm zu bekennen (Matth. 10, 17-33, S. 193f.; Mark. 8, 34-38, S. 195).

Wenn Jesus die Forderung des Gesetzes so ernst nimmt, dass er behauptet, nur wenige können sie erfüllen und durch die schmale Pforte zu Gott gelangen (Matth. 7,13 u. Luk. 13, 24, S. 190), so steht dies, so scheint es, im Widerspruch zu seinem Wort, die Last, die er den Menschen auferlege, sei leicht zu tragen (Matth. 11, 30, S. 166).

Die Geschichte des Christentums hat nur zu oft gezeigt, dass man bald bloß die eine, bald bloß die andere Seite von Jesu Verkündigung wichtig genommen hat. Die einen haben aus dem Evangelium eine breite und bequeme Straße gemacht, die jeden zur Seligkeit führt; die anderen eine harte und freudlose Sache, eine Sache nur für ganz Fromme. Und doch heißt Jesu Botschaft mit Recht Evangelium = frohe Botschaft; und doch gehen diejenigen, die dieser frohen Botschaft vertrauen, nicht den bequemen, sondern den schmalen und steilen Weg! Es kommt also darauf an, beides zusammen zu sehen: Gottes Forderung und Gottes Güte. Wer nur die Forderung vernimmt, muss, wenn er ehrlich ist, verzweifeln, wie Luther im Kloster verzweifelte. Wer nur die Güte sieht, der wird träge und allzu vertrauensselig. (S. 179f.)

[Es folgen auf zehn Seiten die aufgelisteten Bibelstellen.]

9. Ev. Unterweisung und Kerygmatischer RU nach 1945

9.5 Katholischer kerygmatischer Religionsunterricht und Katechese

9.5.1 Katholischer Katechismus der Bistümer Deutschlands. („Grüner Katechismus") Hg. Vom Bischöflichen Ordinariat Eichstätt. Verfasser: Tilmann, Klemens u. Schreibmayer, Franz, Freiburg i. Br. 1955. Siehe auch: Mendl 2009, 250.

Liebe Kinder!
Euer Bischof, den Gott als Lehrer der Wahrheit aufgestellt hat, gibt euch dieses Buch in die Hand. In ihm findet ihr die Lehre, die unsere heilige katholische Kirche im Auftrag Gottes in der ganzen Welt verkündet. Der Katechismus ist ein überaus wichtiges Buch; denn er zeigt euch den Weg zu Gott, eurem himmlischen Vater. In diesem Buch tritt Christus, der Sohn Gottes, vor euch hin, unser Heiland und Erlöser, unser Herr und Meister. [...] In seinem Namen übergebe ich euch den Katechismus. Nehmt ihn gern zur Hand! Lest aufmerksam darin, lernt eifrig, denkt über alles nach und bewahrt es in eurem Herzen! Vor allem aber lebt danach!

Abbildung 9: Der „Grüne Katechismus" 1955, 7. Zeichnung: Albert Burkart. Siehe auch: Trautmann 1990, 112.

9.5.2 Jesus heilt den Knecht des Hauptmanns. Glaubensbuch für das 3. und 4. Schuljahr, hg. von den deutschen Bischöfen, Düsseldorf 1963, 88f. In: Trautmann 1990, 110.

Als Jesus einmal nach Kapharnaum kam, trat ein heidnischer Hauptmann zu ihm und bat ihn: „Herr, mein Knecht liegt gelähmt zu Hause und leidet große Schmerzen." Jesus sprach zu ihm. „Ich will kommen und ihn heilen." Da antwortete der Hauptmann: „Herr, ich bin nicht wert, dass du eingehst unter mein Dach, aber sprich nur ein Wort, dann wird mein Knecht geheilt." Als Jesus das hörte, staunte er. Und er sprach zu denen, die ihm folgten: „Wahrlich, ich sage euch, solchen Glauben habe ich in Israel bei keinem gefunden." Dann sprach er zum Hauptmann: „Geh hin! Wie du geglaubt hast, so soll dir geschehen." Und in derselben Stunde wurde der Knecht geheilt.

Der heidnische Hauptmann hatte einen großen Glauben. Darum erfüllte Jesus seine Bitte. Durch ein Machtwort heilte er den gelähmten Knecht.
Alle, die an ihn glauben, macht Jesus Christus am Jüngsten Tag heil an Leib und Seele. Denn er ist der Heiland der Welt.

> *Warum wunderte sich Jesus über die Worte des Hauptmanns?*
> *Warum erfüllte Jesus die Bitte des Hauptmanns?*
> *Was heißt: Jesus ist der Heiland der Welt?*

Wann sind zum erstenmal Heiden zu Jesus gekommen?
Welche Menschen mit einem großen Glauben sind dir in diesem Buch begegnet?
Aus dem Leben der Kirche:
> In der heiligen Messe, bevor wir die Eucharistie* empfangen, beten wir: „Herr, ich bin nicht würdig, dass du eingehest unter mein Dach; aber sprich nur ein Wort, dann wird meine Seele gesund."

Für mein Leben:
> Ich will immer an Jesu glauben und ihm vertrauen, dass er mir hilft, auch wenn ich seine Hilfe nicht sofort erkenne.

Jesu hat gesagt:
> „Wer an mich glaubt, hat das ewige Leben."

Aufgabe:
Schreibe das Gebet: Herr, ich bin nicht würdig .... in dein Heft und lerne es!

9.6 Hans Stock, Die Herausforderung des biblischen Unterrichts durch die theologische Forschung. In: Ders., Studien zur Auslegung der synoptischen Evangelien im Unterricht, Gütersloh 1959, S. 15f.

Die synoptischen Evangelien bilden den Kernstoff des biblischen Unterrichts. Ihre Behandlung stellt den Lehrer indes in wachsendem Maße vor fast unüberwindliche Schwierigkeiten. Diese lassen sich, soweit sie grundsätzlicher und genereller Art sind, vorläufig vom Lehrer und vom Schüler her kennzeichnen. Der Lehrer, der sich auf den Unterricht vorbereitet und dabei theologisch-wissenschaftliche Literatur zur Rate zieht („Kommentare"), gerät heute fast unweigerlich in einen Strudel von Unsicherheit und Widersprüchen, methodisch und sachlich. [...]
Der Religionslehrer hat es in der Regel mit der großen Zahl der „ungläubigen" älteren Schüler zu tun, die sich mit einer ihnen etwa zugemuteten Zweigleisigkeit von Denken und Glauben nicht abfinden, die dann oft genug den von außen auf sie eindringenden Vorurteilen und Sentenzen verfallen und schließlich mit der Sache, welche der Religionsunterricht vertritt, weil diese sie „nichts angeht", „fertig" sind, ohne je erfahren zu haben, an welcher Stelle die Entscheidungen dann wirklich fallen. Es ist nicht gelungen, ihnen zugleich verständlich zu machen, dass die biblischen Texte nur aus ihrer eigenen Zeit heraus zu begreifen und wie sie dennoch lebendiges Wort an uns und unsere Zeit sind.

Zusammenfassung, Fragen, Ideen für Hausarbeiten und Referate, Literatur

Zusammenfassung
Das Bild der 1950er Jahre ist vor allem durch die Begriffe Stabilität und Wiederaufbau gekennzeichnet. Die Stabilität zeigte sich am Rückgriff auf die konfessionellen Strukturen des Religionsunterrichts der 1920er Jahre und auf viele Schulbücher aus der Zeit vor 1933. Neue didaktische Überlegungen für den Religionsunterricht wurden durch das verlorene Vertrauen in das historische Ver-

9. Ev. Unterweisung und Kerygmatischer RU nach 1945

stehen und den Kulturbeitrag des Christentums durch moralische Erziehung notwendig. Nun wurde die Verkündigung des offenbarten Glaubens betont, sowohl in der Evangelischen Unterweisung als auch in dem (katholischen) kerygmatischen* Religionsunterricht.

Fragen
1. Füllen Sie das Schema für diese Zeitspanne aus:

	Ziele	Inhalte	Methoden und Medien
Helmut Kittel			
Ilse Peters			
Kerygmatischer Religionsunterricht			

2. Ordnen Sie die Kernaussage Kittels „Das ganze Elend wurzelt in dem Namen Religionsunterricht" in den historischen Kontext ein und bewerten Sie sie aus heutiger Sicht.
3. Zur Bewertung der Evangelischen Unterweisung gibt es folgende Urteile:
- Die Evangelische Unterweisung ist durch ihre biblische Orientierung unabhängig von staatlichem oder ideologischem Einfluss.
- Die Evangelische Unterweisung ist ein Rückschritt in die Zeit vor der Aufklärung.
- Die Evangelische Unterweisung ist biblizistischer Fundamentalismus.
- Die Evangelische Unterweisung ist durch ihre kirchliche Orientierung ein Freiraum in der Schule in Bezug auf staatliche Vorgaben.

Nehmen Sie begründet Stellung zu diesen Beurteilungen.

Ideen für Hausarbeiten:
- „Evangelische Unterweisung", „Kirche in der Schule" und aktuelle Ansätze für die Präsenz von Religion im Schulleben (Schulseelsorge, Schulpastoral, Schulgottesdienste usw.)
- Oral History: Der Religionsunterricht in den 1950er Jahren in der Erinnerung heutiger Senior:innen.
- Ein Vergleich der Biografien von Ilse Peters und Marie Veit (Kapitel 10) in Bezug auf ihre Didaktik und religionspädagogischen Schwerpunkte.

Ausgewählte Literatur
Bitter, Gottfried: Art. Kerygmatischer Religionsunterricht, in: WiReLex 2016. https://www.bibelwissenschaft.de/ stichwort/100121/.
Bornkamm, Karin: Das Gewicht der Kirchengeschichte, in: Evangelische Erzieher 28 (1976), 190-192.
Bolle, Rainer u. Knauth, Thorsten u. Weiße, Wolfram (Hg.): Hauptströmungen evangelischer Religionspädagogik im 20. Jahrhundert, Münster 2002, 129-221.

Dam, Harmjan: Evangelische Kirchengeschichtsdidaktik. Entwicklung und Konzeption, Leipzig 2022, 259–309.

Grethlein, Christian: Vom Ende des Zweiten Weltkriegs bis zur Wiedervereinigung: Bundesrepublik Deutschland, in: Lachmann, Rainer u. Schröder, Bernd (Hg.): Geschichte des evangelischen Religionsunterrichts in Deutschland. Studienbuch Neukirchen-Vluyn 2007, 268–298. Quellenbuch Neukirchen-Vluyn 2010, 185–207.

Hoenen, Raimund: Vom Ende des Zweiten Weltkriegs bis zur Wiedervereinigung: Deutsche Demokratische Republik, in: Lachmann, Rainer u. Schröder, Bernd (Hg.): Geschichte des evangelischen Religionsunterrichts in Deutschland. Studienbuch Neukirchen-Vluyn 2007, 299–330. Quellenbuch Neukirchen-Vluyn 2010, 208–234.

Lachmann, Rainer: Die Entwicklung der Bibeldidaktik von 1900 bis zum problemorientierten Religionsunterricht, in: Zimmermann, Mirjam u. Zimmermann, Ruben (Hg.): Handbuch Bibeldidaktik. Tübingen 2013, 375–381.

Mendl, Hans: Katholischer Religionsunterricht – Ein Längsschnitt. In: Lachmann, Rainer u. Schröder, Bernd (Hg.): Geschichte des evangelischen Religionsunterrichts in Deutschland. Studienbuch Neukirchen-Vluyn 2007, 354–357. Quellenbuch 2010, 249–253.

Möller, Rainer: Art. Evangelische Unterweisung, in: WiReLex 2016. :https://www.bibelwissenschaft.de/stichwort/100122/.

Nipkow, Karl Ernst u. Schweitzer, Friedrich (Hg.): Religionspädagogik. Texte zur evangelischen Erziehungs- und Bildungsverantwortung seit der Reformation. Band 2/2 20. Jahrhundert, Gütersloh 1994, 132–177.

Schweitzer, Friedrich u. Simojoki, Henrik u. Moschner, Sara u. Müller, Markus: Religionspädagogik als Wissenschaft. Transformationen der Disziplin im Spiegel ihrer Zeitschriften, Freiburg et al. 2010, 138–141.

Simon, Werner: Im Horizont der Geschichte, Münster 2001, 221–232.

Trautmann, Franz: Religionsunterricht im Wandel, Essen 1990, 101–130.

Vrijdaghs, Batholomäus: Gerhard Bohne (1895–1977), in: Schröer, Henning u. Zilleßen, Dietrich (Hg.), Klassiker der Religionspädagogik, Frankfurt 1989, 223–235.

10. Problemorientierung und Korrelationsdidaktik nach den „1968ern"

> Mit der Bewegung der 1968er Jahre wird der Religionsunterricht als Repräsentant von allem Traditionellen kritisiert.
> Der evangelische Religionsunterricht soll durch eine Orientierung an aktuellen Problemen Relevanz für die Gegenwart erhalten.
> Der katholische Religionsunterricht wird nicht mehr ausschließlich kirchlich begründet, sondern orientiert sich an Schule und Bildung. Er erhält durch das Konvergenzmodell bzw. durch die Korrelationsdidaktik Bezug zur Aktualität.

Die 1968er Bewegung ist benannt nach politischen Protesten von Studierenden im Mai 1968 in Paris. Für diese Proteste wurde dieses Jahr im Nachgang berühmt. Sie stellten aber eher das große Finale eines Umschwungs dar, denn der kulturelle Umbruch fing bei Jugendlichen in Westdeutschland bereits Ende der 1950er Jahre an. Sie konstatierten in der Politik, in der Bildung und in den Kirchen eine Rückwärtsgewandtheit, die sie als so genannte Nachkriegsgeneration nicht akzeptieren und unterstützen wollten.

Die zwei wichtigsten Themen der Protestbewegungen in dieser Zeit waren der Antiamerikanismus, dies zeigte sich besonders in Protestaktionen gegen den Vietnamkrieg (1963–1973) und in der so genannten sexuellen Revolution. Durch den Vietnamkrieg wurde Amerika nicht weiter als „Befreier von Hitler", sondern als „Repräsentant des westlichen Kapitalismus" bezeichnet. Auf den Fernsehbildschirmen in aller Welt war die Hilflosigkeit unschuldig ermordeter Bürger:innen in entblätterten vietnamesischen Urwäldern zu sehen. Marxistisch geprägte Gesellschaftstheorien öffneten zudem die Augen für globale Abhängigkeitsverhältnisse. In der evangelischen Kirche in Deutschland wurden diese Entwicklungen stark von der „linksprotestantischen Szene" aufgegriffen, verstärkt durch den Einfluss der ökumenischen Bewegung*. In der Konferenz des Ökumenischen Rates der Kirchen* in Uppsala 1968 kamen Theolog:innen aus den „jungen Kirchen" zusammen und deckten weltweite Strukturen von sozialer Ungerechtigkeit auf. Junge Theolog:innen fanden in der von dem Systematischen Theologen Jürgen Moltmann und der politischen Theologin Dorothee Sölle in den Diskurs eingebrachten politischen Theologie und Befreiungstheologie eine neue Orientierung. Über das Verhältnis von Politik und Religion wurde zwischen den Generationen heftig gestritten.

Das zweite Thema war die Sexualität. Die Antibabypille ersetzte andere Verhütungsmittel und war bedeutend zuverlässiger. In der katholischen Kirche sprach sich Papst Paul VI. (Humanae Vitae 1968) gegen jegliche Form der unnatürlichen Schwangerschaftsverhütung aus. Dies war allerdings umstritten. Die weniger konservative evangelische Kirche stand in den Augen der Jugendlichen trotz einer gewissen Offenheit genauso für Traditionalismus und überholte Autoritätsverhältnisse der bürgerlichen Gesellschaft. Die sexuelle Befreiung ging mit den musikalischen Vorlieben der jungen Generation (Beatles, Rolling Stones, das Musical „Hair", Flower Power, Woodstock) einher und verstärkte die Kluft zwischen den Generationen.

Damit stand auch die religiöse Sozialisation in der Familie unter Druck, wodurch neue Herausforderungen auf den Religionsunterricht zukamen. In den 1960er Jahren wurden Bekenntnisschulen abgeschafft, sodass von nun an Schüler:innen und Lehrkräfte aller Konfessionen zusammen lernten und lehrten. Auch die Lehrkräfteausbildung wurde zusammengelegt: Waren die Pädagogischen Hochschulen noch bis in die 1970er Jahre konfessionell getrennt, spielte die Konfessionalität für die an die Universitäten verschobene fachwissenschaftliche Ausbildung keine Rolle mehr. Im Laufe der 1970er Jahre wurden Elemente eines christlich gestalteten Schullebens aus der Schule verdrängt.

Abmeldung vom Religionsunterricht als Protestakt
An den Universitäten entwickelten sich in dieser Zeit die Soziologie und sozialkritische Philosophie (wie Max Horkheimer, Theodor W. Adorno, Ernst Bloch, Jürgen Habermas) zu Leitwissenschaften. Die „Kirchensoziologie" wurde zur Religionssoziologie und untersuchte mit empirischen Methoden („empirische Wende"*) die Religiosität in der Gesellschaft. Der evangelische Theologe Hans-Otto Wölber begründete das zu beobachtende Desinteresse der Jugend an der Kirche mit einem Mangel einer „Theologie der Zweifel". Damit wurde auch die Didaktik der Evangelischen Unterweisung (Kapitel 9) hinterfragt. Der Religionsunterricht in den Schulen sollte vor allem Fragen aufwerfen und nicht als direkte Verkündigung missverstanden werden. Vor diesem Hintergrund ist die verstärkte Rezeption der Theologie des evangelischen „Neutestamentlers" Rudolf Bultmanns in der evangelischen Religionspädagogik zu verstehen. Insbesondere in den Gymnasien, die auch auf die Wissenschaften vorbereiten sollten, wurden der Ertrag der historisch-kritischen Bibelforschung und Bultmanns Ansatz ernst genommen.

In dieser Zeit setzte sich eine konzeptionelle Akzentverschiebung in der Didaktik des evangelischen und katholischen Religionsunterrichts durch, deren Impulse in besonderem Maße aus den Schulen selbst kamen. Denn die Attraktivität des Faches nahm stark ab. Mit Flugblättern wurde dazu aufgerufen,

10. Problemorientierung und Korrelationsdidaktik nach den „1968ern"

sich vom Religionsunterricht abzumelden *(Quelle 10.1)*. So melden sich bundesweit zwischen 25 und 33 % und in Niedersachsen sogar bis zu 40 % der Schüler:innen vom Religionsunterricht ab.

Es kursierten zwar verschiedene neue konzeptionelle Ideen, aber in der Praxis war der Religionsunterricht oft noch wie in den 1950er Jahren gestaltet (Kapitel 9). Einige Lehrkräfte fragten sich, ob der Religionsunterricht in der öffentlichen Schule bleiben sollte. Manche forderten sogar eine radikale Trennung von Kirche und Staat. Der Konflikt mit der autoritären Gesellschaftsstruktur wurde insbesondere durch die Teilnahmeverweigerung am Fach Religionsunterricht ausgetragen, auch weil junge Menschen, neben der Kriegsdienstverweigerung, keine andere Möglichkeit eines widerständigen Handelns hatten.

Curriculare Wende
Die evangelischen Landeskirchen reagierten auf diese Entwicklungen, indem sie religionspädagogische Institute gründete, wie das Religionspädagogische Institut in Loccum, das Pädagogisch-Theologische Institut in Kassel, die Religionspädagogischen Studienzentren in Bayern und Hessen-Nassau. An den Universitäten wurden nun zahlreiche spezifisch religionspädagogische Lehrstühle und Institute eingerichtet, wodurch die Lehrkräftebildung akademisiert und professionalisiert wurde. Vorher war die Religionspädagogik meist nur eine der Aufgaben der Professoren für Praktische Theologie bzw. Pastoraltheologie.

Das zentrale Stichwort für die Erneuerung war „Curriculum"*. Ab Mitte der 1960er Jahre wurden damit durch die Erziehungswissenschaft die Ziele für Schule, Schulfächer, Unterrichtsreihen und einzelne Schulstunden in den Mittelpunkt der didaktischen Überlegungen gerückt. Die Curriculumstheorie* basierte vor allem auf Lerntheorien aus dem US-amerikanischen Kontext. Der Lernprozess wurde in den Vordergrund gestellt, und in der Unterrichtsplanung sollte besonders das Ziel und die Art und Weise des Lernens reflektiert werden. In Deutschland wurde diese curriculare und lernzielorientierte Didaktik maßgeblich von den Erziehungswissenschaftler:innen Saul B. Robinsohn und Christine Möller aufgenommen und weiterentwickelt. Die didaktische Reflexion sollte sich insbesondere auf das Ende des Lernprozesses konzentrieren. Die Lernziele wurden für jede Unterrichtsstunde und -einheit, jedes Schuljahr und Schulfach in einem Curriculum* festgehalten, das als übergeordneter Plan galt.

Mit der Ausrichtung der Religionspädagogik auch auf die Erziehungswissenschaft und deren Erkenntnisse wurde die doppelte Begründungsstruktur des Religionsunterrichts, theologisch und erziehungswissenschaftlich bzw. bildungstheoretisch, in der Schule dauerhaft etabliert.

Evangelischer problemorientierter Religionsunterricht

Der Religionsunterricht konnte somit nicht länger auf den traditionellen Lehrstoff oder die „Glaubensvermittlung" ausgerichtet sein, sondern sollte von nun an „zukunftsorientiert" sein. Nicht die alten „Stoffpläne" sollten Orientierung bieten, sondern Lehrkräfte sollten sich an den Schüler:innen und ihren Erfahrungen und Problemen und ihrer zukünftigen „Lebenswirklichkeit" orientieren. Dass die Lernenden zu Subjekten ihres Lernens werden, war eine Überzeugung, die in dieser Zeit ihren Anfang nahm und sich bis in die Gegenwart durchgesetzt hat. Die Lernzielformulierung ging von zukünftigen „Lebensbewältigungssituationen" und den Qualifikationen, die Schüler:innen dafür brauchen würden, aus. Daraus wurden Fähigkeiten und anzustrebende Verhaltensweisen abgeleitet, die dann in Ober- und Feinziele des Unterrichts ausformuliert wurden. Es kann von einer „anthropologischen Wende" gesprochen werden. Im Religionspädagogischen Institut in Loccum wurde 1969 der Name „problemorientierter Religionsunterricht" mit diesem Ansatz verbunden, ein Sammelbegriff, der für eine Vielzahl an Ansätzen und Überlegungen, die besonders die Lebenswelt der Schüler:innen und Gegenwartsfragen zum Gegenstand machten, verwendet werden kann. An den Instituten wurden auch zentrale didaktische Fragen besprochen, so thematisierte der Loccumer Direktor Hans-Bernhard Kaufmann die Stellung der Bibel im Religionsunterricht *(Quelle 10.2)*.

Eine Vertreterin, möglicherweise sogar Vorreiterin, eines problemorientierten Religionsunterrichts, denn bereits in Zeiten der Evangelischen Unterweisung setzte sie sich für eine stärkere Wahrnehmung von Schüler:innen-Fragen ein, war Marie Veit. Die Gießener Religionspädagogin formulierte schon früh die Notwendigkeit einer Didaktik, die Alltagserfahrungen von Jugendlichen und aktuelle politische Fragen zum Ausgangspunkt des Religionsunterrichts nimmt. Sie stand für eine politische Form der Religionspädagogik und beeinflusste als Religionslehrerin und spätere Hochschullehrerin die deutsche Rezeption der Befreiungstheologie. Ihr politisches Engagement richtete sich gegen die deutsche Wiederbewaffnung und sie warnte vor den Gefahren eines Atomkrieges. 1968 riefen sie und Dorothee Sölle sowie einige andere das Politische Nachtgebet Köln ins Leben. Beide Frauen sind heute für ihre Politische Theologie bekannt. Auch können in ihren Überlegungen Aspekte heutiger feministischer Theologie nachgezeichnet werden.

Der 1968 an die Universität Tübingen berufene evangelische Religionspädagoge Karl Ernst Nipkow (1928–2014) erlebte die Studierenden-Proteste und bewertete die Zeit in einem schriftlichen Interview so: „Sie hätten damals studieren sollen, in den Jahren zwischen 1968 und 1972! Es gab an der theologischen Fakultät in Tübingen und an den Universitäten überhaupt keine bewegteren

10. Problemorientierung und Korrelationsdidaktik nach den „1968ern" 137

Marie Veit (1921-2004)
Marie Veit wurde 1921 in Marburg geboren. Ihre Eltern waren Mitglieder der Bekennenden Kirche. Ihr Vater wurde als so genannter „Vierteljude" aus der Universität von seiner Professur für Anatomie vertrieben, was auch ihr eigenes Engagement prägte. Sie studierte von 1940 bis 1944 Theologie in Marburg, Jena und Halle. Danach wurde sie zur Mitarbeit in der Kriegsproduktion dienstverpflichtet, wodurch sie mit Zwangsarbeiter:innen in Kontakt kam. Durch den Krieg verlor sie einen ihrer Brüder und auch ihre Mutter starb früh. Während des Vikariats und des Kirchlichen Examens in der Evangelischen Kirche Kurhessen-Waldeck schloss sie 1946 ihre Promotion bei Rudolf Bultmann in Marburg über Jesus im Urchristentum ab. Danach arbeitete sie als Religions- und Philosophielehrerin in Köln und war dort unter anderem die Lehrerin von Dorothee Sölle. Sie war Ausbildungsleiterin im Studienseminar und Fortbildnerin für Lehrkräftefortbildungen. Von 1973 bis 1989 war sie Professorin für Didaktik des Religionsunterrichts am Evangelischen Institut des Fachbereichs Religionswissenschaften der Universität Gießen. Sie starb am 14. Februar 2004 in Köln.

Literatur:
Spiegel der Forschung 2/90, 10.
Veit-Jakobus Dieterich: Veit, Marie, Biographisches-Bibliographisches Kirchenlexikon Bd. 36, Sp. 1401-1418.
Orth, Gottfried: Gottes und der Menschen Genossin. Marie Veit – Bibelwissenschaftlerin, Religionspädagogin, Sozialistin. 2 Bd., Münster 2021.

Jahre." (Boschki u. Schlenker 2001, 84). Er beobachtete, dass Religion politisch instrumentalisiert wurde und sich dies auch in der Religionspädagogik niederschlug (*Quelle 10.4*). Ein unter anderem von Nipkow entwickelter Lehrplan für Baden-Württemberg aus dem Jahr 1975 zeigt, wie der curriculare Ansatz und die problemorientierte Religionsdidaktik umgesetzt wurden: Menschliche Erfahrungen wurden in vier Lernschwerpunkte überführt, die je einem Lernziel unterlagen.

Neuausrichtung der Schulbücher
Bei den Lehrkräften bestand ein großes Bedürfnis nach neuem, praktikablem Material, konzipiert für Unterrichtsreihen von 15 bis 20 Stunden. Die alten Schulbücher hatten ausgedient. In den Religionspädagogischen Instituten wurden durch Teams von Lehrkräften und Hochschullehrende zuerst Themen gesucht, die nah an den Schüler:innen waren. Sie wurden weiter ausgearbeitet und schließlich als Modelle für Unterrichtsreihen in Zeitschriften und „grauer Literatur" (d. h. ohne ISBN) publiziert. Die neuen Themen waren zum Beispiel Angst, die so genannte Dritte Welt, Widerstand, Rassismus, Umweltschutz, Stars und Idole, autoritäre Erziehung, Krieg und Frieden, Drogen. Auch diese Themenwahl zeigt, dass der Religionsunterricht sich zunehmend politisierte.

Der Erfolg des Schulbuchs „Kursbuch Religion", das im Jahr 1976 zum ersten Mal erschien, ist bemerkenswert. Es ist bis in die Gegenwart das Standardwerk in einer Großzahl von Schulen und hat, dem Religionspädagogen Hans Jürgen Hermann zufolge, „eine paradigmatische Bedeutung" gehabt, „und zwar im Blick auf einen neuen Schulbuch-Typ, der die neu konzipierte Art des Religionsunterrichts in die Schule einbringt und der Erprobung aussetzt" (Hermann 2012, 39). Dabei sollte das Schulbuch zunächst nur den Unterricht des neuen Lehrplans in Baden-Württemberg (*Quelle 10.3*) unterstützen. Das Innovative des Kursbuches war die Gestaltung als Arbeitsbuch, in dem die Schüler:innen direkt angesprochen und aktiviert wurden (*Quelle 10.5*). Ein weiteres Novum war die kooperative Entstehung des Buches, denn mehrere Autor:innen waren an dem Kursbuch beteiligt. Das Kursbuch unterscheidet Themen und so genannte Kurse, wobei in den Themen die eigenen Erfahrungen der Schüler:innen zur Sprache kommen sollten:

Themen im „Kursbuch Religion"	Kurse im „Kursbuch Religion"
1. Wir fragen nach Gott	1. Sie kamen aus dem Osten
2. Wer gibt mir eine Chance?	2. Verfolger und Verfolgte
3. Religionsunterricht wozu?	3. Martin Luthers Entdeckung – Die neue Gerechtigkeit
4. Evangelisch – Katholisch	
5. Ordnung und Unterordnung	4. Jesus und seine Zeit
6. Spiel und Fest	5. Wie sie es weitersagten – die Evangelien entstehen
7. Wahrheit und Lüge	
8. Menschen brauchen einander	6. Israel erinnert sich: Denke daran, dass du ein Sklave warst
9. Unterwegs zum Glück	
	7. Am Anfang schuf Gott Himmel und Erde

An der Auswahl der Themen und Kurse ist deutlich erkennbar: Die Bibel steht nicht mehr im Mittelpunkt des Religionsunterrichts (*Quelle 10.2*). Dass dies durchaus kritisiert wurde, ist auch daran zu erkennen, dass es „Widerstände bei der Genehmigung" (Hermann 2012, 65) gab. Dennoch wurde es eines der erfolgreichsten Religionsschulbücher.

Ein in vielerlei Hinsicht interessantes neues Schulbuch, ebenfalls aus dem Jahr 1976, sind die „Brennpunkte der Kirchengeschichte", gemeinsam geschrieben von dem katholischen Religionspädagogen Herbert Gutschera und dem evangelischen Religionspädagogen Jörg Thierfelder. Es ist hervorzuheben, dass dieses Schulbuch ökumenisch* verantwortet wurde. Auch die Gestaltung des Buches ist neu: Inhalte wurde vor allem durch aussagekräftige Bilder dargestellt, die Quellenstücke wurden kurz gehalten und auf jeder Seite finden sich Fragen und Aufgaben, mit denen Schüler:innen zum Nachdenken und Weiterarbeiten angeregt wurden. In diesem Schulbuch zeigt sich, dass die Studierendenproteste gegen Autoritäten und eine unzureichende Aufarbeitung der nationalsozialistischen Verbrechen im Religionsunterricht aufgenommen wurden. Denn auch die zu problematisierenden Seiten der Kirchen werden thematisiert. So zeigt Quelle 10.6, dass und wie die Frage nach der Zukunft der Kirchen im Religionsunterricht diskutiert wurde.

Die ökumenische Kooperation beschränkte sich nicht nur auf dieses Schulbuch, auch das dreibändige „Handbuch der Religionspädagogik", das von 1973 bis 1975 erschien, wurde von evangelischen und katholischen Autoren gemeinsam herausgegeben. Es galt in seiner Zeit als Standardwerk.

Die Würzburger Synode und der katholische Religionsunterricht
Das Buch zeigt, dass auch die katholische Kirche auf die gesamtgesellschaftlichen Veränderungen und den dadurch entstandenen Legitimationsdruck auf den Religionsunterricht reagierte. Die Gemeinsame Synode der Bistümer in der Bundesrepublik Deutschland, die von 1971 bis 1975 dauerte, befasste sich mit der Anwendung und Umsetzung der Ergebnisse des Zweiten Vatikanischen Konzils*. Zum ersten Mal war auch der Religionsunterricht in der Schule Thema. Die Selbstverständlichkeit des Religionsunterrichts im Fächerkanon der Schulen wurde durch die Gesellschaft in Frage gestellt, sodass neue Begründungen für einen Religionsunterricht in Schulen gefunden werden mussten. Dafür wurden während der Synode verschiedene Modelle von katholischem Religionsunterricht benannt und diskutiert (Quelle 10.7.1). Der Professor für Religionspädagogik am Priesterseminar in Speyer Ludwig Volz attestierte dem katholischen Religionsunterricht, dass dieser noch nicht zu Genüge „eine didaktische Umstrukturierung auf einen gegenwartsbezogenen, problem- und lebensorientierten Unterricht angebahnt" hat (Volz 1976, 113). Der Beschlusstext „Der Religionsunterricht in der Schule" wurde in einer gemischten Kommission aus den Themenkreisen „Glaubenssituation und Verkündigung", und „Erziehung, Bildung, Information" erarbeitet und von der Vollversammlung mit großer Mehrheit angenommen. Der Religionsunterricht sollte nicht länger als „Kirche in der Schule" begründet werden. Diese Formel konnte bei der zu vernehmenden Ablehnung der katholischen Kirche kein Argument für den schulischen Religionsunterricht mehr sein, zumal die Schüler:innen keine „lebendige Verbindung" zur Kirche hätten (Volz 1976, 116). Mit dieser Neuakzentuierung verschob sich die jahrhundertealte Wahrnehmung des schulischen Religionsunterrichts als Katechese zu einer wechselseitigen Lehr-Lern-Situation.

Von den vorgestellten möglichen Modellen katholischen Religionsunterrichts, die als Skala zwischen einerseits „Kirche in der Schule" und andererseits reine „Religionskunde" gedacht werden können, setzte sich das so genannte Konvergenzmodell durch: Religionsunterricht ist als pädagogisch-schulisches und zugleich theologisch-kirchliches Fach zu begründen. Der Name dieses Konzepts deutet an, dass dabei die beiden Aspekte konvergieren, also zusammenfließen sollten. Es zeigt die Notwendigkeit des Religionsunterrichts in der öffentlichen Schule: Die Schule braucht ihn, denn er kann dabei helfen, die vom Deutschen Bildungsrat 1970 formulierten Ziele der Schule in der BRD zu erreichen. Religionsunterricht führt zu Weltverstehen und Weltdeutung, zu Sinn- und Identitätsfindung und zu Kritikfähigkeit und Eigenverantwortlichkeit. Die Besonderheit des Religionsunterrichts bestehe darin, dass die Hauptbezugswissenschaft die Theologie sei und bleibe und dass er im Auftrag der Kirche stehe. Das synodale Papier ermöglichte ökumenische* Zusammenarbeit, um „den möglichen Spielraum zu erkunden und so zu interpretieren, dass er heutigen ökumenischen Bedürfnissen wenigstens entgegenkommt" (Volz 1976, 118). Diese Öffnung war neu für den katholischen Religionsunterricht. Ebenso neu war es, die Erziehungswissenschaft als Gesprächspartnerin wahrnehmen zu wollen. Der synodale Beschluss zeigt, dass die curriculare Wende auch für den katholischen Religionsunterricht eine grundsätzliche Veränderung bedeutete. Wenn der katholische Religionsunterricht ein modernes Schulfach sein möchte, müsse er sich dem „Pluralismus der Bekenntnisse und Positionen produktiv" (Beschluss, 1975, 129) stellen, selbstständiges, kritisches Denken anerkennen, Lernvoraussetzungen klären und seine Didaktik wissenschaftlich reflektieren (*Quelle 10.7.2*).

Das Konvergenzmodell bahnte den Weg für die Entwicklung einer Religionsdidaktik, die als „Korrelativer Religionsunterricht" bezeichnet werden kann, auch wenn der Begriff der Korrelation nicht in den Beschlüssen der Synode genannt wird. Mit der Korrelationsdidaktik wurde die Lebenswelt der Schüler:innen nicht nur wahr- und ernstgenommen, sondern zum Ausgangspunkt eines offenen unterrichtlichen Lern- und Verstehensprozesses, in dem auch der Dialog mit Elementen aus der katholischen Glaubenslehre zum Thema werden kann. Der von der Zentralstelle Bildung der Deutschen Bischofskonferenz herausgegebene „Zielfelder Plan" zeigt, wie diese Didaktik in ein Curriculum* umgesetzt werden sollte (*Quelle 10.8*). Der fundamentaltheologische* Ansatz einer „anthropologisch gewendeten Theologie", die von dem katholischen Theologen Karl Rahner vertreten wurde, fand sich darin wieder und erforderte eine „erfahrungsorientierte[n] bzw. erfahrungsvermittelte[n] Erschließung des Verständnisses der christlichen Glaubensüberlieferung und Glaubenspraxis" (Simon 2005, 6). Besonders dialogische Lernformen wie das Erzählen und Diskutieren sollten genutzt werden. Auch das ästhetische Lernen und die Symbolerziehung erhielten Einzug in den Religionsunterricht. Die Symboldidaktik, die im nächsten Kapitel erläutert wird, ist in diesem Kontext zu verstehen. Die Diskussionen auf der Würzburger Synode verdeutlichen, dass das Ringen um die Funktion und die inhaltliche Ausgestaltung des Unterrichts in hohem Maße mit den Überlegungen in der evangelischen Religionspädagogik parallel verlief: Es

10. Problemorientierung und Korrelationsdidaktik nach den „1968ern"

ging im Wesentlichen um die Frage, wie der Religionsunterricht zeitgemäß sein kann, ohne sein spezifisch theologisches und religiöses Profil zu verlieren.

Quellentexte

10.1 Aufruf an Schüler:innen zum Austritt aus dem Religionsunterricht, in: Ev. Erzieher 20 (1968), 484.

„Der Religionsunterricht macht euch unkritisch. [...]
Von der Kirchengeschichte wird euch ein schönfärberisches Bild vermittelt. Alle entscheidenden Fragen werden übergangen oder verkürzt: so der kirchliche Antisemitismus, die triebfeindliche Sexualmoral oder die Diffamierung der Frauen mit den Folgen im Hexenwahn, die Inquisition, die Verflechtung von Mission und Kolonialismus, die religiöse Rechtfertigung der Klassenstruktur der Gesellschaft. [...]
Lasst euch nicht von den pseudo-kritischen Bultmanns und Rahners einlullen! [...]
Meldet euch beim Religionslehrer ab!"

10.2 Hans Bernhard Kaufmann, Muss die Bibel im Mittelpunkt des RU stehen?
– Thesen zur Diskussion um eine zeitgemäße Didaktik des Religionsunterrichts. 1968. In: Gloy, Horst (Hg.): Ev. Religionsunterricht in einer säkularisierten Gesellschaft, Göttingen 2. Aufl. 1972, 131–136.

These 1
Die traditionelle Mittelpunktstellung der Bibel als Gegenstand und Stoff des Religionsunterrichts ist ein Selbstmissverständnis und weder theologisch noch didaktisch gerechtfertigt. Die reformatorische* Bedeutung der Bibel für die Kirche und den Glauben soll damit keineswegs in Frage gestellt, sondern im Gegenteil neu hervorgehoben werden.
These 2
Die Frage nach Gott und das Zeugnis des Neuen Testaments vom Heil in Jesus, dem Gekreuzigten und Auferstandenen, sowie die reformatorische Rechtfertigungslehre* gehen auf das Ganze der Wirklichkeit des Menschseins. Sie kommen deshalb in ihrer Bedeutung nur dann recht in den Blick, wenn es gelingt, sie im Kontext der geschichtlichen Welt und der menschlichen Lebenswirklichkeit sowie im Dialog mit dem Welt- und Selbstverständnis der heute lebenden Menschen zur Sprache zu bringen. Damit ist weit mehr gemeint als das herkömmliche Verfahren außerbiblischer Anschlussstoffe, von Beispiel- und Anwendungsgeschichten oder auch der Vergegenwärtigung und Veranschaulichung biblischer Aussagen in die konkrete Lebenswirklichkeit hinein.
These 3
Die Frage nach Gott und die Begegnung und die Auseinandersetzung mit der christlichen Botschaft sind auch in der Lebensgeschichte jedes Menschen eingebettet in bestimmte kirchensoziologische, sozialkulturelle und individuell-biografische Bedingungen. Diese Voraussetzungen sind deshalb „didaktisch in Ansatz zu bringen" (Stallmann), wenn die Behandlung geeigneter Themen fruchtbar werden soll. Von hier aus ist die Frage nach dem „Anknüpfungspunkt" und die Bedeutung des „Vorverständnisses" nicht nur als hermeneutisches*, sondern als didaktisches Problem zu sehen.
[...]

These 5
Es ist die Aufgabe der Religionspädagogik, im Miteinander von theologischer und didaktischer Theorie, von Erfahrung und Reflexion, von empirischen Untersuchungen und unterrichtspraktischen Versuchen zu erforschen, welche Fragestellungen und Erfahrungen, welche Medien und Verfahren an welchen Themen, Texten, Gegenständen und Aufgaben optimale Aufgeschlossenheit für den christlichen Glauben, für seine Quellen und für seine Geschichte, für seinen Anspruch und seine weltweiten Perspektiven zu erwecken in der Lage sind.

These 6
Wenn es als eine Aufgabe des Religionsunterrichts angesehen werden kann, die Bedeutung und Relevanz des Glaubens in unserer Welt erkennen und erfahren zu lassen, dann sind die Einführung in die christliche Überlieferung und die Auslegung der Bibel notwendige Teilziele dieser Aufgabenstellung. Das Kriterium, welche Inhalte, welche Medien und Methoden und welche Arbeits- und Organisationsformen dieses Ziel unter bestimmten gegebenen Bedingungen annähernd erreichen, kann nicht allein hermeneutisch* und theologisch geklärt, sondern nur mit Hilfe von Erfahrung und Erprobung gefunden werden. Damit wird allerdings behauptet, dass es Indizien gibt, aus denen auf so etwas wie „Aufgeschlossenheit für den Glauben" und „Erkenntnis der Relevanz des Glaubens" geschlossen werden kann.

10.3 Auszug aus dem evangelischen Lehrplan für Gymnasien in Baden-Württemberg. 1975. In: Hermann 2012, 62.

„Perspektiven der Erfahrung" innerhalb	Die vier Lernschwerpunkte	„Intentionen des Lernens"
- der physischen Bedingungen, Grenzen und Möglichkeiten [Natur]	I. Glauben und Leben angesichts der physischen Bedingungen, Grenzen und Möglichkeiten	Sinn: Die Bemühung um Sinn als Frage nach Gott
- der politisch-sozialen Strukturen, Prozesse und Problemstellungen [Politik, Gesellschaft]	II. Glauben und Leben angesichts der heutigen politisch-sozialen Wirklichkeit	Freiheit: Die Möglichkeit eines Lebens in Freiheit Friede: Die Suche nach und der Einsatz für Frieden
- der Suche nach Identität [Person]	III. Glauben und Leben bei der Suche nach Identität	Leben: Die Möglichkeit, auf Leben zu hoffen und sich für Leben einzusetzen
- religiöser und weltanschaulicher Institutionen, Symbole und Kommunikationsformen [Religion]	IV. Glauben und Leben angesichts heutiger Religiosität und kirchlicher Wirklichkeit	Glaube: Das Bedenken der Möglichkeit und der Gestaltung des Glaubens

10.4 Mit Karl Ernst Nipkow im Gespräch. In: Boschki, Reinhold u. Schlenker, Claudia: Brücken zwischen Pädagogik und Theologie, Gütersloh 2001, 85, 89.

Es gibt keine politisch neutrale Pädagogik, auch keine politisch neutrale Religionspädagogik. Der Rückzug der Kirche und ihrer Pädagogik in ein anscheinend politisches Abseits oder in eine politische Neutralität ist eine Selbsttäuschung. Das wurde mir in diesen Jahren (Mitte der 1970er Jahre) auch in den Gesprächen mit Paulo Freire deutlich, der hier in meiner Wohnung mit seiner Frau Elsa und mit meinen Assistenten und Doktoranden Gespräche geführt hat, noch bevor sein Buch „Pädagogik der

10. Problemorientierung und Korrelationsdidaktik nach den „1968ern"

Unterdrückten" 1971 erschien. Wir hatten uns kennengelernt, nachdem ich ab 1968 für die nächsten 15 Jahre in Gremien des Ökumenischen Rates der Kirchen* arbeitete. [...] Die Vollversammlung [des ÖRK] in Uppsala wies alle Kirchen in Entsprechung zu der ökumenischen Verheißung nach vorn in die Zukunft im Zeichen einer klaren, Position beziehenden, humanen gesellschaftlichen Verantwortung. Unmittelbar nach dieser Vollversammlung wurde das Antirassismusprogramm des ÖRK [PCR] aufgelegt, das stark umstritten war. Als junger Professor in Tübingen, der die Studentenrevolution erlebte, flossen die ökumenischen Impulse der späten 60er Jahre und die gesellschaftlichen Impulse in der Bundesrepublik zeitlich zusammen. Zusammengefasst: Nicht nur die Gesellschaft, sondern die Kirche muss – wie Gott selbst – an der Seite der Leidenden und Unterdrückten stehen, Anwalt sein für Menschlichkeit.

10.5 Aktivierende Arbeitsaufträge. Knödler, Ottheinrich u. Petri, Dieter u. Rabus, Albert u. Thierfelder, Jörg u. Trautwein, Joachim: Kursbuch Religion 5/6, Stuttgart 1976, 31f.

„Was halten Sie vom Religionsunterricht?"
Ein Vater:
Meine beiden jüngeren Kinder, 11 und 9 Jahre, beginnen den Religionsunterricht langweilig zu finden. Sie stören dort deshalb nicht, weil sie den Religionslehrer nicht ärgern wollen!
Eine Schülerin der 5. Klasse:
Jetzt haben wir schon vier Wochen Religionsunterricht und haben noch keine biblische Geschichte gehabt...
Ein Schüler der 6. Klasse:
Ich finde die Bibel sehr langweilig. In der Bibel steht nur etwas von Jesus und seinen Taten. Ich kenne niemanden, der sich dafür interessiert.
Ein Schulamtsdirektor:
Unter Mathematik und Physik seufzen meine Kinder. Von Religion sind sie begeistert, weil dort Fragen beantwortet werden, die sie bewegen.
Eine Mutter:
Wenn schon Unterricht ausfallen muss, dann sollte der Religionsunterricht ausfallen und nicht Deutsch oder Mathematik.
Ein Onkel:
Schon recht, dass im Religionsunterricht interessante Themen besprochen werden, aber muss es gerade die Sexualität sein? Solche Themen gehören nicht in den Religionsunterricht.
Ein Lehrer:
Viele Schüler nehmen das Fach Religion nicht ernst, weil man sich abmelden kann.

Ihr könnt aufgrund dieser Meinungen ein Rollenspiel machen.

Die folgenden Personengruppen erwarten vom Religionsunterricht, dass...

144   10. Problemorientierung und Korrelationsdidaktik nach den „1968ern"

- Eltern
- Politiker
- Kirchen – Pfarrer
- Lehrer
- Schüler
- Lehrlingsausbilder

Frage diese Personengruppen.
Diskutiert ihre Antworten.
Was sagt ihr zu ihren Meinungen?

Habt ihr schon einmal mit eurem
Lehrer darüber gesprochen, welche
Stimmung im Religionsunterricht
herrscht? Freude, Langeweile,
Interesse ... und warum?

Abbildung 10. Methode: Interview © L. Weidlich.

10.6 Die Zukunft der Kirche und die Kirche der Zukunft: Kirche heute und morgen. In: Gutschera, Herbert u. Thierfelder, Jörg: Brennpunkte der Kirchengeschichte, Paderborn 1976, 4. Aufl. 1999, 237.

Die Zukunft der Kirche und die Kirche der Zukunft: Kirche heute und morgen

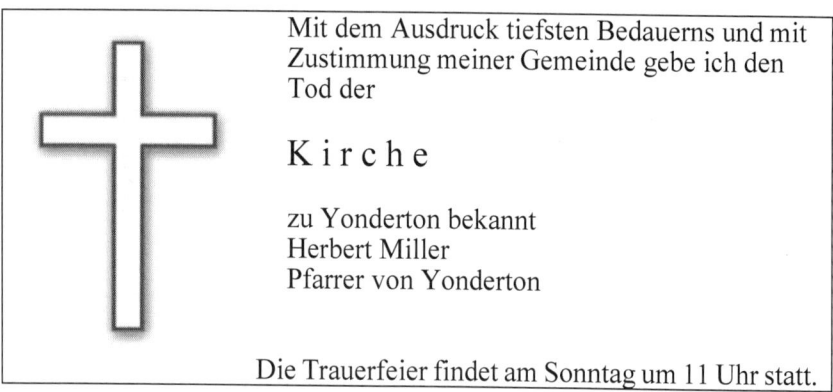

Diese Anzeige löste in der kleinen Stadt Yonderton heftige Diskussionen aus.
- Was dann geschah, darüber berichtet ein Reporter:

1. An diesem Sonntag war die Kirche von Yonderton bereits um 10.30 Uhr bis auf den letzten Platz besetzt. Das war schon seit Jahren nicht mehr der Fall gewesen. Um 11 Uhr bestieg der Pfarrer Miller die Kanzel: „Meine Freunde, unsere Kirche ist tot. Ob wir sie wiederbeleben können? Es besteht kaum Hoffnung. Wir wollen von der Toten Abschied nehmen und dann die Kirche verlassen.
- Alle Augen waren auf den Sarg gerichtet, der mitten in der Kirche vor dem Altar stand. Der Pfarrer sprach weiter: „Sollte nach der Trauerfeier doch wieder jemand

10. Problemorientierung und Korrelationsdidaktik nach den „1968ern"

in die Kirche hereinkommen, dann – ja dann würde ich statt der Trauerfeier einen Dankgottesdienst halten."
Der Pfarrer trat an den Sarg und öffnete ihn. Einer der letzten, die daran vorbeigingen, war ich. So hatte ich die Zeit, darüber nachzudenken: Was ist eigentlich die Kirche? Wer würde wohl in dem Sarg liegen? – Ich bemerkte auch, dass viele Leute wieder in die Kirche hereinkamen.
Aber nun war es soweit, dass ich die tote Kirche sehen sollte. Unwillkürlich schloss ich die Augen, als ich mich über den Sarg beugte. Als ich die Augen wieder öffnete, sah ich mich selbst – im Spiegel.

- o Welche Antwort gibt diese Geschichte auf die Frage: Was ist Kirche?
- o Was macht ihre Lebendigkeit oder ihr „Sterben" aus?

10.7 Die Würzburger Synode. 1975.

10.7.1 Ludwig Volz, Einleitung. Schulischer Religionsunterricht. In: Deutsche Bischofskonferenz (Hg.): Gemeinsame Synode der Bistümer in der Bundesrepublik Deutschland. Beschlüsse der Vollversammlung, Freiburg et al. 1976, 113-122.

So war die Synode gezwungen, sich mit dem Religionsunterricht zu befassen. Es galt, von einer umfassenden Situationsanalyse ausgehend, sich den bohrenden Fragen zu stellen, ob der Religionsunterricht auch in der gewandelten Gesellschaft als Schulfach für alle Schüler eindeutig begründet werden kann, wie dieser Religionsunterricht auszusehen hat und ob eine Mitwirkung der Kirche kräftemäßig verantwortet werden kann. [...] Die Gemischte Kommission musste ihre Arbeit nicht am Nullpunkt beginnen. Nicht wenige Religionspädagogen hatten sich schon früh mit den oben angesprochenen Problemen befasst und Lösungen vorgeschlagen. Auch die religionspädagogischen Institute, die Lehrerverbände und die Vertreter der Schuldezernate der Bistümer hatten in Veröffentlichungen ihre Ansichten verdeutlicht und Wege aufgezeigt. So wurden etwa fünf Positionen – hier sehr einfach dargestellt – sichtbar:

1. Ein Religionsunterricht, der weiterhin auf eine schulpädagogische Begründung verzichtet und sich als „Kirche in der Schule" versteht.
2. Ein Religionsunterricht, der vorrangig schulpädagogisch begründet ist und darauf baut, dass die Schule die Aufgabe hat, dem Kind alles zu erschließen, was zum Werden der gegenwärtigen Kultur und Gesellschaft beigetragen hat.
3. Ein Religionsunterricht, der in seiner Begründung neben der schulpädagogischen Argumentation die theologisch-kirchliche stellt und dabei eine Annäherung der Motive und Forderungen beider Determinanten erreicht.
4. Ein Religionsunterricht der, auf Kirchenbezogenheit verzichtend, religiöse Vorstellungen, die dem Menschen in unserer Gesellschaft begegnen, ordnet, verständlich macht und kritisch durchleuchtet.
5. Ein religionskundlicher Unterricht, der distanziert und kritisch das Phänomen Religion in seinen verschiedenen Varianten sehen lehrt.

10.7.2 Beschluss: Religionsunterricht der Deutschen Bischofskonferenz. In: Deutsche Bischofskonferenz (Hg.): Gemeinsame Synode der Bistümer in der Bundesrepublik Deutschland. Beschlüsse der Vollversammlung, Freiburg et al. 1976, 123-152, 133.

Der hier konzipierte Religionsunterricht liegt in der Schnittlinie von pädagogischen und theologischen Begründungen, Auftrag der öffentlichen Schule und Auftrag der Kirche. Für eine nicht positivistisch verengte oder ideologisch fixierte Pädagogik einerseits und eine weltoffene, gesellschaftsbezogene und am Menschen orientierte katholische Theologie andererseits dürfte eine solche Konvergenz der Motive möglich sein. Sie ermöglicht es dem Staat und der Kirche, diesem Konzept zuzustimmen. [...]

Eine Schule, die dem jungen Menschen die Situation, in der er sich vorfindet, erschließen will, kann nicht darauf verzichten, auch Prägungen dieser Art bewusst zu machen und sie als Ausdruck religiösen Daseinsverständnisses kompetent zu deuten. [...] Der Schüler soll aber nicht nur die Antworten des Glaubens kennen, aus denen die tradierten Formen erwachsen sind. Er soll auch die menschlichen Fragen und Bedürfnisse wahrnehmen und formulieren können, die den Antworten und Verheißungen der Religion entsprechen. Beides kann eine Befreiung sein: zu fragen und sich in Frage stellen zu lassen. Und beides ist in der Schule erwünscht. Inhaltlich geht es dabei um die Fragen nach dem Woher und Wohin, dem Wozu und Warum, nach dem Sinn und Wert oder der Sinnlosigkeit und Wertlosigkeit des Ganzen und des einzelnen in der Welt. Viele Situationen im Leben eines Menschen lassen sich mit intellektuellen Fähigkeiten oder manuellen Fertigkeiten durchaus zureichend meistern. Das Leben kann sich aber auch so verdichten, dass der Mensch tiefer und radikaler gefragt ist. Situationen und Erfahrungen, die zur Sinndeutung herausfordern und den Menschen anfordern als Wesen, das Werte sieht, sich an ihnen orientiert und sich an sie bindet, sind z. B. solche von Zeugung – Geburt – Tod – Hoffnung – Liebe – Freundschaft – Angst – Glück – Schuld – Vergebung – Leid – Zufall – Vertrauen – Verantwortung – Sorge – Scheitern – Spiel – Ekstase – Rausch – Fest – Gottesdienst – Gebet. Aber nicht nur der private Bereich ist davon betroffen. Im Beruflichen, Sozialen, Politischen gibt es ebenso Situationen und Programme, in denen es um das Verstehen des Ganzen und das Einordnen in das Ganze geht, um rechtes und verantwortliches Handeln und also im letzten um die Wahrheit: Unterprivilegierung – Armut – Hunger – Krieg – Frieden – Gerechtigkeit – Fortschritt – Zukunft – Entwicklung der Gesellschaft mit neuen Freiheiten und Zwängen usw. Die ganze Tagesordnung der Welt kann in diesem Sinne „unbedingt angehen" und bedingungslos herausfordern. Die „religiöse" Dimension solcher Situationen und Erfahrungen ausklammern hieße den Menschen verkümmern lassen. Will die Schule den ganzen Menschen fördern, so muss sie alle bedeutsamen menschlichen Erfahrungen zur Sprache bringen, also auch und vor allem die Grund- und Grenzsituationen des menschlichen Lebens. Nur dadurch kann der Schüler instandgesetzt werden, sein ganzes Leben zu bewältigen, die Veränderbarkeit vieler Mängel und Missstände zu erkennen und das wirklich Unabänderliche anzunehmen, als Schicksal oder als Geschenk.

10.8 Korrelationsdidaktik im Zielfelder Plan. Grundlagenplan für den katholischen Religionsunterricht im 5. – 10. Schuljahr (revidiert), München 1984, 242.

Solche korrelativen Prozesse werden im Religionsunterricht zum didaktischen Prinzip des Unterrichts gemacht: Die Schüler sollen in Glaubensüberzeugungen die ihnen zugrundeliegenden Erfahrungen erkennen und damit eigene Erfahrungen und Deutungsversuche verbinden. Näherhin geht es im Religionsunterricht darum, eine kritische, produktive Wechselbeziehung herzustellen zwischen dem Geschehen, dem sich der überlieferte Glaube verdankt, und dem geschehen, in dem Menschen heute – z. B. diese Schüler und ihre Lehrer – ihre Erfahrungen machen *(Korrelation als didaktisches Prinzip)*. [...]

Korrelation ist also ein Interpretationsvorgang, in dem sich zeigt, dass Gegegenwartserfahrung und Glaubensüberlieferung sich gegenseitig etwas zu sagen haben, sich befragen, sich anregen. Eine Korrelation entdecken, erproben, herstellen heißt also, einen Prozess der wechselseitigen Durchdringung zwischen Glaubensüberzeugung und Lebenserfahrungen in

10. Problemorientierung und Korrelationsdidaktik nach den „1968ern"

Gang setzen; dieser Prozess setzt seinerseits neue Erfahrungen frei und lässt Glauben und Leben in eine neue Beziehung zueinander treten.

Zusammenfassung, Fragen, Ideen für Hausarbeiten und Referate, Literatur

Zusammenfassung
Die vehemente Kritik am Religionsunterricht und seiner Rolle als Repräsentation von allem Traditionellen hatte große Folgen für die Entwicklung der Didaktik des Religionsunterrichts. Problemorientiert sollte der evangelische Religionsunterricht sein, sodass die Gegenwartsbedeutung und Relevanz deutlich werden. Der katholische Religionsunterricht wurde durch das Konvergenzmodell nicht mehr als „Kirche in der Schule" und Katechese verstanden, sondern als ein sowohl pädagogisch als auch theologisch verantwortetes „schulisches Unterrichtsfach".

Fragen
1. Füllen Sie das Schema für diese Zeitspanne aus:

	Ziele	Inhalte	Methoden und Medien
Problemorientierter RU			
Katholische Korrelationsdidaktik			

2. „Oral History" ist eine Methode, die mündliche Quellen benutzt, um subjektive Erfahrungen von historischen Erlebnissen sichtbar zu machen und Einblick in die Alltagsgeschichte zu geben. Führen Sie ein Gespräch mit Ihren (Groß-)Eltern zum „Lebensgefühl in den 1968er Jahren" und vergleichen Sie diese mit den gesellschaftlichen Herausforderungen, die für den Religionsunterricht der 1968er Jahre genannt werden. Beurteilen Sie, inwiefern die Herausforderungen bewältigt wurden.
3. „Die traditionelle Mittelpunktstellung der Bibel als Gegenstand und Stoff des Religionsunterrichts ist ein Selbstmissverständnis und weder theologisch noch didaktisch gerechtfertigt." (Kaufmann 1967, *Quelle 10.2*) Vergleichen Sie diese Aussage mit dem Stellenwert der Bibel im gegenwärtigen Religionsunterricht.
4. Quelle 10.7.1 zeigt fünf mögliche Positionen zur Zukunft des katholischen Religionsunterrichts in der Schule aus dem Jahr 1975. Begründen Sie, für welche Position Sie heute plädieren.

Ideen für Hausarbeiten und Referate
- Die Würzburger Synode und ihr Einfluss auf das Profil des katholischen Religionsunterrichts bis heute.

10. Problemorientierung und Korrelationsdidaktik nach den „1968ern"

- Fakultäten, Institute, Pädagogische Hochschulen: Die Geschichte der Aus-, Fort- und Weiterbildung von christlichen, jüdischen und islamischen Religionslehrkräften seit den 1970er Jahren.
- Das Thema „Armut" im Religionsunterricht aus postkolonialer Perspektive.
- Die Entwicklung des Konfirmand:innenunterrichts zur Konfi-Arbeit seit den 1970er Jahren.

Ausgewählte Literatur

Bolle, Rainer u. Knauth, Thorsten u., Weiße, Wolfram (Hg.): Hauptströmungen evangelischer Religionspädagogik im 20. Jahrhundert. Ein Quellen- und Arbeitsbuch, Münster et al. 2002.

Boschki, Reinhold u. Schlenker, Claudia: Brücken zwischen Pädagogik und Theologie. Mit Karl Ernst Nipkow im Gespräch, Gütersloh 2001.

Dam, Harmjan: Kirchengeschichtsdidaktik, Entwicklung und Konzeption, Leipzig 2022, 310–374.

Rickers, Folkert u. Schröder, Bernd: 1968 und die Religionspädagogik, Neukirchen 2010.

Hermann, Hans Jürgen: Das Kursbuch Religion – ein Bestseller des modernen Religionsunterrichts. Ein Beitrag zur Geschichte der Religionspädagogik seit 1976, Stuttgart 2012.

Knauth, Thorsten: Problemorientierter Religionsunterricht. Eine kritische Rekonstruktion, Göttingen 2003.

Proske, Matthias u. Scholl, Daniel: Art. Didaktische Modelle, in: WiReLex 2016. https://bibelwissenschaft.de/stichwort/100128/.

Saß, Marcell: Praktische Theologie, Religionspädagogik und Diskurs, in: Zeitschrift für Theologie und Kirche 2014 (111/2), 203–223.

Sajak, Clauß Peter: Art. Würzburger Synode, Beschluss zum Religionsunterricht, in: WiReLex 2020 https://bibelwissenschaft.de/stichwort/200808/.

Schröder, Bernd: Religionspädagogik, Tübingen 2012, 2. Aufl. 2021.

Schröder Bernd (Hg.): Institutionalisierung und Profil der Religionspädagogik, Tübingen 2009.

Simon, Werner: Schulischer Religionsunterricht. Der Beschluss „Der Religionsunterricht in der Schule" der Gemeinsamen Synode der Bistümer in der Bundesrepublik Deutschland (1976), in: RU heute 3/4 (2005), 4–9.

Volz, Ludwig: Einleitung. Der Religionsunterricht in der Schule, in: Deutsche Bischofskonferenz (Hg.): Gemeinsame Synode der Bistümer in der Bundesrepublik Deutschland, Beschlüsse der Vollversammlung. Offizielle Gesamtausgabe I, Freiburg et al. 1976, 113–152.

Wermke, Michael (Hg.): Hans Bernhard Kaufmann. Die Aktualität der frühen Arbeiten zum thematisch-problemorientierten Religionsunterricht, Leipzig 2018.

11. Erfahrungsorientierung, Symboldidaktik und Elementarisierung zwischen 1980 und 2000

> In den 1980er und 1990er Jahren folgt eine kritische Auseinandersetzung mit der Problemorientierung und der Korrelationsdidaktik.
> Durch den Traditionsabbruch wird die Relevanz von religiösen Erfahrungen für den Religionsunterricht wiederentdeckt; die Symboldidaktik, die Elementarisierung und die Erweiterung des Methodenrepertoires sind darauf eine Antwort.
> Muslimische Schüler:innen werden verstärkt wahrgenommen, wodurch das interreligiöse Lernen wichtig wird.

Mit dem Einzug der Grünen als politische Partei in den Bundestag fand in den 1980er Jahren eine Institutionalisierung der Reformbewegungen* der 1970er Jahre statt. Die Spannungen des Kalten Krieges blieben weiter bestehen und zeigten sich zum Beispiel in der Stationierung von amerikanischen Mittelstreckenraketen in Europa, als Antwort auf vergleichbare Waffen mit Atomsprengköpfen auf der Seite der Sowjetunion. Die Frauenbewegung führte zu einer Verbesserung des Zugangs zu verschiedenen Berufen: Die Anzahl der Pfarrerinnen und Religionslehrerinnen nahm stark zu. Die Höhe der Gehälter blieb aber ungleich. Und auch die Anerkennung ihrer Leistungen in den von Männern dominierten Berufsfeldern ließ noch lange auf sich warten. Besonders katholische Religionslehrerinnen wurden durch die *missio canonica* und die damit verbundene Anbindung an die katholische Kirche vor persönliche Herausforderungen gestellt: Sie sollten die katholische Kirche repräsentieren, in der sie jedoch nicht die gleiche Stellung wie Männer hatten *(Quelle 11.1)*. Gabriele Miller war eine katholische Religionspädagogin, die durch ihr Engagement für Frauen in der katholischen Kirche ausgezeichnet wurde. Sie arbeitete auch am weit verbreiteten Schulbuch „Grundriss des Glaubens" (1980) mit, das als katholischer Katechismus bereits Spuren der Erneuerung des zweiten Vatikanischen Konzils* aufzeigt *(Quelle 11.2.1)*. Dennoch ist das Buch von der kerygmatischen* Didaktik gekennzeichnet und hält an strittigen ethischen Positionen, insbesondere zur Ehe fest, beides wurde in den 1970er Jahren stark kritisiert *(Quelle 11.2.2)*. Die Bischöfe forderten nachdrücklich von den Lehrkräften gleichzeitig Authentizität und Loyalität zu den kirchlichen Positionen *(Quelle 11.3)*.

Die 1990er Jahre waren von politischer Stabilität geprägt: Helmut Kohl (CDU) amtierte als Bundeskanzler von 1982 bis 1998. International herrschte eine eher positive Grundstimmung: das Ende der Apartheid in Südafrika 1991, die friedliche Revolution und der Mauerfall 1989, das Zusammenrücken von Europa durch den Maastrichter Vertrag 1992. Für junge Menschen galt die positive Grundstimmung allerdings nicht. Laut der Shell-Jugendstudie von 1997 befürchtete eine Vielzahl von Jugendlichen zukünftige Arbeitslosigkeit (45,3 %) und Probleme durch Drogen (36,4 %). Der Säkularisierungsprozess*, der im Osten Deutschlands schon im 19. Jahrhundert in den industriellen Gebieten begonnen hatte und im Westen besonders mit den 1968er Jahren zu beobachten war, setzte sich bundesweit fort. Die abnehmende Bindung an die Institution Kirche und an traditionelle, rituelle, kirchliche Formen religiöser Praxis zeigte sich beispielsweise in den Ergebnissen der 13. Shell-Studie aus dem Jahr 2000 (Tabelle). Vor allem die Unterschiede zwischen Ost und West sowie der starke Traditionsabbruch bei der religiösen Erziehung waren für die Religionspädagogik relevant.

Das Thema Religion in den „Shell-Jugendstudien" 1984-1999 (Opladen 2000, 162-167).

	1984	1999
Zustimmung zu einem Glauben an ein „Weiterleben nach dem Tod"	West: 49 % Ost: 27 %	West: 32 % Ost: 18 %
Beten („manchmal oder regelmäßig")	West: 36 %	West: 28 %
Gottesdienstbesuch („einmal in den letzten vier Wochen")	Nicht erfasst	16 %
Wollen Sie Ihre Kinder religiös erziehen?	Nicht erfasst	Auf jeden Fall: 13 % Wahrscheinlich: 24 % Sicher nicht: 63 %

Das Desinteresse an traditionellem kirchlichen Handeln (wie Gebet und Gottesdienstbesuch) bedeutete aber keine generelle Abwendung vom Christentum. So besuchten viele junge Menschen begeistert Taizé und Kirchentage oder arbeiteten in ökumenischen* Initiativen mit. Die befragten Jugendlichen zeigten verstärkt Interesse an „New Age", Esoterik und an fernöstlicher und christlicher Spiritualität. Die eigenen Erfahrungen waren besonders wichtig für die Jugendlichen. Sie wurden nach neuen Mustern zusammengesetzt, bewertet und in die eigene Identität eingefügt, was unter den Stichworten „Patchwork-" oder „Bricolage-Identität" diskutiert wurde.

Mit der Wiedervereinigung Deutschlands wurde angestrebt, das Schulwesen, das in der ehemaligen DDR anders organisiert war als in der BRD, zu vereinen. Dafür sollten Elemente aus beiden Schulsystemen in ein einheitliches Schulsystem zusammengeführt werden. Das Gesamtschulwesen der DDR wurde ausgeweitet, die Curricula wurden an die neuen politischen Gegebenheiten angepasst. Die „Christenlehre" der DDR (siehe Kapitel 9) wurde beendet und in

11. Erfahrungsorientierung, Symboldidaktik, Elementarisierung 1980-2000

Gabriele Miller (1923–2010)
Miller ist 1923 in Winzingen, Baden-Württemberg geboren. Kurz nach Kriegsende begann sie ihr Lehramtsstudium am Pädagogischen Institut in Reutlingen und schloss es 1953 an der Universität Tübingen ab. Bis 1968 arbeitete sie als Religionslehrerin und wurde dann Studiendirektorin. Ab 1982 war sie Referentin im Bischöflichen Schulamt in der Pressearbeit der Diözese* Rottenburg – als eine der damals wenigen Frauen in der katholischen Öffentlichkeitsarbeit. Von 1970 bis 1983 war sie Mitglied des Vorstands des Deutschen Katechetenvereins. Sie erhielt 1978 den Ehrendoktortitel der Universität Tübingen, nachdem sie nach ihrem Studienabschluss 1953 nicht promovieren durfte, denn dafür wurde die Subdiakonatsweihe vorausgesetzt und war damit Männern vorbehalten. Im Katholischen Deutschen Frauenbund wurde sie 1990 zur ersten Geistlichen Beirätin in Rottenburg-Stuttgart gewählt. Nach dem Mauerfall entwickelte sie in der Diözese* Dresden-Meißen ein Konzept für die Gemeindereferent:innen, das eine staatliche Anerkennung als Religionslehrkräfte garantierte. Von 1990 an war Gabriele Miller Lehrbeauftragte an der Katholisch-Theologischen Fakultät der Universität Tübingen.
Literatur:
Kohler-Spiegel, Helga: Gabriele Miller. Mit ganzem Herzen und ganzer Kraft, in: Pithan, Annebelle (Hg.): Religionspädagoginnen des 20. Jahrhunderts, Göttingen 1997, 319–340.

allen Schulen sollte wie im Westen wieder Religionsunterricht erteilt werden. Die sehr geringen Schüler:innenzahlen erschwerten die Realisierung. In einigen neuen Bundesländern wurden andere Formen religiöser Bildung gefunden wie beispielsweise Lebensgestaltung – Ethik – Religion (kurz LER) in Brandenburg. Schulen in kirchlicher Trägerschaft erhielten einen Aufschwung, da im Zuge der Wiedervereinigung viele evangelische und katholische Schulen in den neuen Bundesländern gegründet oder zu solchen umgewandelt wurden.

In der evangelischen Religionspädagogik im Westen Deutschlands wurde in den 1980er Jahren der problemorientierte Religionsunterricht kritisiert und in seiner Ausgestaltung hinterfragt: Wurde die Bibel funktionalisiert und auf ein Problemlosepotenzial reduziert? Wurde die Theologie nicht zu sehr in den Hintergrund gedrängt? Durch diese Fragen angeregt, orientierte sich die Religionspädagogik weniger an Problemen und wendet sich den Erfahrungen und Erlebnissen der Schüler:innen zu. Zudem ließ sich wieder eine Orientierung auf „das Religiöse" nachzeichnen (Quelle 11.4). Nach der Wiedervereinigung wurde in der Religionspädagogik das Thema „Konfessionslosigkeit" präsenter. In der gleichen Zeit entwickelte sich der Islam zur drittgrößten religiösen Gruppe (etwa 5 % der Bevölkerung) in Deutschland. Die Kinder von vielen türkischen „Gastarbeiter:innen" kamen nun in die Schulen. Ihre Anwesenheit wurde als Herausforderung für den Umgang mit anderen Kulturen und Religionen wahrgenommen. Damit entwickelte sich der Umgang mit Pluralität zu einer wichtigen religionspädagogischen Aufgabe. Wissen über den Islam und Akzeptanz der „Anderen" waren dabei die primären Ziele.

Der symboldidaktische Ansatz

Insbesondere die Symboldidaktik kam den Schüler:innen auf ihrer Suche nach Erfahrung, Erlebnis und „dem Religiösen" entgegen. Sie wurde in der katholischen Religionspädagogik aus der Korrelationsdidaktik entwickelt und ist von dem Grundgedanken geprägt, dass Symbole mit ihren religiösen Sinngehalten an die Lebenswelt der zunehmend kirchenferneren Schüler:innen anschlussfähig sind. Auch in der evangelischen Religionspädagogik wurde das Potenzial einer Symboldidaktik entdeckt.

Viele Religionspädagog:innen trieben die Idee einer Symboldidaktik voran und es kann nicht von einer einheitlichen Konzeption gesprochen werden. Schon in den 1930er Jahren hat die katholische Religionslehrerin Schwester Oderisia Knechtle mit Symbolen, besonders in der Beschulung von Kindern mit Behinderungen, gearbeitet. Der katholische Schweizer Pädagoge Fritz Oser, bekannt durch seine entwicklungspsychologischen Arbeiten, ließ sich von ihr weiterbilden, da ihr Ruf und ihre Expertise gefragt waren. Sie kann als Vorreiterin der Symboldidaktik benannt werden. Vor allem durch den katholischen Religionspädagogen Hubertus Halbfas wurde die Symboldidaktik in den 1980er Jahren bekannt. Seines Erachtens nach habe der Religionsunterricht das Ziel,

Hubertus Halbfas (1932–2022)
Halbfas studierte Philosophie und Theologie in Paderborn und München und wurde 1960 zum Priester geweiht. 1960 lehrte er als Dozent an der Pädagogischen Akademie in Paderborn. Vier Jahre später promovierte er in der Religionspädagogik zu Jugend und Kirche in München. Von 1967 bis 1987 hatte er die Professur für Katholische Theologie und Religionspädagogik an der Pädagogischen Hochschule in Reutlingen inne. Seine Überlegungen waren und sind für die Religionspädagogik überkonfessionell von Relevanz. Er veröffentlichte nicht nur eine eigenständige „Religiöse Sprachenlehre", sondern wirkte an unzähligen Unterrichtsmaterialien, Kommentaren und Grundlagenwerken mit. Er setzte sich schon früh gegen den klassischen Katechismusunterricht in der Schule ein und forderte eine Kurskorrektur der Kirche. Sein Berufungsverfahren auf den Lehrstuhl für Katholische Religionspädagogik der Pädagogischen Hochschule Rheinland scheiterte an der notwendigen Unbedenklichkeitserklärung (nihil obstat) des Erzbistums Köln. Seine Auseinandersetzungen mit der Kirche endeten darin, dass ihm seine kirchliche Lehrbefugnis entzogen wurde und er sich in den Laienstand zurückversetzen ließ. Er heiratete 1970, aber publizierte weiter hoch relevante Werke für die Religionspädagogik, insbesondere zur Symboldidaktik, die er als neues Konzept betrachtete.
Literatur:
Mittelbach, Matthias: Religion verstehen. Der theologische und religionspädagogische Weg von Hubertus Halbfas, Zürich 2002.

einen Symbolsinn zu stiften und das so genannte „dritte Auge" zu fördern: Die Schüler:innen sollten befähigt werden, nicht nur das Faktische in ihrer Welt wahrzunehmen, sondern hinter der vordergründigen Wirklichkeit einen tieferliegenden Sinn entdecken zu können. Dies sei eine Fähigkeit, die geübt werden müsse: durch einen wiederkehrenden Umgang mit Symbolen, durch Betrachtung, Erzählungen und spielerische Übungen. Auch Stilleübungen haben eine wichtige Bedeutung für die Schulung des „dritten Auges". Dazu helfen Symbole wie zum Beispiel Hand, Herz, Auge, Berg, Höhle oder Licht. Schüler:innen sollten darüber hinaus befähigt werden, nicht nur Symbole wahrzunehmen, sondern auch die eigene religiöse Sprachfähigkeit zu stärken. Wichtig für das Verständnis der Überlegungen von Halbfas ist seine Grundannahme: Der Mensch ist von Natur aus religiös (*homo religiosus*) (Halbfas 1969, 28). Seine Idee von Religionsunterricht war, dass dieser einem Sprach-Unterricht ähnelte. Religiöse Erfahrungen könnten nur dann als solche identifiziert werden, wenn sie in Sprache überführt werden können. Symbole seien die einzige Sprache, in der sich die religiöse Wirklichkeit selbst ausdrücken könne. Sie seien die authentische (und einzige) Sprache der Religionen selbst. Halbfas schrieb eigene Unterrichtsbücher und Begleitmaterial für Lehrkräfte, in denen er seine Idee der Symboldidaktik entfaltete (*Quelle 11.5 und 11.6*).

Der evangelische Theologe Peter Biehl entdeckte Mitte der 1980er Jahre ebenfalls, dass Schüler:innen besonders mit Symbolen ihre eigenen Erfahrungen ins Gespräch bringen konnten. Dies gelte zum Beispiel für das Symbol „Licht", das im Alltag der Schüler:innen vorkam, im Sinne von Licht und Dunkel, positive und negative Erfahrungen usw. Es lasse sich leicht auf der allgemeinen Symbolebene mit religiösen Symbolen verbinden und nicht auf einen Begriff reduzieren. Mit der jesuanischen Metapher „Ich bin das Licht der Welt" fungiere das religiöse Symbol als Bindeglied zwischen Glaubensgrundsatz und Alltagswelt der Schüler:innen. Biehl hob für den Religionsunterricht die Potenziale von vor allem christologischen Symbolen wie Licht, Tür und Weg oder Symbolen, die auf die Sakramente oder christlichen Feste verweisen, hervor: Wasser (Taufe), Brot (Abendmahl*), Kreuz (Ostern). In diesem Sinne könnte die Symboldidaktik, laut Biehl, die Brücke zwischen Tradition und Gegenwart, zwischen Offenbarung und Erfahrung schlagen. Diese Brücke zeigt sich auch in seinen Unterrichtsideen, die er besonders im Blick auf die Sekundarstufe I entwickelte. Symbole sollten in der Unterrichtspraxis in einem Dreischritt erschlossen werden. Zunächst sollte der lebensweltliche, alltägliche Kontext des Symbols wahrgenommen und beschrieben werden. Im nächsten Schritt sollte eine religiöse Bedeutung damit verknüpft und in einem letzten Schritt die christliche Ausgestaltung des Symbols erklärt werden (*Quelle 11.7*). Für die Praxis der Bilddeutung hat die Symboldidaktik wichtige Impulse gesetzt (*Quelle 11.10*).

11. Erfahrungsorientierung, Symboldidaktik, Elementarisierung 1980-2000

Peter Biehl (1931–2006)
Biehls religionspädagogisches Wirken ist ein Beispiel für das konzeptionelle Suchen und Ausprobieren in der zweiten Hälfte des 20. Jahrhunderts. Er war von 1956 bis 1969 persönlicher Assistent von Rudolf Bultmann in Marburg, leitete parallel bis 1961 dort ein christliches Jugendwohnheim und war von 1962 bis 1969 Dozent am Religionspädagogischen Institut in Loccum. In dieser Anfangszeit war Peter Biehls Didaktik stark auf die Bibel und die Hermeneutik* zentriert. Als er 1969 Professor für Religionspädagogik an der Pädagogischen Hochschule (ab 1978 Teil der Universität) in Göttingen wurde, wendete er sich der Problemorientierung zu. Im Jahr 1985 führte Biehl die Symboldidaktik in den evangelischen Religionspädagogikdiskurs ein. Anlass waren vierwöchige „Fachpraktika", in denen Göttinger Studierende die Methodik und Didaktik des konkret gehaltenen Unterrichts und die Reaktionen der Schüler:innenschaft reflektierten. Am Ende seines Wirkens (1996) stellte er fest, dass die religionspädagogischen Konzeptionen sich als Strukturen und Prinzipien weiterentwickelt und in der Praxis verschränkt hatten.
Literatur:
Biehl, Peter: Symbol und Metapher. Auf dem Wege zu einer religionspädagogischen Theorie religiöser Sprache, in: Jahrbuch für Religionspädagogik 1, Neukirchen-Vluyn 1985, 29–64.
Fuchs, Monika E.: Art. Peter Biehl (1931–2006), in: WiReLex 2022. :https://www.bibelwissenschaft.de/stichwort/201006/.
Meyer-Blanck, Michael: Peter Biehl (geb. 1931) und das Symbol, in: Ders. (Hg.): Kleine Geschichte der evangelischen Religionspädagogik, Gütersloh 2003, 249–272.

Ein aufschlussreicher Artikel von Biehl erschien 1996 im Jahrbuch für Religionspädagogik, mit dem er den seit den 1970er Jahren geführten Streit um die richtigen didaktischen Konzeptionen (Ev. Unterweisung, Problem-, Symbolorientierung, Korrelation) beendete. Er legte dar, dass keines der Konzepte (er spricht von didaktischen Strukturen) sich allein durchgesetzt hätte, sondern dass alle in Lehrplänen und Schulbüchern Spuren hinterließen. Ein Konzept könne zudem alleine die vielgestaltigen Bildungsaufgaben des Religionsunterrichts nicht erfüllen. Er forderte eine Verschränkung der didaktischen Strukturen und führte diese am Beispiel der Symboldidaktik aus (*Quelle 11.8*).

Der Erschließungsprozess durch die Elementarisierung

Die Überlegungen zur Elementarisierung in der evangelischen Religionspädagogik sind mit denen der Korrelationsdidaktik in der katholischen Religionspädagogik vergleichbar (siehe Kapitel 10). Auch mit der Elementarisierung reagierte die evangelische Religionspädagogik auf kritische Anfragen an dem problemorientierten Ansatz. Die Bibel sollte wieder mehr in den Vordergrund des Religionsunterrichts rücken. Gleichzeitig wurde die Subjektorientierung weitergedacht. Durch die Individualisierung und Enttraditionalisierung schien sich ein Graben zwischen der Bibel und der Lebenswelt der Schüler:innen aufgetan zu haben. Der Bibel wurde dennoch ein Erfahrungsschatz zugesprochen, den

11. Erfahrungsorientierung, Symboldidaktik, Elementarisierung 1980-2000

es mit den Erfahrungen der Schüler:innen zu verknüpfen galt. Mit Elementarisierung ist gemeint, dass in der Fülle der möglichen Themen des Religionsunterrichts etwas Elementares, Exemplarisches und Grundsätzliches gefunden werden sollte, wie die „Schlüsselprobleme" des Pädagogen Wolfgang Klafki. Besonders Karl Ernst Nipkow und Friedrich Schweitzer, die beide in Tübingen als Professoren für evangelische Religionspädagogik tätig waren, entwickelten die Elementarisierung. Sie war ein didaktischer Weg, der besonders in der Unterrichtsvorbereitung eine Rolle spielt *(Quelle 11.9)*. Es lassen sich fünf sich überschneidende Dimensionen feststellen:

(1) *Elementare Strukturen:* Hier wird der fachwissenschaftliche Kern des Unterrichtsthemas erforscht.
(2) *Elementare Erfahrungen:* Mit ihnen werden sowohl den dem Bibeltext zugrunde liegenden Erfahrungen als auch denen der Schüler:innen Rechnung getragen. Dabei wird für den Bibeltext auf exegetische Erkenntnisse zurückgegriffen, während für den Kontext der Schüler:innen die Lebenswelt in den Blick genommen wird.
(3) *Elementare Zugänge:* Mit ihnen erhalten entwicklungspsychologische Überlegungen einen Raum in der Unterrichtsplanung und -gestaltung.
(4) *Elementare Lernformen:* In dieser Dimension werden die Methoden, Sozialformen und Medien ausgelotet, mit denen die elementaren Strukturen, Erfahrungen und Zugänge bestmöglich zu einem Unterrichtssetting zusammengebunden werden.
(5) *Elementare Wahrheiten:* Diese Dimension zeigt das Alleinstellungsmerkmal des Religionsunterrichts: In einem konfessionellen Religionsunterricht nach 7,3 GG geht es auch um Bekenntnis und Wahrheit. Die Lehrkraft erteilt in Übereinstimmung mit den Grundsätzen der jeweiligen Glaubensgemeinschaft den Religionsunterricht. Dieser Umstand und das Potenzial von konfessionellem Religionsunterricht zeigen sich in den elementaren Wahrheiten. Religionsunterricht ist sowohl ein Unterricht über Religion als auch ein religiöser Unterricht. Es geht um existenzielle Fragen und Erfahrungen, die im Lichte einer religiösen Tradition gedeutet werden.

Interreligiöses Lernen als Reaktion auf religiöse Pluralität

Die verstärkte Präsenz des Islams durch muslimische Kinder in der Schule führte dazu, dass in der Religionspädagogik andere Gläubige nicht als Anhänger:innen von „Fremdreligionen", sondern als Dialogpartner:innen verstanden wurden. Zwar wurde das methodische Repertoire noch nicht erweitert, doch mit einer Ausweitung des Wissens über den Islam gewann der Religionsunterricht ein neues Thema.

Die Religionspädagogen Stephan Leimgruber für den katholischen Religionsunterricht und Johannes Lähnemann für den evangelischen Religionsunterricht gelten als Wegbereiter des Interreligiösen Lernens. Beide wollten vor allem Sachwissen über die andere Religion vermitteln. Dieses diente dazu, das „Andere" zu verstehen und ihm vorurteilsfrei zu begegnen. Leimgruber prägte den Begriff der Beheimatung in der eigenen Religion, die das interreligiöse Lernen ermöglichte. Durch diese Gewissheit und das Sachwissen kann dann

Begegnung mit anderen religiösen Menschen Teil der eigenen Entwicklung zu einem mündigen Subjekt werden. Lähnemann verstand interreligiöse Begegnung als ein „Beieinander zu Gast Sein". Vorurteilsfrei und vor allem frei von Vereinnahmung sollte durch das interreligiöse Lernen eine Begegnung ganz im Lichte jesuanischer Offenheit den anderen gegenüber ermöglicht werden. Dabei sollen der „Andere" verstanden, aber auch Rückschlüsse auf den eigenen Glauben gezogen werden (Quelle 11.11).

Methodenvielfalt und Aktivierung der Schüler:innen
Eine weitere Antwort auf die Nachfrage nach Erfahrungen und Erlebnisse war die Erweiterung des Methodenrepertoires. Unter Methoden werden auch die Sozialformen subsumiert. Nicht der Frontalunterricht, manchmal unterstützt mit Bildern, sollte dominieren, sondern die Interaktion zwischen den Schüler:innen und das erforschende Lernen wurden gestärkt: mit Gruppenarbeit, Rollenspielen, Bastelbögen, Kett-Legematerial, biblischen Erzählfiguren usw. In religionspädagogischen Zeitschriften und auflagenstarken Büchern wie denen des Pädagogen Heinz Klippert und der katholischen Religionspädagogen Franz W. Niehl und Arthur Thömmes wurden viele methodische Impulse weitergegeben. Damit wurde auch versucht, die religiöse Erfahrung in den Klassenraum zu implementieren. Deswegen wurden religiöse Gegenstände in den Unterricht eingebracht und Kirchenräume als außerschulischer Lernort erkundet. Alle Methoden haben gemeinsam, dass sie die Eigenaktivität der Schüler:innen förderten.

Quellentexte

11.1 Erfahrungen von katholischen Religionslehrerinnen. Ingrid Geschwentner-Blachnik, Der Beruf in der Biographie katholischer Religionslehrerinnen. In: Fischer, Dietlind u. Jacobi, Juliane u. Koch-Priewe, Barbara (Hg.): Schulentwicklung geht von Frauen aus. Zur Beteiligung von Lehrerinnen an Schulreformen aus professions-geschichtlicher, biographischer, religionspädagogischer und fortbildungsdidaktischer Perspektive, Weinheim 1996, 153–176, 153f.

Die Spannungen der Berufsausübung der Religionslehrerinnen zwischen „Vater Staat" und „Mutter Kirche" werden deutlich in dem Rollenspiel der täglichen Unterrichtspraxis, in den Interaktionen zwischen Lehrerinnen und Schüler/innen, in den Kollegien, zu den Schuleltern und den Schulleitungen. Ein für die Biographie der Lehrerin kritischer Punkt ist erreicht, wenn es um die Erteilung der „Missio canonica" geht. [...] für viele ist sie ein Dilemma. [...] Frauen fühlen sich durch die Verpflichtung, ihr Leben nach den Lehren der katholischen Amtskirche führen zu müssen, in ihrem Privatleben vor unverantwortbare Entscheidungen gestellt. Partnerschaften zerbrechen oder Eheschließungen werden vollschnell gezogen, um dann einige Jahre später zu zerbrechen – und so bringt die von der Amtskirche in Gestalt von Männern erfundene, durch männliche Bürgen bewilligte, von männlichen Funktionären der Amtskirche schließlich erteilte, von der männlichen Justitia überwachte und womöglich irgendwann einmal wieder entzogene Missio canonica Angst und Leid statt Hilfe und gemeinschaftliche Verantwortung.

11.2 Grundriss des Glaubens. Katholischer Katechismus. München, Hildesheim 1980.

11.2.1 Ich glaube die Kirche. *Grundriss des Glaubens, 1980, 112f.*

Ein Christ kann sagen: „Ich glaube Gott", wie er vielleicht einem Menschen sagt: „Ich glaube dir", das heißt: Ich vertraue dir; man kann glauben, was du sagst; du bist mir ein zuverlässiger Zeuge.

Im Glaubensbekenntnis ist formuliert: „Ich glaube *an* Gott." Wer das mit Überzeugung spricht, der bekennt: Gott ist das Ziel meines Glaubens; an ihn hänge ich meinen Glauben, das heißt: mein Leben. Auf ihn verlasse ich mich ganz und gar.

Im gleichen Sinn verstanden kann man nicht „an die *Kirche* glauben"; sie ist nicht das Ziel christlichen Glaubens; Ziel ist nur Gott. Ein Christ kann nur sagen: „Ich glaube der Kirche", das heißt: Ich vertraue darauf, dass die Kirche mir die Botschaft von Jesus Christus vermittelt, dass sie mir zuverlässig überliefert, was Gott uns getan hat; die *Kirche* ist mir ein zuverlässiger *Zeuge*. Ich darf sie sogar als „Säule und Fundament der Wahrheit" bezeichnen (1. Tim 3,15).

Demgegenüber ist die Formulierung: „Ich glaube die Kirche" sehr ungewohnt. Und doch: so steht es im Glaubensbekenntnis, wenn man es aus dem Griechischen und Lateinischen wörtlich übersetzt. Wir sagen im Deutschen auch: „Ich glaube die Geschichte." Wer das sagt, der hält die Geschichte für wahr, das heißt, er glaubt den Inhalt, die Sache, die da berichtet wird. Wer sagt „Ich glaube die Kirche", der bekennt damit, dass die Kirche trotz aller Mängel das Werk Jesu Christi bleibt. Er selbst lebt in ihr fort. Das bedeutet: Kirche ist für den Christen nicht nur eine zweckmäßige Organisation, ein sinnvoller Zusammenschluss von glaubenden Menschen, sondern Kirche gehört notwendig zum christlichen Glauben. [...]

„Ich glaube die Kirche" heißt: Ich zähle mich selber zur Kirche als jemand, der ihre Sache mitträgt, der sich mit ihr um Gottes Reich müht, das Jesus Christus gebracht hat.

Das Zweite Vatikanische Konzil* schreibt über die Kirche als Volk Gottes:
In allen Völkern der Erde wohnt also dieses eine Gottesvolk. Alle über den Erdkreis hin verbreiteten Gläubigen stehen mit den übrigen im Heiligen Geiste in Gemeinschaft. Er ist für die ganze Kirche und die Gläubigen einzeln und insgesamt der Urgrund der Einheit. *Aus Kirchenkonstitution 1.3*

11.2.2 *Mann und Frau*. *Grundriss des Glaubens, 1980, 178f.*

Der Mensch existiert nur als Mann oder Frau. Sein Geschlecht prägt ihn. Dieser Geschlechterunterschied übt eine starke Anziehungskraft aus. Mann und Frau fühlen sich zueinander hingezogen, sie freuen sich, wenn sie zusammen sind, sich sehen, sich sprechen, sich berühren, zärtlich zueinander sind. Sie erfahren ihre *Gemeinschaft* als Steigerung ihres Lebens, als Glück. Mit vielen Zeichen und Gesten zeigen und bestätigen sie sich ihre Zuneigung und Liebe. Ihre geschlechtliche Vereinigung übertrifft alle anderen Gesten an Innigkeit und Leidenschaft; sie verlangt letzte *Entschiedenheit* füreinander, fordert Dauer und Treue. Geschlechtliche Hingabe ist der äußerste Ausdruck des *Vertrauens*. Die Ehe ist der *Bund* dieses Vertrauens. [...]

Ehebruch: Wer aus freier Entscheidung seinem Ehepartner untreu ist, ihn verlässt und sich einem anderen zuwendet, bricht die Ehe. Er macht sich schuldig vor seinem Ehepartner, weil er sein Treueversprechen bricht; vor den Kindern, weil er die ihnen notwendige Geborgenheit gefährdet; vor der Gemeinschaft, weil er eine lebenswichtige Ordnung verletzt; vor Gott, weil er die gottgewollte Lebensgemeinschaft zerstört. [...]

Ehescheidung: Eine geschlossene Ehe kann nach katholischer Lehre nicht geschieden werden. [...]

Ehehindernis: Eine Gegebenheit, die das Eingehen einer kirchlichen Ehe hindert. Zum Beispiel: Konfessions- oder Religionsverschiedenheit. Bei einigen Ehehindernissen kann Dispens erteilt werden.

11.3 Die deutschen Bischöfe, Die bildende Kraft des Religionsunterrichts. Zur Konfessionalität des katholischen Religionsunterrichts, Bonn 1996, 50f.

Konfessionalität der Religionslehrerin und des Religionslehrers.

Lehrerinnen und Lehrer müssen das, was sie zu lehren haben, auch vertreten. Die Schülerinnen und Schüler dürfen eine klare, unmissverständliche Auskunft auf die Frage erwarten, wo ihre Religionslehrerin bzw. ihr Religionslehrer steht. Damit ist aber die Frage nach seinem Bekenntnis gestellt. Der Religionslehrer und die Religionslehrerin haben nicht nur über einen Inhalt zu informieren, der außerhalb ihrer eigenen freien Wahl, in objektiver Neutralität ausgesagt werden könnte. Sie sind, wie bei jedem wesentlichen humanen Verhalten, „existentiell verwickelt". Sie stehen für das ein, was sie im Unterricht vermitteln. Nur so können sie einen erzieherischen und für die Bildung des jungen Menschen belangvollen Dienst leisten. An der Religionslehrerin und am Religionslehrer selber und ihrem Lebensstil soll sich ja die Lehre wenigstens in Ansätzen und Bemühungen zeigen. Deshalb ist die Authentizität ein Ausweis der Ernsthaftigkeit dessen, was Thema ist. Die Lehrerin und der Lehrer haften aber nicht nur für das, was sie persönlich vertreten, sondern auch dafür, wo sie sich sozial und institutionell einordnen. Das Bekenntnis, das sie vertreten, gehört an einen bestimmten gesellschaftlichen Ort; beim Religionslehrer und bei der Religionslehrerin ist es die Kirche. Sie stehen für die Kirche. „Liebe zur Kirche und kritische Distanz müssen (aber) einander nicht ausschließen" (Beschluss der Gemeinsamen Synode zum Religionsunterricht 2.8.5).

Der unterrichtliche wie der gesellschaftliche Diskurs setzen den Konsens in der Wahrheit nicht schon voraus, sondern er arbeitet auf ihn hin. Ob er gelingt, liegt nicht allein in der Hand der Lehrerinnen und Lehrer. Aufgabe der Religionslehrerinnen und Religionslehrer ist es, loyal zum Bekenntnis ihrer Kirche zu stehen, wie es ihrer Sendung durch den Bischof entspricht (Missio Canonica).

11. Erfahrungsorientierung, Symboldidaktik, Elementarisierung 1980-2000

11.4 Das neue Kursbuch Religion. Gerhard Kraft u. Heinz Schmidt, Das neue Kursbuch Religion 7/8, Stuttgart 1986.

11.4.1 Inhaltsverzeichnis des Neuen Kursbuchs Religion 7/8, Stuttgart 1986.

Ich klage an	2	Martin Luther und die Reformation	116
Einfach leben: Franz von Assisi	14	Diakonie – Auftrag zum Handeln	133
Arm und reich	28	Glaube – Aberglaube – Parapsychologie	144
Jesus von Nazareth	44	Islam	158
Träume und Konflikte	66	Warum nein sagen? (Sucht)	170
Gewissen	80	Paulus	182
Wunder	92	Alle reden vom Frieden	192
Im Land der Verheißung	102		

11.4.2 Die Anti-Bergpredigt, in: Das neue Kursbuch Religion 7/8, Stuttgart 1986, 31.

Die Anti-Bergpredigt

Verraten sind die Armen,
denn sie haben nichts einzubringen.
Verraten sind die Leidtragenden,
denn sie sind ausgeschlossen
aus der Gesellschaft.
Verraten sind die Sanftmütigen,
denn sie werden an die
Wand gedrückt werden.
Verraten sind, die hungern
und dürsten nach Gerechtigkeit,
denn Macht geht vor Recht
und Geld regiert die Welt.
Verraten sind die Barmherzigen,
denn Undank ist der Welt Lohn.

Jörg Zink nach Matthäus 5, 3-7

Lies auch Mt 5, 3-7 und vergleiche es mit der Anti-Bergpredigt. Kann man hier von einer falschen und einer richtigen Position sprechen?

11.4.3 Auszug aus dem Vorwort des Neuen Kursbuchs Religion 7/8, Stuttgart 1986, VIII.
Einige Kapitel zeigen, wie Menschen, die glauben, im Alltag lebten oder mit anderen umgingen und auf das gesellschaftliche Leben einwirkten. Andere Kapitel erzählen hauptsächlich von den Anfängen des Glaubens und erklären seine wichtigsten Inhalte. Denn man sollte sich nicht für oder gegen einen Glauben entscheiden, ohne ihn zu kennen. Außerdem haben Urteile über andere Menschen oder Völker, deren Glauben man nicht oder nur ungenau kennt, meist verderbliche Folgen. Schließlich gibt es einige

Kapitel, die Wünsche und Probleme von Jugendlichen oder gesellschaftliche Konflikte darstellen. [...]
Texte und Bilder in Schulbüchern sollen nicht nur über Sachverhalte informieren. [...] Besonders in einem Religionsunterricht, der die verändernde und erneuernde Kraft des Glaubens deutlich machen will, müssen provozierende Texte und Bilder verschiedenster Art zur Sprache kommen. [...] Ein Schulbuch und ein Unterricht, die immer nur „ausgewogen" sind, werden schnell langweilig. Das Buch aber will zum Denken und Glauben herausfordern.

11.5 Hubertus Halbfas, Das dritte Auge. Religionsdidaktische Anstöße, Düsseldorf 3. Aufl. 1987, 128 und 155f.

Was heißt hier: Eröffnung des Zugangs zum Symbol? Es soll nicht darum gehen, allerhand Wissenswertes über Symbole zu unterrichten, sondern den symbolischen Sinn zu wecken, so daß der Mensch wieder mit Symbolen kommunizieren kann, zur unmittelbaren Wahrnehmung in Symbolen fähig wird. Grundlegend dafür ist die *Einübung*. Sie geschieht durch beständigen Umgang mit Symbolen, betrachtend, erzählend, hörend, spielend, handelnd. Entscheidend ist nicht die rationale Auseinandersetzung, sondern ein emotionaler Bezug, die Entwicklung einer Intuition für das Symbol, oder – symbolisch gesagt – das dritte Auge. Natürlich sind solche Ziele unerreichbar, wenn dem Lehrer seinerseits das dritte Auge fehlt; weil dies wohl überwiegend der Fall ist, wird die Einführung der Lehrerschaft in die symbolische Welt zur vorrangigen Aufgabe. Unterrichtshilfen sollten deshalb nicht auf den Schüler ausgerichtet werden, sondern auf den Lehrer – in Problemstellung und Niveau, im Rückgriff auf Symbolgestalten und Erfahrungen. Die Vermittlung des symbolischen Sinns gelingt nur über die Selbstbetroffenheit des Lehrers, sowie durch die dem Symbol immanente Didaktik. Das bedeutet, nicht über Symbole zu sprechen, sondern symbolisch zu sprechen, das Symbol selbst zum Sprechen zu bringen. Die diskursive Reflexion kann dabei methodischer Zwischenschritt sein, muß sich aber strikt auf diesen Hilfsstatus beschränken und immer wieder in die symbolische Perspektive zurückführen. (128) [...].
Die gegenwärtige, zumal evangelische Theologie geht in ihrer Mißachtung der theologia naturalis von der stillschweigenden Unterstellung aus, man wisse, was „Natur" sei, zumal menschliche Natur, als könne man sie genau begrenzen und angeben, wie weit sie reiche. Dabei wird unterstellt, alles über das faktische menschliche Wesen Erfahrbare umschreibe diesen Begriff der Natur, ergebe unser anthropologisches Wissen, während die Hinordnung des Menschen auf das göttliche Geheimnis jenseits dieser Natur liege. Zu fragen bleibt hier, ob die innere und unbedingte Hinordnung des Menschen auf Gott nicht in dem Sinne ein Konstitutiv seiner Natur ist, daß der Mensch qua Mensch ohne dieses Konstitutiv nicht gedacht werden kann. Gotteserkenntnis ist dann nie eine partielle Erfahrung, sondern umgreift das Ganze, Gott, Mensch und Welt in einem, ohne sich aus „natürlicher" und „übernatürlicher", geoffenbarter Erkenntnis zusammenzusetzen. Der Weg der Gotteserfahrung setzt deshalb nicht neben oder hinter den regulären menschlichen Erfahrungen an, sondern in diesen selbst, wobei sich religionsdidaktisch die Aufgabe stellt, die Erfahrungen selbst auf ihren inneren Kern

freizulegen, sie über die vordergründige Faktizität hinwegzuführen an eine Schwelle, hinter der sie im „Geheimnis" gründen. Anders gesagt: Die Menschen müssen befähigt werden, eine Erfahrung mit der Erfahrung zu machen. Dies bedeutet, die Gotteserfahrung nicht neben der lebenslangen Selbsterfahrung unterzubringen, sondern die sich in ihrem inneren Wesen transzendierende Selbsterfahrung mit der Gotteserfahrung verschränkt zu sehen. Geschieht dies, ist kein theologischer Satz mehr möglich, der nicht zugleich auf eigene Erfahrung bezogen wäre, und zwar in einer Weise, die im Aufschließen eigener Erfahrung die Sensibilität für neue, tiefgehende Erfahrung weckt.

Aus diesem Grunde geht es in der „Gebetsschule" nie um Gottesbeweise und nirgendwo um das distanzierte Räsonnement, „ob es Gott eigentlich gebe oder nicht", sondern um einen Prozeß des Zu-sich-selbst-Kommens. „Du mußt nicht gleich am Ziel sein wollen", sagt der Lehrer. „Die tiefste Wahrheit, von der wir herkommen, weil sie in jedes Menschen Kindheit leuchtet, ist zugleich die Wahrheit, zu der wir ein Leben lang unterwegs bleiben." (155f.)

11.6 Hubertus Halbfas, Auferstehungsbilder. Religionsbuch für das 4. Schuljahr. Düsseldorf 1986, 50f. Ein Versuch, Auferstehungsbilder symbolisch zu deuten.

Auferstehung ist kein Zurückkehren ins Erdenleben, sondern ein Auferstehen in das Leben Gottes. Kann man das in Bildern zeigen? Wer das Leben Gottes hat, lebt nicht mehr im Fleisch. Man kann ihn nicht fotografieren. Darum sprechen die Jünger von „Erscheinungen": man erkennt ihn und erkennt ihn doch wieder nicht, man berührt ihn, und er ist doch unberührbar, er ist derselbe und doch ganz anders.
Über tausend Jahre hindurch wollten die Christen ihren auferstandenen Herrn nicht malen. „Das geht nicht", sagten sie, „er ist ganz anders." Stattdessen verwiesen die drei Frauen am leeren Grab auf den Osterglauben. Der Engel sagte zu ihnen: „Was sucht ihr den Lebenden bei den Toten?" Auferstehung ist ein Geschehen in Gott. Niemand kann es malen. Mit den „inneren Augen" müssen wir deswegen jene Osterbilder sehen, die seit dem 12. Jahrhundert entstanden sind. Erstmals zeigen sie den Auferstandenen: einen Christus mit der Siegesfahne, der nach vorne aus dem Grab steigt; der Sargdeckel ist aufgestoßen, die Wächter schlafen. Diese Bilder werden falsch verstanden, wenn man sie mit dem Blick des Fotoapparates sieht. Sie zeigen den Auferstandenen symbolisch, und nur die Augen des Glaubens sehen die Wahrheit.
Ein Christus, der aus dem Grab herausgeht, steigt oder klettert, erschien in späterer Zeit unpassend. Darum sehen wir ihn jetzt schwerelos. Er schwebt über dem offenen Grab in einer riesigen Lichtsonne. Seine Gestalt geht selbst in Licht über, sie verliert ihre Schwere und Körperlichkeit. Da der Lichtkreis das wichtigste Gottessymbol ist, sagt das Bild: hier schmilzt der menschliche Leib in das Göttliche hinein. Auf diese Weise versucht der Maler, das Unsichtbare sichtbar zu machen.
In heutiger Zeit schrecken Künstler erneut davor zurück, die Auferstehung Christi als einen sichtbaren Vorgang zu malen. Selbst das leere Grab lassen sie fort und malen allein die Gottessonne, die Licht und Wärme ausstrahlt, alles Dunkle und Schwere aber fortschleudert. Im Zentrum bleibt die reine Fülle des göttlichen Lebens.

11.7 Peter Biehl, Kritische Symbolkunde. In: Didaktische Strukturen des Religionsunterrichts, in: Jahrbuch Religionspädagogik 12, Neukirchen-Vluyn 1996, 215f.

Seit 1980 habe ich eine *kritische Symbolkunde* entwickelt, deren pädagogische Notwendigkeit sich aus den ambivalenten Wirkungen der in der Sozialisation ausgebildeten und in der Lebenswelt der Lernenden vermittelten Symbole ergibt. Sie zielt darauf ab, diese ambivalenten Wirkungen kritisch aufzuarbeiten und Wahrheitsmomente der vorgegebenen Symbole durch einen selbsttätigen, kreativen Umgang mit christlichen Symbolen zu verstärken. In diesem Prozess können die überlieferten Symbole für die Betroffenen, und zwar dadurch, dass sie zur Deutung ihrer Erfahrungen und zur Bewältigung ihrer Konflikte in Anspruch genommen werden, allererst zu Symbolen werden. Ich habe die These vertreten, dass sich Erfahrungsbezug und Symbolverständnis wechselseitig bedingen. Bestimmte biblische Symbolkomplexe lassen sich typischen Grundkonflikten der psychosozialen Entwicklung zuordnen. Die Symbolkunde wurde von vornherein so konzipiert, dass nur ein Teil des Aufgabenfeldes religiöser Lernprozesse abgedeckt ist. [...] Symbole sind zusammengesetzte Größen, die aus einem anschaulichen Symbolträger und dem dadurch Bezeichneten bestehen. Oder *enger* gefasst: Symbole sind dadurch gekennzeichnet, dass ein erster, wörtlicher Sinn einen zweiten übertragenen Sinn hervorbringt, der nur durch den ersten erfasst werden kann.

Das Symbol stellt in sich selbst eine Vermittlungsgestalt dar und kann neben einer *ausdrucksfördernden* Funktion vor allem eine *didaktische Brückenfunktion* wahrnehmen. Damit die Symbole diese Funktion, Brücke des Verstehens zwischen der Lebenswelt der Kinder und Jugendlichen und der Welt der Religion zu sein, möglichst optimal entfalten können, sollten die Lernprozesse die folgende *symboldidaktische Struktur aufweisen*:
1. Ein überraschender ganzheitlicher Zugang ermöglicht eine (staunende) Wahrnehmung alltäglicher Phänomene und die Verbalisierung der (Vor-)Erfahrungen der Jugendlichen mit dem Symbol.
2. Durch die fokussierende Wirkung des Symbols werden die *Alltagserfahrungen* auf menschliche Grunderfahrungen hin konzentriert.
3. Durch einen selbsttätigen Umgang mit dem Symbol kann der Zugang zu einer tieferliegenden bzw. umfassenderen (*religiösen*) Dimension menschlicher Erfahrung eröffnet werden. [...]
4. Durch einen kreativen Umgang und entsprechende Medien kann das in seinem anthropologischen und religiösen Sinn erschlossene Symbol für die Lernenden seinen spezifisch *theologischen* Sinn gewinnen. Die kreativen Gestaltungen der Lernenden werden in historisch-kritischer Auslegung mit der biblisch christlichen Überlieferung konfrontiert, um die elementare theologische Urteilsbildung zu fördern.
5. Die im Lernprozeß gewonnenen Erfahrungen und Einsichten werden in einer Gestaltungsaufgabe oder einem Handlungsvollzug „aufgehoben" (Transfer).

11.8 Peter Biehl, Didaktische Strukturen des Religionsunterrichts. In: Jahrbuch für Religionspädagogik 12, Neukirchen-Vluyn 1996, 200, 216, 219.

Die Veränderung der konkreten Gestalt des Unterrichts wird an den *praxisfähigen* didaktischen Ansätzen deutlich, die sich bis in die Richtlinien und Arbeitsbücher ausgewirkt haben. Keiner der um 1970 vertretenen radikalen Ansätze, auch nicht die Alternative bibel- *oder* problemorientierter Unterricht, sind lehrplandominant geworden; durchgesetzt hat sich vielmehr die Verschränkung von *Bibel- und Problemorientierung* nach dem „Konzepttypus" (Nipkow) bzw. die katholische „Korrelationsdidaktik" als dritter Weg zwischen glaubenshermeneutischem* und erfahrungsorientiertem Unterricht. Eine *traditionserschließende* didaktische Struktur ist also mit der *problemorientierten* Struktur verschränkt worden. In den 80er Jahren wird in Lehrplänen und Arbeitsbüchern eine dritte didaktische Struktur erkennbar, nämlich die *symboldidaktische*. Aufgrund dieser Befunde gehen wir von der These aus, dass in bestimmten religionspädagogischen Konzeptionen didaktische Strukturen entwickelt wurden, die auch abgesehen von den oft einseitigen Konzeptionen von weiterreichender Bedeutung sind und weiterentwickelt werden konnten. Eine didaktische Struktur – einmal erschlossen – ist also ablösbar von der Konzeption, in der sie ursprünglich entwickelt worden ist. [...]

Das Zusammenspiel der didaktischen Strukturen
Wir haben eingangs die Auswahl der drei Strukturen auf der Inhaltsebene begründet, so ist jetzt religionspädagogisch nach ihrem Zusammenspiel zu fragen. Dabei gehen wir von der These aus, dass der komplexen Situation in den religionspädagogischen Handlungsfeldern nicht ein einziges Konzept gerecht werden kann, sondern eine *Verschränkung unterschiedlicher Ansätze und Strukturen* erforderlich ist. [...]
Handlungskompetenz und sozialethische Urteilsfähigkeit angesichts der Schlüsselprobleme unserer Zeit lassen sich optimal bei *problemorientierter* Unterrichtsgestaltung fördern. Die erste und dritte Grundaufgabe hängen – wie schon die Formulierungen zeigen – eng zusammen. Es sollten also Symbole ausgewählt werden, von denen sowohl eine Identitätshilfe als auch eine Deutung der gemeinsamen Lebenswelt unter der Perspektive des Evangeliums zu erwarten ist. Hat die erste Aufgabe, also die Sozialisationsbegleitung, den Vorrang, ist ein Identifikationsangebot von lebendigen, authentischen Symbolen erforderlich, die die Kraft haben, zum Fetisch oder Idol zerfallene Symbole aufzulösen. Blockieren emotional hochbesetzte Symbole die Lebendigkeit der Lebenspraxis, reicht begriffliche Arbeit (im Sinne der Entmythologisierung R. Bultmanns) bei der Sozialisationsbegleitung nicht aus; der Fixierung können nur andere, lebendige Symbole entgegenwirken.
Bei der dritten Grundaufgabe – selbsttätiger, verstehender, deutender und handelnder Umgang mit christlichen Symbolen – kommt die *symboldidaktische* Struktur voll zur Geltung, und zwar in Verschränkung mit der *traditionserschließenden Struktur*.
Die vierte Grundaufgabe – Austrag des Streites um die Wahrheit in einem ökumenisch* und interreligiös angelegten Dialog – verläuft quer zu den ersten drei Aufgaben, d. h., dieser Gesichtspunkt ist vor allem innerhalb der sozialethischen Dimension und der Dimension des Symbolverstehens zu berücksichtigen. Aus diesem Sachverhalt ergibt sich für die Dimension interreligiösen Lernens die Notwendigkeit einer Verschränkung der bisher genannten didaktischen Strukturen.
Die drei didaktischen Strukturen haben sich aus Ansätzen heraus entwickelt, die alle dem *erfahrungshermeneutischen* Paradigma gehören; ihr Zusammenspiel vollzieht sich also auf einer gemeinsamen hermeneutischen* Grundlage.

11.9 Schaubild zur Elementarisierung

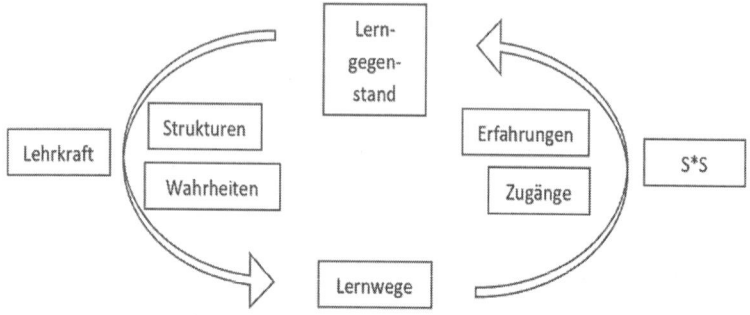

© L. Weidlich, 2024.

11.10 Bild und Deutung. Das neues Kursbuch Religion 7/8, Stuttgart 1986, 64.

Abbildung 11. Hungertuch Haiti 1982. © Misereor

Im Zentrum hängt der gekreuzigte Christus. Der Künstler hat einen Kreuzesbaum gemalt, dessen Wurzeln tief in das Dunkel der „Sintflut" reichen. Dazwischen sieht man die Samen als Zeichen der Hoffnung. Durch sein Leiden und Sterben nimmt Jesus alle menschliche Schuld auf sich. Wer an ihn glaubt, der wird gerettet. Die Fülle der rettenden Macht Jesu wird in den riesigen überreichen Früchten deutlich. Der siebenfarbige Regenbogen umspannt das Gesamtbild. Das dunkle Blau des Bogens wiederholt sich im Wasser der Sintflut. Dieser Regenbogen ist Zeichen für das Ja Gottes zur ganzen Schöpfung. Er versinnbildlicht den Bund Gottes mit Noah und bedeutet die Zusage der Erde als Wohnraum für alle Menschen. (1 Mose 9,8–15)

Arbeitsauftrag: „Versucht, die einzelnen Szenen des Bildes zu deuten."

11.11 Lernkontrolle zum Thema „Der Islam – eine große Weltreligion".
Lähnemann, Johannes: Weltreligionen im Unterricht. Teil II: Islam, Göttingen 1986, 241–243.

1. Christen versammeln sich in Kirchen. Moslems versammeln sich in Moscheen.
   Schreibe die folgenden Wörter in die Spalte Kirche oder Moschee (ein Wort kannst du in beide Spalten eintragen):
   Gebetsnische – Kirchturm – Taufstein – Minarett – Altar – Brunnen für die Waschung – Kreuz – Kanzel – Halbmond

Kirche	Moschee

2. Was soll der gläubige Moslem tun, wenn er zum Gebet in die Moschee tritt?
3. In welche Richtung verneigen sich die gläubigen Moslems beim Gebet?
4. Schreibe vor die folgenden Sätze jeweils ein J (für Jesus) oder M (für Mohammed), je nachdem, ob sie für Jesus oder Mohammed zutreffen (bei einem der Sätze kannst du J und M dazuschreiben):
   - Er wurde in Arabien geboren.
   - Er wurde in Israel geboren.
   - Er stammte aus einer einfachen Familie.
   - Er predigte: Unterwerft euch Allah, dem einzigen, erhabenen Gott, und folgt seinen Geboten.
   - Er predigte: Du sollst den Herrn, deinen Gott lieben aus deinem ganzen Herzen und deinen Nächsten (deinen Mitmenschen) wie dich selbst.
   - Er heilte Blinde und Kranke und half Zöllnern und Sündern.
   - Er drohte den reichen Kaufleuten in Mekka, die sich nicht um die Armen, Witwen und Waisen kümmerten, die Strafe Allahs an.
   - Er sagte: Liebet eure Feinde, und wehrte sich nicht, als er gefangen genommen wurde.
   - Er kämpfte mit seinen Anhängern und siegte einmal sogar gegen eine dreifache Übermacht, die aus seiner Vaterstadt gegen ihn geschickt worden war.
   - Er wurde am Kreuz zwischen Verbrechern hingerichtet.
   - Er starb als Herrscher über ganz Arabien.
   - Seine Anhänger halten ihn für den letzten, größten Propheten, den Gott geschickt hat.
   - Seine Anhänger glauben, daß Gott ihn vom Tode erweckt hat und daß er der Heiland und Retter für alle Menschen ist.

5. Die Worte Allahs, die Mohammed weitergesagt hat, stehen aufgeschrieben im ＿＿＿.
Die Worte Jesu stehen in der ＿＿＿.
6. Nenne zwei (oder mehr) Pflichten, die ein gläubiger Moslem in seinem Leben erfüllen soll.
7. Wann dürfen die frommen Moslems im Monat Ramadan etwas essen und trinken, wann sollen sie fasten?
8. Wie feiern die Moslems das Fest des „Fastenbrechens", Ramadan-Beiram? (Diese Frage brauchst du nur zu beantworten, wenn genügend Zeit ist.)
9. Hast du Ideen, was wir tun, damit sich islamische Familien bei uns wohlfühlen können?
10. Wenn du noch Zeit hast, zeichne entweder einen schönen Gebetsteppich, ein Minarett oder etwas anderes, was dir für den Islam typisch zu sein scheint.

Zusammenfassung, Fragen, Ideen für Hausarbeiten und Referate, Literatur

Zusammenfassung

Die 1980er und 1990er Jahre waren einerseits geprägt von der kritischen und produktiven Auseinandersetzung mit der Problemorientierung und der Korrelationsdidaktik, anderseits von der neu entdeckten Relevanz von Erfahrungen im Religionsunterricht. Die Symboldidaktik, die Elementarisierung und die Erweiterung des Methodenrepertoires bildeten dabei die wichtigsten Entwicklungen. Mit dem Interreligiösen Lernen, das vor allem Information vermitteln und Verständigung fördern sollte, wurde auf die zunehmend sichtbaren muslimischen Schüler:innen reagiert.

Fragen
1. Füllen Sie das Schema für diese Zeitspanne aus:

	Ziele	Inhalte	Methoden und Medien
Symboldidaktik von Halbfas			
Symboldidaktik von Biehl			
Elementarisierung			
Interreligiöses Lernen			

2. Vergleichen Sie die symboldidaktische und korrelationsdidaktische Perspektive zur Rolle der Bibel im Religionsunterricht und nehmen Sie Stellung zu der Frage: Inwiefern braucht der Religionsunterricht heute die Bibel?
3. Nehmen Sie Stellung zum Gedanken, dass Interreligiöses Lernen zunächst eine „Beheimatung in der eigenen Religion" benötigt.

11. Erfahrungsorientierung, Symboldidaktik, Elementarisierung 1980–2000

Ideen für Hausarbeiten und Referate
- Fünfzig Jahre Kirchenmitgliedschaftsuntersuchung (KMU 1972–2022) und ihre Relevanz für die religiöse Sozialisation im Konfirmanden- und Religionsunterricht.
- Unterschiede und Gemeinsamkeiten der Symboldidaktik Biehls und Halbfas und ihre Bedeutung für heute.
- Spuren von Eurozentrismus in didaktischen Überlegungen zum Interreligiösen Lernen.

Ausgewählte Literatur

Baumann, Ulrike: Art. Elementarisierung, in: WiReLex 2015. www.bibelwissenschaft.de/stichwort/100014/.

Biehl, Peter: Autobiografische Anmerkungen zur Entwicklung des Vermittlungsproblems in der Religionspädagogik, in: Lachmann, Rainer u. Rupp, Hartmut (Hg.): Lebensweg und religiöse Erziehung, Weinheim 1989, 29–51.

Harmjan, Dam: Evangelische Kirchengeschichtsdidaktik. Entwicklung und Konzeption, Leipzig 2022, 348–408.

Englert, Rudolf: Korrelation(sdidaktik). Bilanz und Perspektiven, in: Religionspädagogische Beiträge 38 (1996), 3–18.

Halbfas, Hubertus: Das Welthaus, Düsseldorf 1983.

Halbfas, Hubertus: Fundamentalkatechetik, Düsseldorf 2. Aufl. 1969.

Heil, Stefan: Art. Korrelation, in: WiReLex 2015. www.bibelwissenschaft.de/stichwort/100015/.

Jakobs, Monika: Sr. Oderisia Knechtle (1900–1978). Wegbereiterin einer sinnlich-ästhetischen Religionspädagogik des Symbols, in: Berlis, Angela u. Leimgruber, Stephan u. Stallmann, Martin (Hg.): Aufbruch und Widerspruch. Schweizer Theologinnen und Theologen im 20. und 21. Jahrhundert, Zürich 2019, 632–649.

Lindner, Heike: Art. Bibeldidaktik AT, in: WiBiLex 2011. www.bibelwissenschaft.de/stichwort/29935/.

Klippert, Heinz: Methoden-Training, Weinheim 1994, 22. Aufl. 2018.

Meyer, Karlo u. Tautz, Monika: Art. Interreligiöses Lernen, in: WiReLex 2015. www.bibelwissenschaft.de/stichwort/100068/.

Niehl, Franz W. u. Thömmes, Arthur: 212 Methoden für den Religionsunterricht, München 1998, neu überarbeitet 2014.

Nipkow, Karl E.: Elementarisierung, in: Bitter, Gottfried et al. (Hg.): Neues Handbuch religionspädagogischer Grundbegriffe, München 2002, 451–456.

Schröder, Bernd: Religionspädagogik, Tübingen 2012, 2. Aufl. 2021.

12. Die Zeit nach 2000 und die Kompetenzorientierung

> Nach der ersten PISA-Studie werden auch im Religionsunterricht die Kompetenzorientierung und nationale Bildungsstandards durchgesetzt.
> Die voranschreitende Säkularisierung* und Pluralisierung fördern das Nachdenken über konfessionelle Kooperation.
> Religionsdidaktische Überlegungen sind darüber hinaus durch die Subjektorientierung und die Heterogenität der Schüler:innen und Lehrer:innen beeinflusst.

Die 2000er Jahre begannen mit einer für die Bevölkerung Deutschlands drastischen Veränderung: Als Teil der Europäischen Union (EU) wurde der Euro als einheitliche Währung in zunächst zwölf Ländern eingeführt. Bereits mit dem Schengen-Abkommen, das 1990 in Kraft trat, wurde die Mobilität zwischen einigen Staaten der Europäischen Union vereinfacht. Das Ziel war es, dauerhaft für Frieden in Europa zu sorgen, die Wirtschaft zu stärken und die Solidarität zwischen den Menschen der verschiedenen Staaten zu fördern.

Nach vielen Jahren des Friedens in Europa und den USA beeinflussten neue Formen des Terrorismus die Weltpolitik: Mit dem terroristischen Anschlag auf das World Trade Center in New York und das Pentagon in Washington am 11. September 2001 veränderte sich die öffentliche Wahrnehmung von muslimischen Menschen, die seither mit antimuslimischem Rassismus zu kämpfen haben. Für die Gesellschaft und insbesondere die Schule und den Religionsunterricht wurde die Notwendigkeit, den interreligiösen Dialog zu stärken, dringlicher. Nachdem im Jahr 2015 die durch einen Bürgerkrieg verursachte Fluchtmigration aus Syrien die deutsche und europäische Asylpolitik herausforderte, wurde das Anliegen noch relevanter. Die ersten didaktischen Entwürfe zum Interreligiösen Lernen von Lähnemann und Leimgruber (siehe Kapitel 11) mussten weiterentwickelt werden. Auch der seit 2022 anhaltende Krieg in der Ukraine sorgt für Flucht und damit auch für intrakonfessionelle Diversität in der Schule und im Religionsunterricht (*Quelle 12.1*).

In den letzten 25 Jahren beschleunigte sich zudem die technische Entwicklung. Mit der Verbreitung von Computern und dem Zugang zum Internet veränderte sich das Mediennutzungsverhalten von Kindern und Jugendlichen entscheidend. Computerspiele und die Möglichkeit zu chatten ermöglichten neue Formen von Freizeitbeschäftigungen. Mit der massenhaften Verbreitung von Smartphones wurden diese Möglichkeiten auch mobil nutzbar. Besonders die Sozialen Medien wie Instagram oder TikTok werden meist täglich genutzt,

Kommunikation wird vor allem in Chats wie WhatsApp gepflegt. Die Ergebnisse der JIM-Studie aus dem Jahr 2023, für die 1200 Jugendliche im Alter von 12 bis 19 Jahren befragt wurden, zeigen, dass Jugendlichen im Durchschnitt täglich mehr als drei Stunden online sind. WhatsApp wird von 94 % der Jugendliche genutzt. Auch Serien und Filme werden im Internet gestreamt, YouTube wird von 63 %, Netflix von 50 % aller Jugendlichen genutzt. Die Ergebnisse zeigen nicht nur die Lebenswelt der Schüler:innen, sondern unterstreichen, dass es notwendig ist, Medienkompetenz in der Schule zu fördern. Dies wird besonders relevant, wenn bedacht wird, dass sexuelle Belästigung im Internet jedes dritte Mädchen und jeden vierten Jungen betrifft und 23 % der befragten Jugendlichen ungewollt pornografische Inhalte wahrgenommen haben (JIM-Studie 2023).

Neueste Studien zeigen, dass nicht nur die Gehirnstruktur von so genannten Digital Natives, also denjenigen, die bereits mit dem Internet und Sozialen Medien aufgewachsen sind, sondern auch deren Selbst- und Fremdwahrnehmung verändert wird. Die scheinbaren grenzenlosen Kommunikations- und Informationsmöglichkeiten beschleunigen die Prozesse der Globalisierung und Pluralisierung erheblich. Im Religionsunterricht werden zunehmend die digitalen Medien als methodische Varianz genutzt und auch zum Gegenstand des Lernens, damit ein geschulter Umgang mit den Medien eingeübt werden kann. Eine besondere Herausforderung für das Menschen- und Gottesbild ist die technische Entwicklung von Robotern und künstlicher Intelligenz (deutsch KI, englisch AI) und deren Einsatzmöglichkeiten (*Quelle 12.2*).

Das Internet ermöglicht zudem auch neue Formen der Wissensproduktion und -präsentation. So begann das in konfessioneller Kooperation herausgegebene Wissenschaftlich-Religionspädagogische Lexikon (WiReLex) im Jahr 2015 mit dem ersten Jahrgang und wird seitdem jährlich überarbeitet und um neue Beiträge erweitert. Die Bedeutung des seit 2023 der Öffentlichkeit zugänglichen Chatbots ChatGPT ist für die Schule und Hochschule noch kaum abzuschätzen. Die Corona-Pandemie in den Jahren 2020 und 2021, durch die Schulen immer wieder zeitweise geschlossen werden mussten, führte zu einem Boom in der Entwicklung von digitalem Material und auch digitalen Lernarrangements. Religionsunterricht wird nicht nur mit Schulbüchern unterstützt, sondern eine Vielzahl an digital verfügbaren Materialien wird verwendet, die z. B. auf der Seite „rpi-virtuell" zur Verfügung stehen. Die Qualität der online gestellten Unterrichtsmaterialien variiert stark, sodass in der Lehrkräfteausbildung Kriterien gelehrt werden sollten, mit denen qualitativ hochwertiges Material ausgewählt werden kann (z. B. SANE, das Selbstlerntool Ambivalente Narrative in Erklärfilmen https://sane-digital.de/sane/).

Nachdem die Sichtbarkeit der Kirchen in den Schulen besonders nach den 1968ern Jahren stark kritisiert wurde, entwickelte sich in den 1990er Jahren in vielen Landeskirchen und Bistümern eine neue Form der Präsenz von Kirche im Schulleben: die evangelische Schulseelsorge bzw. die katholische Schulpastoral. Religionslehrkräfte können sich weiterqualifizieren, um diese an ihren Schulen anzubieten, und die Institutionalisierung und Professionalisierung durch Standards (vgl. Seelsorgegeheimnisgesetz der EKD 2009 und EKD-Orientierungsrahmen 2015) begannen. Schulseelsorge und -pastoral bieten unter anderem eine religiös-ethische Lebensberatung einzelner Schüler:innen, religiöse Begleitung in Krisen wie Tod und Trauer und Übergangsrituale (Einschulung, Abitur) für die gesamte Schule sowie Gestaltung des Schullebens in den christlichen Festzeiten und andere Aktivitäten.

Kompetenzorientierung und Bildungsstandards
Für die Didaktik des Religionsunterrichts ist die Kompetenzorientierung entscheidend gewesen. Mit der von der OECD (Organisation for Economic Cooperation and Development) organisierten internationalen Schulleistungsuntersuchung PISA (Programme for International Student Assessment) wurden zum ersten Mal im Jahr 2000 die schulischen Leistungen von 15-jährigen Schüler:innen in den Mitgliedsstaaten der OECD miteinander verglichen. Das Ergebnis enttäuschte und hatte weitreichende Folgen für das deutsche Schulsystem: Deutschland befand sich lediglich im Mittelfeld, z. B. Platz 21 in Mathematik von 32 teilnehmenden Staaten. Oft wird in diesem Zusammenhang vom „PISA-Schock" berichtet. Darauf forderte die Konferenz der Kultusminister der Länder der Bundesrepublik (KMK) im Jahr 2003 die Orientierung an Kompetenzen statt an Lernzielen und es wurden nationale Bildungsstandards festgelegt. Kompetenzen wurden als Fähigkeit, Probleme zu lösen, definiert. Zwar wurde in der PISA-Studie nicht speziell religiöses Wissen geprüft und verglichen, doch die Veränderungen des Bildungswesens betrafen alle Fächer. Das Schulsystem wurde dahingehend verändert, dass Lernergebnisse messbar und überprüfbar sein sollten. Es wurde statt vom „Input" von „Output", d. h. von den Lern-Ergebnissen her gedacht. Mit empirischen Untersuchungen wurde erforscht, was lernwirksam und motivationsfördernd ist. Die Meta-Studie des australischen Bildungsforschers John Hattie ergab, dass für gelingende Lernprozesse die Person der Lehrkraft eine entscheidende Rolle spielt.

Für den Religionsunterricht stellte sich die Frage, was Gegenstand und Ziel des Faches sein konnte. Bei der Etablierung von „Einheitlichen Prüfungsanforderungen in der Abiturprüfung" (EPA) durch neue Standards und Operatoren waren die Kommissionen für den evangelischen und katholischen Religionsunterricht im Jahr 2006 Vorreiterinnen. Im religionspädagogischen Diskurs wurde intensiv über die Vor- und Nachteile der Kompetenzorientierung diskutiert, verschiedene Modelle und Ansätze wurden entwickelt und wieder verworfen. Religionspädagog:innen waren sich in der Regel darüber einig, dass die allgemein formulierten Standards und Qualitätsmerkmale selbstverständlich auch für den Religionsunterricht gelten sollten, jedoch die Absichten des Religionsunterrichts noch darüber hinaus gehen. Denn den mit der Kompetenzorientierung formulierten Zielen liegt ein funktionaler Religionsbegriff zugrunde. Dass Religionsunterricht jedoch mehr Potenzial bietet als messbare Kompetenzvermittlung, wird unter anderem in dem Selbstverständnis der Lehrkräfte sichtbar. Sie sehen sich selten nur in der Rolle der Wissenvermittler:innen, sondern haben häufig ein hohes Interesse, sich den Schüler:innen zuzuwenden, sie zu begleiten und mit dem Religionsunterricht ein Gegengewicht zum restlichen Schulalltag zu bilden. Die so genannte Subjektorientierung gilt als unumstrittene Standard für einen gelungenen Unterricht. So zeigt *Quelle 12.3* als Beispiel das durch ein biografisches Interview herausgearbeitete Selbstverständnis einer evangelischen Religionslehrerin an einer Berufsschule, die sich fürsorglich um ihre Schüler:innen kümmerte. In *Quelle 12.4* berichtet eine Religionswissenschaftsstudentin über ihre Erfahrungen als Schülerin im Religionsunterricht.

Bereits Anfang der 2010er Jahre hatte der Religionsunterricht die Kompetenzorientierung in den Lehrplänen, Schulbüchern und Unterrichtsentwürfen weitgehend als didaktisches Prinzip aufgegriffen. Sowohl konfessionelle als auch regionale Unterschiede gibt es jedoch in der Ausgestaltung der Kompetenzen in so genannten inhaltsbezogenen Kompetenzen (*Quelle 12.5*). Die Zeit nach 2000 ist davon gekennzeichnet, dass eine Fülle an Material und Praxisbüchern für den Religionsunterricht produziert wurde und wird. Für das kompetenzorientierte Unterrichten wurden Praxishilfen verfasst, die den Bildungsstandards und inhaltsbezogenen Kompetenzen gerecht werden. Die Lebenswelt der Schüler:innen wurde durch so genannte Anforderungssituationen mit den Unterrichtsinhalten verknüpft. Sie stellen möglichst lebensnahe Situationen dar, die die Schüler:innen herausfordern, mit zuvor im Unterricht erworbenen und eingeübten Fähigkeiten Lösungen zu finden. So wird die Motivation der Schüler:innen erhöht, da ihnen die Relevanz des Lernens ersichtlich wird. Die Lehrkräfte sind herausgefordert, solche Anforderungssituationen zu identifizieren und als Lernanlässe für die Unterrichtsplanung fruchtbar zu machen. An ihnen hängt sich sodann die Unterrichtsplanung auf (*Quelle 12.6*).

Ein inhaltlicher Anlass für die Produktion von Unterrichtsmaterial war im Jahr 2017 das 500-jährige Reformationsjubiläum*, das konfessionsübergreifend im Religionsunterricht aufgenommen wurde. Über 35 Unterrichtsbegleithefte wurden allein zwischen 2008 und 2017 in der Jubiläumsdekade zum Thema Luther und Reformation veröffentlicht (*Quelle 12.7*).

Modi der Weltbegegnung und Perspektivenwechsel

Der Erziehungswissenschaftler Jürgen Baumert, der in der Leitung der deutschen PISA-Sektion tätig war, entwickelte vier Modi der Weltbegegnung, in die die verschiedenen Schulfächer eingeordnet werden können. Seine Grundidee war, dass diese Modi gemeinsam mit fünf kulturellen Basiskompetenzen wie beispielsweise eine fremdsprachliche Kompetenz oder die Kompetenz der Selbstregulation des Wissenserwerbs die Grundstruktur von Allgemeinbildung bilden. Die fachliche Ausdifferenzierung, die in der Schule durch die Schulfächer zum Ausdruck kommt, ist entscheidend für die Allgemeinbildung. Aufgabe der Schule sei es dementsprechend, die Welt aus den verschiedenen Deutungsperspektiven zu vermitteln und verstehbar zu machen. Religion und Philosophie bilden den vierten Modus der Weltdeutung, den der Probleme konstitutiver Rationalität, also um Fragen, die „ganz grundlegend auf die Deutung der Welt und meines Lebens in dieser Welt hinführen" (Dressler, 2007, 253).

Der evangelische Religionspädagoge Bernhard Dressler, der eine wichtige Stimme im religionspädagogischen Diskurs der letzten 30 Jahre war, entwickelte mit den Überlegungen Baumerts seine Didaktik des Perspektivenwechsels. Seines Erachtens nach ist ein Perspektivenwechsel zwischen den Weltdeutungszugängen der Kern aller Bildungsprozesse: „In modernen Gesellschaften müssen Menschen wissen, aus welchen unterschiedlichen Perspektiven sie in unterschiedlichen beruflichen, gesellschaftlichen, privaten Situationen die Welt wahrnehmen, und welcher blinde Fleck mit jeder dieser Perspektiven unvermeidlich verbunden ist." (Dressler 2007, 254) Die Unterscheidung von Religion und Glaube, von „religiöser Rede" und „Reden über Religion" ist für den Modus der Weltdeutung, in den der Religionsunterricht gehört, eine wichtige Einsicht. Die Unterscheidung von Binnenperspektive und Außenperspektive muss im Religionsunterricht eingeübt werden, indem didaktisch sinnvoll der Perspektivenwechsel initiiert wird. Die Didaktik des Perspektivenwechsels geht bei Dressler einher mit Überlegungen zur performativen Religionsdidaktik.

Vielfältige didaktische Ansätze

Während in der Retrospektive für die vergangenen Jahrzehnte recht gut verschiedene Konzeptionen unterschieden werden konnten, trifft dies für die Jahre ab 2000 nicht mehr zu. Die Kompetenzorientierung veränderte grundlegend die Art, Religionsunterricht didaktisch zu planen und durchzuführen. Die verschiedenen Ansätze wie problemorientierter Religionsunterricht oder Symboldidaktik blieben dabei jedoch weiterhin aktuell, aber ordneten sich der Kompetenzorientierung unter.

12. Kompetenzorientierung nach 2000

Bernhard Dressler (1947–2023)
Dressler wuchs als Kind einer schlesischen Flüchtlingsfamilie, die in einer Methodistengemeinde* aktiv war, in Niedersachsen auf. Durch die Erfahrungen in der landeskirchlichen Jugendarbeit angeregt, studierte er von 1966 bis 1973 Theologie und später Politikwissenschaften in Göttingen und Frankfurt am Main. Er schloss sich in den 1960er Jahren dem Sozialistischen Deutschen Studentenbund (SDS) an und nahm an Demonstrationen im Zuge der Proteste der 1968er Bewegung teil. Seine Überzeugungen hielten davon ab, Pfarrer zu werden, sodass er das Staatsexamen mit den Fächern evangelische Religion und Politik absolvierte und in Hannover als Lehrer arbeitete. Während seiner Tätigkeit als Lehrer promovierte er 1989 mit einer Doktorarbeit in den Politikwissenschaften. 1991 wechselte er an das Loccumer Religionspädagogische Institut, das er später als Direktor von 1995–2003 leitete. 2003 wurde zum Professor für Religionspädagogik in Marburg berufen. Hier gestaltete er in den herausfordernden Jahren nach PISA maßgeblich die neu auszurichtende Lehrkräftebildung als Direktor des Zentrums für Lehrerbildung mit. Seine Überlegungen zur performativen Religionsdidaktik und zur Unterscheidung von Religion und Bildung prägten den religionspädagogischen Diskurs.
Literatur:
Saß, Marcell: Nachruf auf Prof. Dr. Bernhard Dressler https://www.uni-marburg.de/de/fb05/aktuelles/news/nachruf-prof-bernhard-dressler.pdf

Auch die Bibeldidaktik wurde für die didaktische Umsetzung von biblischen Themen im Religionsunterricht weiterentwickelt. Besonders erfolgreich erwies sich das von der Religionspädagogin Mirjam Zimmermann und dem Neutestamentler Ruben Zimmermann herausgegebene Handbuch Bibeldidaktik. In verschiedene Schwerpunkte unterteilt widmet sich das Handbuch durch die Perspektive vieler Religionspädagog:innen und Exeget:innen beispielsweise geschichtlicher Annäherung, Inhalten, Methoden und Konzepten. Auch Elemente einer performativen Religionsdidaktik lassen sich im Handbuch wiederfinden, beispielsweise in den verschiedenen ergebnisoffenen Zugängen zur Bibel wie den Bibelwort-Karten, dem Bibliodrama und dem Bibliolog.

In der performativen Religionsdidaktik wird dem Umstand Rechnung getragen, dass die Mehrzahl der Schüler:innen nicht mehr religiös sozialisiert wurden (siehe zum Traditionsabbruch Kapitel 10 und 11). Das bedeutet, dass im Religionsunterricht nicht mehr reflektiert über Religion geredet werden kann, da dies eine Begegnung mit religiösen Praxisvollzügen und religiöser Kommunikation voraussetzt. Dressler stellt fest: „Es geht zunächst [...] um eine Religionsdidaktik, die auch in der schulischen Normalsituation der Einsicht gerecht wird, dass man nicht über Religion kommunizieren kann, ohne dass wenigstens eine Ahnung von religiöser Kommunikation ins Spiel gebracht wird." (Dressler 2015, 4) Es geht in der performativen Religionsdidaktik um eine „experimentelle Ingebrauchnahme von religiöser Kommunikation" (Dressler 2015), um den Modus eines religiösen Weltdeutungszugangs besser verstehen zu können. Eine Unterrichtsidee für eine derartige Ingebrauchnahme zeigt *Quelle 12.8*. Katholische Religionspädagog:innen hingegen verstehen eine performative Religionsdidaktik vor allem als eine notwendige Möglichkeit, die Schüler:innen im Religionsunterricht „mit Formen gelebten Glaubens bekannt [zu] machen und eigene Erfahrungen mit Kirche und Glaube [zu] ermöglichen", wie es die Deutsche Bischofskonferenz in ihrer den Religionsunterricht prägenden Veröffentlichung aus dem Jahr 2005 beschreibt (26. Aufl. 2017, 26). Die Diskussionen, inwieweit performative Unterrichtsanteile übergriffig und grenzüberschreitend sein können, entzündeten sich besonders am Thema Beten im Religionsunterricht.

Heterogenität der Schüler:innen und Lehrer:innen
Mit dem „Übereinkommen über die Rechte von Menschen mit Behinderungen" der Vereinten Nationen, das 2008 in Kraft trat, verpflichteten sich die unterzeichnenden Staaten, die Teilhabe am gesellschaftlichen Leben von Menschen mit Behinderungen zu gewährleisten. Dass sie ein Recht auf Bildung haben, wurde explizit ausgeführt und führte zu einer Umgestaltung des Schulsystems, da sie nicht länger vom allgemeinen Bildungssystem ausgeschlossen werden durften („Inklusion"). Förderschulen, an denen Schüler:innen mit sonderpädagogische Förderbedarf unterrichtet wurden, bestehen zwar weiterhin, doch Eltern haben ein Recht darauf, ihr Kind mit Behinderung an einer Regelschule unterrichten zu lassen. Der Umgestaltungsprozess dauert noch an, besonders finanzielle und personelle Fragen sind weiterhin ungeklärt.

Auch andere Diskriminierungsformen werden zunehmend in der Religionspädagogik wahr- und ernstgenommen, so setzt sich die gendersensible Religionspädagogik zum Ziel, dass die verschiedenen Ebenen von Geschlecht und seine Rolle für die Lernprozesse im Religionsunterricht reflektiert werden. Aus der feministischen Theologie erwachsen, wurde seit den späten 1990er Jahren die Rolle der Frau in der Gesellschaft und in der Bibel zunehmend kritisch beleuchtet und das vom Patriarchat* geprägte Christentum hinterfragt. Die Dekonstruktion von Geschlecht durch die amerikanische Philosophin Judith Butler ermöglicht zudem das Denken über binäre Geschlechterkonstruktionen hinaus. In verschiedenen Netzwerken wird in professionsübergreifenden Gruppen über Diversität und intersektionale Themen diskutiert (z. B. INREV Inklusive Religionspädagogik der Vielfalt: https://inrev.de/ und NARRT: Netzwerk antisemitismus- und rassismuskritische Religionspädagogik und Theologie https://narrt.de/).

Konfessionelle Kooperation

Es stellte sich die Frage, inwiefern der Religionsunterricht angesichts wachsender Zahlen von konfessionsfreien Schüler:innen und den Entwicklungen der Globalisierung, Säkularisierung* und Pluralisierung konfessionell ausgerichtet bleiben kann. Auch im europäischen Kontext stieß und stößt das deutsche Modell des konfessionellen Religionsunterrichts häufig auf Unverständnis. Einige europäische Länder führten einen verpflichtenden nicht-konfessionellen religionskundlichen Religionsunterricht ein („religious education"). Angesichts diese Legitimationsdrucks beschäftigte sich auch die EKD-Denkschrift „Religiöse Orientierung gewinnen" aus dem Jahr 2014 mit dem Verhältnis von Konfessionalität und Pluralität. Nachdrücklich hält die EKD aber am konfessionellen Religionsunterricht fest. „Für die EKD bleibt die grundsätzliche Verankerung des Evangelischen Religionsunterrichts nach Artikel 7 Absatz 3 GG Ausgangspunkt aller Überlegungen zu seiner rechtlichen und organisatorischen Gestaltung." (EKD, 2014, 95f.) Favorisiert wurde in der Denkschrift das Modell der Konfessionellen Kooperation: Lehrer:innen verschiedener Konfessionen arbeiten in der Schule zusammen und unterrichten phasenweise (bis zu einem Jahr) in gemeinsamen Lerngruppen oder laden sich für bestimmte Themen gegenseitig ein. Der pädagogische und religionspädagogische Fokus liegt darin, Gemeinsamkeiten zu entdecken und diese zu stärken, sich bestehender Unterschiede bewusst zu werden, diese kritisch zu reflektieren und ihnen so gerecht zu werden. Statt von einer abstrakten Idee von Religion auszugehen, sollten die Positionalität und die Zugehörigkeit oder Affinität zu unterschiedlichen Glaubensweisen reflektiert werden. In der Bewegung zwischen Außen- und Innenperspektive wird so der respektvolle Umgang mit religiöser Pluralität gelernt.

Für den konfessionell-kooperativen Religionsunterricht liegt allerdings noch wenig didaktisches Material vor (*Quelle 12.9;* vgl. auch Baumert u. Teschmer). Hürden gegen den „KoKoRU" sind z. B. das Approbationsverfahren für Schulbücher, die Verlagsprofile, die Schwierigkeiten für fächerverbindenden Unterricht in der Schulpraxis, die oft fehlende Curriculum*-Parallelität und die Praxis von Vocatio und Missio. Dennoch etabliert sich die konfessionelle Kooperation im Religionsunterricht insbesondere in Baden-Württemberg, vorangebracht durch die Tübinger Religionspädagogen Friedrich Schweitzer (evangelisch) und Albert Biesinger (katholisch), und im Grundschulbereich. Dabei werden noch vielfältige didaktische Herausforderungen im konkreten Schulalltag zu meistern sein.

Die Ergebnisse der aktuellen, von der EKD verantworteten Kirchenmitgliedschaftsuntersuchung (VI. KMU) zeigen, dass sich der evangelische Religionsunterricht in den letzten Jahren auf diese Herausforderungen eingestellt hat. Er werde „zunehmend als plural und weniger als konfessionell ausgerichtet empfunden" (KMU 2023, 56). Zudem blieb es bei den Befragten positiv in Erinnerung, dass auch konfessionsfreie Schüler:innen und jene aus anderen Religionsgemeinschaften am evangelischen Religionsunterricht teilnahmen. Sowohl die Ausrichtung als auch die Pluralität der Schüler:innen wurden als gewinnbringend empfunden. Die Relevanz des Religionsunterrichts für die persönliche Entwicklung „ist umso höher, je stärker der Unterricht eine offene Diskussionskultur aufwies und andere Religionen behandelte" (KMU 2023, 56).

Die Geschichte der Didaktik des Religionsunterrichts zeigt, dass ihre Stärke darin liegt, dass sie sich immer wieder neuen Herausforderungen stellen kann.

Quellentexte

12.1 Clauß Peter Sajak, Interreligiöses Lernen. 2018. Einleitung. In: Ders. (Hg.): Interreligiöses Lernen, Darmstadt 2018, 9f.

Wendet man den Blick über Deutschland und über Europa hinaus, so ist offensichtlich, dass Religion inzwischen ein Megathema ist. Seit den furchtbaren Ereignissen des 11. Septembers 2001 ist Religion mit brachialer Gewalt in den örtlichen Diskurs zurückgekehrt, nachdem seit dem Kulturbruch von 1968 der Eindruck gefördert worden war, Religion würde im Zuge von Modernisierung und Wohlstandsvermehrung als Thema obsolet werden. Doch bereits Mitte der 1990er Jahre hatte Samuel Huntington mit seiner Programmschrift vom „Kampf der Kulturen" auf das Potential und die Dynamik kultureller wie religiöser Konflikte hingewiesen, Martin Riesebrodt prognostizierte zur Jahrtausendwende „Die Rückkehr der Religionen". Entsprechend sind interreligiöses Lernen, interreligiöse Verständigung und interreligiöser Dialog auf der lokalen, regionalen wie globalen Ebene ein wichtiger Baustein, um an einer besseren Verständigung und einem friedlicheren Miteinander von Menschen heute mitzuwirken. Dabei darf allerdings nicht übersehen werden, dass die kulturellen und religiösen Konflikte, die im Besonderen die Menschen in der Bundesrepublik Deutschland seit der großen Flüchtlingsbewegung im Spätsommer 2015 beschäftigen, nur bedingt durch interreligiöses Lernen und interreligiösen Dialog gelöst werden können: Zum einen ist die kulturelle Heterogenität, die das Miteinander von geflüchteten Menschen und deutscher Bevölkerung markieren, wahrscheinlich wesentlich wirkmächtiger als allein religiöse Vorstellungen und Praktiken, die von Migranten praktiziert werden. Zum anderen darf nicht übersehen werden, dass neben Religion und Kultur vor allem auch die Traumatisierung durch Krieg und Flucht die eingewanderten Menschen zutiefst prägt. Wer in der Flüchtlingsarbeit aktiv ist, weiß, dass dies oft bereits das Gespräch über Religion und Glaube unmöglich macht, geschweige denn interreligiöse Lernszenarien möglich sind. Bernhard Grümme hat treffend in seiner jüngsten Publikation darauf hingewiesen, dass das interreligiöse Lernen im Kontext der Flüchtlingsintegration vor besonderen Schwierigkeiten steht und hier nicht mit Erwartungen überladen werden sollte, die es nicht einlösen kann (Grümme 2017: 202f.)

12. Kompetenzorientierung nach 2000

12.2 Anita Seebach, Anke Trömper, Der Segensroboter BlessU2 der EKHN.
Eine Unterrichtsidee. In: RPI Newsletter Sekundarstufe 1 (3/2019), https://www.rpi-ekkw-ekhn.de/newsletter-sek-i/ausgabe-3-august-2019#c6017

Zielgruppe: Jahrgangsstufe 7/8
Kompetenzen:
- Deuten und verstehen: Segnen als religiöse Sprach- und Ausdrucksformen bestimmen und seine Bedeutung erklären.
- Fragen und begründen: eigene Überlegungen zu Segen durch einen Roboter formulieren und begründen
- Kommunizieren und bewerten: Positionen bewerten und aus dem Dialog Schlussfolgerungen für die eigene Auffassung ziehen

Inhaltsfelder: Kirche, Gott
Anforderungssituation:
Im Kirchenvorstand (KV) deiner Gemeinde ist eine Diskussion darüber entbrannt, ob man für das nächste Gemeindefest den Segensroboter BlessU2 der EKHN mieten sollte. Weil die Gemeinde Jugendliche stärker in Entscheidungsprozesse einbeziehen möchte, fragt der KV in eurer Konfirmandengruppe nach eurer Meinung. Jeder und jede von euch ist nun aufgefordert, eine Stellungnahme für die Entscheidungsfindung des KV abzugeben.

Abbildung 12. Segensroboter.

Mögliches Vorgehen:
- Was ist eigentlich ein Segen? / Was bedeutet der Segen? Recherche zu verschiedenen Segensworten und Segensgeschichten in der Bibel: Wer wird gesegnet, warum und von wem?
- Wie wird der Segen heute verwendet? Recherche zum Einsatz des Segens im Gottesdienst, in anderen kirchlichen Zusammenhängen etc. Wie empfinden Menschen es, gesegnet zu werden? Welche Funktion erfüllt der Segen?
- Informationen über den Segensroboter der EKHN sammeln und Pro- und Kontra-Positionen zum Einsatz eines Segensroboters zusammentragen.
- Eine eigene Stellungnahme formulieren und eine Position zur Ausgangsfrage einnehmen, dabei bedenken: Wie wichtig ist mir der Segen, kann er von einer Maschine genauso gut gespendet werden wie von einem Menschen, …?

12.3 Auswertung des Interviews mit Religionslehrerin Elvira Abel.
In: Thomas Klie, Die Berufsbiografie Elvira Abel: Bearbeitung adoleszenter Problemlagen als Versuch, einem religiös motivierten Ethos unterrichtliche Gestalt zu geben. In: Feige, Andreas u. Dressler, Bernhard u. Lukatis, Wolfgang u. Schöll, Albrecht: Religion bei ReligionslehrerInnen. Religionspädagogische Zielvorstellungen und religiöses Selbstverständnis in empirisch-soziologischen Zugängen, Münster et al. 2000, 91–95.

Frau Abel sieht sich als Lehrerin weniger in der Rolle der Wissensvermittlerin, sondern eher in der einer erwachsenen Begleiterin für ihre erwachsen werdenden Schülerinnen und Schüler. Für sie ist sie jederzeit ansprechbar und erreichbar; sie sieht sich selbst als „immer so die Kummertante". Als „Ansprechpartnerin" steht sie ihren Lerngruppen unmittelbar nach dem Unterricht mit Rat und Tat zur Seite. [...] Selbst noch in ihrer Freizeit lässt sie sich bis spät abends zu Hause von Rat suchenden Schülerinnen anrufen bzw. führt auch dort Beratungsgespräche durch. [...] Als eine christliche Pädagogin sieht sich Elvira Abel offenbar „immer im Dienst". Mit diesem lebenskundlich-seelsorgerlichen Unterrichtskonzept korreliert in hohem Maße die didaktische Anlage ihres Religionsunterrichts. Ihre Schülerinnen und Schüler sieht Elvira Abel als potenziell mit Defiziten behaftete Subjekte, denen sie sich selbstverständlich zuzuwenden hat, um deren Problemen in unterrichtlichen oder außerschulischen Gesprächen nachzugehen.

12.4 Reflexion des erfahrenen Religionsunterrichts, Didaktik zwischen Glaubenserschließung und Religionskunde, Essay einer Frankfurter Religionswissenschaftsstudentin, Frankfurt 2023. Unveröffentlicht.

Der Religionsunterricht, an den ich mich aus meiner Schulzeit erinnere, wurde oft von Schülern als „Pause zum Mandala-Malen" oder ähnliches betitelt, was bei Kritikern des schulischen Religionsunterrichts selbstverständlich auf offene Ohren traf – aber gar nicht stimmte. In meiner ganzen Schulzeit habe ich ein einziges Mal ein Mandala ausgemalt und das war im Sport-Vertretungsunterricht in der 2. Klasse. Im Gegenteil, ich erinnere mich an biblische Geschichten, die wir im Grundschulalter kennenlernten, mit Holzfiguren auf einer großen, ausgebreiteten Decke nachspielten und erzählen sollten, auch an Lieder, die wir sangen, und ca. ab der 7. Klasse dann an einen Besuch in einem Buddhistischen Meditationszentrum, an eine Klausur über die Kirche im Nationalsozialismus, an ein Arbeitsblatt zu den 5 Säulen des Islam, an ein Referat über Suizid und zuletzt an die Frage: Was ist Liebe? Während wir im Grundschulalter Religion aus einer Beteiligungsperspektive betrachteten und unsere Arbeitsmedien aus Holzfiguren, Liedtexten und Arche-Noah-Origami bestanden, lernten wir in Mittel- und Oberstufe weitere, verschiedene Zugänge zu Religion kennen. Der ein oder andere, der der besten Freundin wegen vom Ethik-Unterricht in den „Reli"-Unterricht „flüchtete", hatte womöglich bisher bloß den einen Zugang zu religiösen Themen erfahren: den „Drum-Herum-Gang" und trotzdem gab es auch für ihn die Möglichkeit, bereits Bekanntes aufzugreifen und in Beziehung zu dem zu setzen, was er da nun Neues hörte. Es kamen neue didaktische Methoden hinzu, wie eben Referate, Exkursionen und das Arbeiten mit Quellentexten. Während in den Klassen 1–4 noch sehr viel von Lehrkräften vorgelesen und erzählt wurde, lernten wir nach und nach uns eigenständig religiösen

12. Kompetenzorientierung nach 2000

sowie ethischen Fragestellungen und Herausforderungen zu nähern und Position zu diesen zu beziehen. Dies wurde nicht zuletzt durch die zahlreichen Medien ermöglicht, die uns nun zur Verfügung standen: die Bibel selbst – ein Schulbuch für den Religionsunterricht besaßen wir tatsächlich und leider nicht –, das Internet, Musik, das Gespräch miteinander und – ein Medium, welches, wie auch das Internet, erst wenigen Generationen überhaupt zur Verfügung stand: der Film. Ja, auch Filme im Unterricht wurden immer gerne belächelt, aber ich erinnere mich zum Beispiel an eine Diskussion, die am letzten Tag vor den Ferien in unserem Religionsunterricht ausbrach, nachdem man mit uns Life of Pi gesehen hatte – eine derart rege Beteiligung der Schüler hatte ich in keinem anderen Fach zu keinem anderen Zeitpunkt je erlebt. Selbstverständlich sollte der Einfluss Hollywoods auf unsere geisteswissenschaftlichen Schulfächer nicht überhandnehmen, man bedenke ganz besonders den Geschichtsunterricht, aber doch schien sich ein grundsätzliches Verständnis aller Schüler im Kurs zu entfalten: Wir begriffen die Macht der Metaphern. Nach dieser Stunde schlug sich kein geborener Mathematiker unter uns gegen die Stirn, als wir die Geschichte der Brotvermehrung lasen, unser Biologie-Ass rollte zum ersten Mal nicht die Augen, als wir thematisierten, warum der vermeintlich erste Mensch aus dem Garten Eden geworfen wurde und auch wer noch an Wunder zu glauben wagte, der hatte nun einen Weg gefunden, den inneren Zweifler zum Schweigen zu bringen. Ich denke, dass sich hierbei eine neue didaktische Ebene auftat, die im Schulunterricht durchaus präsent sein sollte: Wer nicht weiß, was ein Schüler – ganz ehrlich und unverblümt – über (seine) Religion denkt, wie er sich fühlt, während man ihm erklärt, welches Gefühl Religion bei anderen Menschen verursacht oder wie Schleiermacher und Luther über Religion denken, wer ihn aus einer puren, objektiven Außenperspektive unterrichtet, der wird ihn nie erreichen. Aber wer ihn stets auf der Suche nach der subjektiven Erfahrung des Numinosen hin zu belehren versucht, der lässt ihn sprichwörtlich nie über seinen Tellerrand hinausschauen.

12.5 Grundlegende Kompetenzen für den evangelischen Religionsunterricht.
In: EKD (Hg.): Kerncurriculum* für das Fach Evangelische Religionslehre in der gymnasialen Oberstufe, Hannover 2010, 13.

Kompetenzen für den Evangelischen Religionsunterricht beschreiben die fachspezifischen und fachübergreifenden Fähigkeiten und Fertigkeiten, die Schülerinnen und Schülern helfen, sich in der religiösen Pluralität der modernen Welt zu orientieren, eigene religiöse Überzeugungen zu gewinnen, darüber auskunfts- und dialogfähig zu sein sowie ethisch verantwortlich zu urteilen und zu handeln. In der Oberstufe werden die religiösen Bildungsprozesse der Sekundarstufe I fortgeführt. Dabei werden die grundlegenden Kompetenzen religiöser Bildung [...] ausdifferenziert und vertieft:
- Wahrnehmungs- und Darstellungsfähigkeit – religiös bedeutsame Phänomene wahrnehmen und beschreiben
- Deutungsfähigkeit – religiös bedeutsame Sprache und Zeugnisse verstehen und deuten
- Urteilsfähigkeit – in religiösen und ethischen Fragen begründet urteilen
- Dialogfähigkeit – am religiösen Dialog argumentierend teilnehmen

- Gestaltungsfähigkeit – religiös bedeutsame Ausdrucks- und Gestaltungsformen verwenden.

12.6 Uta Martina Hauf, Mein Gottesbild – Vorstellungen von Gott.
Kompetenzorientierte Unterrichtsidee mit Lernanlässen für Lernzeitraum 5/6. In: Michalke-Leicht, Wolfgang (Hg.): Kompetenzorientiert unterrichten. Das Praxisbuch für den Religionsunterricht, München 2011, 86f.

Lernanlässe
Kinder und Jugendliche machen sich ihre ganz eigenen Gedanken und Bilder zu Themen und philosophischen Fragen unserer Zeit. Nicht immer sind diese Vorstellungen mit denen der Erwachsenen deckungsgleich, und dennoch haben sie ihre eigene Berechtigung.
Dein kleiner Bruder fragt dich, wie Gott aussieht. Was antwortest du?
In einer Diskussion in der Klasse ruft einer deiner Klassenkameraden: „Beten bringt doch nichts. Der kann mich sowieso nicht hören." Wie reagierst du?
Bei euch in der Straße ist ein vierjähriger Junge gestorben. Wie kann Gott so etwas zulassen?

Lernvorhaben
Folgende Kompetenzen aus dem Bildungsplan können bedient werden: Die SuS
- wissen, dass das Bekenntnis zum Schöpfergott eine Antwort auf die Frage ist, woher alles kommt und wohin alles geht.
- wissen, dass Religionen von Gott in Bildern und Symbolen sprechen, und können ein biblisches Bild für Gott erläutern.

Lernarrangement
Für den Aufbau einer Lernsequenz sind 5–6 Doppelstunden (=DS) vorgesehen. In der ersten DS findet die Einführung in biblische Gottesbilder statt. In der zweiten DS gestalten die SuS ihr Gottesbild mit unterschiedlichen Materialien, in der dritten und vierten DS beschäftigen sie sich mit fremden Gottesvorstellungen (islamische, hinduistische, griechische …) und gestalten dazu Lernplakate. In den letzten beiden DS findet die Ausstellung statt und die SuS reflektieren über Gemeinsamkeiten, Unterschiede und die Bedeutung für das religiöse Leben.

12.7 Johannes Träger, Hat Luther als erster Deutscher die Bibel übersetzt?
Solus Lutherus? Oder: Die Entstehung der Wittenberger Bibel. Eine Kompetenzorientierte Unterrichtsidee. In: Käbisch, David u. Träger, Johannes u. Witten, Ulrike u. Palkowitsch-Kühl, Jens: Luthers Meisterwerk – Eine Bibelübersetzung macht Karriere. Bausteine für den Religionsunterricht in der Sek. I, Göttingen 2015, 20.

Seit die Bilder laufen lernten, wurde das Leben Martin Luthers immer wieder neu verfilmt. Seit über 100 Jahren wurden mehr als 15 Lutherfilme produziert, die jeweils für ihre Zeit ein typisches Bild Martin Luthers auf die Leinwand brachten. Anders als Dokumentationen erheben Spielfilme nicht den Anspruch einer historisch genauen Verfilmung. Auch der Film Luther von Eric Till (2003) setzt andere Schwerpunkte. Zur Analyse der Schlüsselszene zu Luther und der Bibel in diesem Film sind folgende historische Informationen wichtig: Luther und Friedrich der Weise sind sich persönlich

nie begegnet. Die erste Lutherbibel wurde erst 1534 gedruckt. Zu diesem Zeitpunkt war Friedrich der Weise bereits seit neun Jahren tot. Martin Luther nutzte bei den Übersetzungen der Schriften des Alten und Neuen Testaments auch die Hilfe von anderen Gelehrten in Wittenberg. Besonders Philipp Melanchthon (1497–1560) brachte seine hervorragenden Kenntnisse der griechischen und Matthäus Aurogallus (1490–1543) der hebräischen Sprache mit ein. Im Film trifft Martin Luther (gespielt von Joseph Fiennes) auf den sächsischen Kurfürsten Friedrich den Weisen (gespielt von Sir Peter Ustinov), Timecode: 1:35:07–1:37:05.
1. Beschreibe, wie Sir Peter Ustinov und Joseph Fiennes dieses Treffen spielen.
2. Erkläre anhand der historischen Informationen, inwieweit die Szene von historischen Fakten abweicht.
3. Formuliere Gründe, die den Regisseur veranlasst haben konnten, diese Begegnung entgegen historischen Erkenntnissen zu inszenieren.
4. Diskutiere, ob Spielfilme über historische Personen und Ereignisse sich immer streng an historischen Quellen orientieren müssen.
5. Folgende Situation ereignet sich am Ende einer Religionsstunde: Die Schüler bitten ihren Lehrer, ihnen in der letzten Stunde vor den Ferien als Belohnung einen Lutherfilm zu zeigen.
Der Lehrer lehnt den Wunsch ab und sagt: „In diesem Film gibt es viele Szenen, die völlig frei erfunden sind. Da kann man nichts über den historischen Luther lernen!" Sammelt Argumente, die dem Lehrer klarmachen, was man mit diesem Film dennoch lernen kann.

12.8 Silke Leonhard, Passion spielen. Religionspädagogisch-performative Gedanken. In: Loccumer Pelikan 3/2020, 23-26. Siehe auch: https://www.rpi-loccum.de/material/pelikan/pel4_20/4_20_Leonhard.

Auf der Bühne der Schulaula stehen drei Jungen nebeneinander, dem Publikum zugewandt, und blicken starr ins Leere. Sie inszenieren eine Passage des Buches Hiob. „Ausgelöscht!", schreit der eine. „Ausgelöscht", echot es aus mehreren Richtungen etwas gedämpfter. „Ausgelöscht" – wieder folgt das Echo. „Ausgelöscht sei der Tag meiner Geburt!" Der Junge sackt in sich zusammen und fällt auf die Erde. Zwei Gestalten gehen auf ihn zu und legen ihm nacheinander die Hand auf die Schulter: „Wenn du aber dich beizeiten zu Gott wendest und zu dem Allmächtigen flehst, so wird er deinetwegen aufwachen und wird wieder aufrichten deine Wohnung, wie es dir zusteht." – „Wie kann ein Mensch gerecht sein vor Gott?"
Eine Lerngruppe des 9. Jahrgangs im Religionsunterricht erprobt ein Texttheater zum Buch, zur Gestalt und zum Problem des Hiob. Dabei geht es um Folgendes: Noch bevor in Goethes Faust Satan und Gott eine Wette abschließen, gibt das alttestamentliche Hiobbuch nahezu ein Skript für eine Inszenierung zwischen Himmel und Erde. In der Rahmenerzählung des Buches geht es um das Schicksal des lebenstüchtigen Mannes Hiob im Lande Uz, dem aufgrund einer Wette zwischen Satan und Gott alles genommen wird. Der Mittelteil des biblischen Buches besteht aus Klagemonologen Hiobs und Dialogen zwischen Hiob und seinen Freunden, die ihm Ratschläge erteilen, sowie einer existenziellen Auseinandersetzung zwischen Hiob und Gott. Am Ende wird die Rahmen-

handlung wieder erzählerisch aufgenommen; Hiob bekommt in einer Art Happy End nicht nur alles Verlorene wieder zurück, sondern ein viel reicheres Leben als zuvor. Im Religionsunterricht begeben sich die Lernenden in die Lage eines entsprechenden Menschen, der großes Leid erlebt; sie erfühlen und überlegen, worin Hiobsbotschaften in der Lebenswelt bestehen können. Anschließend werden die Rollenmanuskripte – lange Monologe und Dialoge – gefiltert und wichtige Stellen für eine gemeinsame Inszenierung erprobt. Dazu üben sie das laute und klare Sprechen auf einer Bühne; sie versetzen sich in die Rollen des Hiob und der Freunde, die ihm Ratschläge geben; sie nehmen Körperhaltungen ein, probieren Gesten und Gebärden aus und arbeiten an ihrer Mimik. Sie lassen alles wirken.

Am Ende dreht ein Schüler mit seinem Smartphone diese Szenerie zu einem Videoclip. Selbst ein wahrlich ernstzunehmender Unterricht wie Religionsunterricht gibt sich dem Spielen hin. Die Religionspädagogik hat spätestens seit dem Beginn des „ästhetischen Jahrzehnts" (Hermann Timm) entdeckt, dass der sinnlich-ästhetische, wahrnehmende wie darstellende und auf diese Weise mitteilende Zugang zu religiösen Texten, Themen und Fragen Lernende anders in den Unterricht einbindet, die Begegnung mit dem Fremden, Anderen an sich, auf eine menschliche und pädagogisch leichtere Art und Weise anbietet. Über Religion nicht nur zu reden, und sei es auch in diskursiven Sprachspielen, sondern Religion zu spielen und sie so zur Aufführung zu bringen, respektiert, dass Religion wie Leben eigene, szenisch begreifbare Wirklichkeiten in sich tragen. Das Spiel zu Hiob nimmt spielend ernst, dass leid-volle ebenso wie wunder-volle Wandlungen zum Leben dazugehören, und fragt nach den Verantwortlichkeiten. Eine biblische Gestalt, ein biblisches Buch auf eine Kernaussage und repetierbare „Message" zu reduzieren, ließe den Charakter der Verdichtung, die eine leibräumliche Entfaltung braucht, außer Acht. Selbst das bloße Lesen der Faust-Tragödie gewinnt für Neuleser*innen erst dann an Bedeutung, wenn sich zumindest vor dem inneren Auge nicht nur Buchstaben zu Text reihen, sondern Geschehen wie ein Film ab-spielt. Lehrer*innen wissen um diese ästhetischen Signaturen: Im Musikunterricht werden nicht nur Partituren gelesen, sondern Musik wird leiblich gespielt, d. h. gehört, gesungen, instrumentalisiert; im Sportunterricht werden nicht nur Volleyballregeln gelernt, sondern es wird auch Volleyball gespielt; im Deutschunterricht wird nicht nur über Gedichte gesprochen, sondern diese werden längst auch spielerisch rezitiert und inszeniert. Der Physikunterricht diskutiert nicht nur das Verhalten von Druckluft, sondern erprobt es – experimentell. So macht auch ein solcher Religionsunterricht rituell und experimentell begreifbar, dass Religion, um ebenfalls wahrgenommen zu werden, das Wahrnehmen und das Aufführen, das experimentelle Erproben mit Spieler*innen und Zuschauer*innen braucht – in selektiver Authentizität.

Im religionspädagogischen Sinn ist bei beiden Beispielen der leitende Gedanke: Wie sieht die Außen- und Innenwelt von Leiden aus? Welchen Weg bietet die christliche Religion im Sinne von heilsamer Verwandlung an? Wie gewinnen Schüler*innen ein lebendig begründetes Verhältnis zu diesen Offerten – also Resonanzen zu Religion? Die Füllung von Rollen und Spielen geschieht unter Einbezug ihrer Leiblichkeit, deren subjektorientierten Verständnisses und deren ästhetischer bzw. religiöser, pathischer Erfahrung. Letztere ist nicht das vorrangige Ziel; aber ebenso verkrümmt wäre ein Unterricht, der auch in Sachen Religion Erfahrung, Wahrnehmung, Darstellung

12. Kompetenzorientierung nach 2000

ausschließt. In diesem Sinne ist Unterricht nicht nur ein Gedankenspiel, sondern geht verantwortlich „spielend" und leibräumlich erprobend auf die Welt und ihre Phänomene zu.

12.9 Brigitte Jahn-Lennig, Carola Jestett-Müller, Mit allen Wassern gewaschen. Ein Beispiel für eine kompetenzorientierte Planung im konfessionell-kooperativen Religionsunterricht. In: RPI EKKW und EKHN/Schulabteilung Bistum Fulda (Hg.), Religionsunterricht konfessionell-kooperativ. Anregungen, Impulse und Bausteine für die Sekundarstufe 1, Darmstadt/Kassel 2018, 38-40.

Worum geht es?
Anders als die katholische Kirche, die 7 Sakramente kennt, gelten für die evangelische Kirche ausschließlich Taufe und Abendmahl als Sakramente. Die Taufe ist das die Christenheit verbindende Sakrament. Es eint die Christen in aller Welt über Konfessionen und Kirchen hinweg.
Klassenstufe: 5/6
Stundenumfang: 8-10 Stunden
Anforderungssituation: Vorbereitung und Durchführung eines Interviews mit Expert/-innen und einer Ausstellung zum Thema
Kompetenzen:
Die Schüler und Schülerinnen können:
- Taufe als Aufnahme in die Gemeinschaft der Glaubenden beschreiben,
- Taufe als Ausdruck von Gottes Zuwendung zu jedem Einzelnen erklären,
- Taufe Jesu als Zeichen der Gotteskindschaft deuten,
- Symbolhandlungen der christlichen Einheit beschreiben.

Inhaltsfeld: Mensch und Welt, Jesus Christus, Bibel
Theoretisch-didaktische Schwerpunkte:
Ökumene* betonen und Perspektivenwechsel ermöglichen
Methodisch-didaktische Schwerpunkte:
Symboldidaktik und Performative Didaktik

Der Lernweg: Lernen vorbereiten und initiieren. Lernschritt 1: Erhebung der Lernausgangslage
Im Mittelpunkt steht das Foto des Taufbrunnens in der Kapelle des kath. Gemeindezentrums St. Martin, Dietzenbach (gestaltet von Thomas Kaster). Der Künstler stellt die Errettung der Israeliten am Schilfmeer und die Taufe in einen unmittelbaren Zusammenhang. Damit veranschaulicht er einen zentralen theologischen Gedanken: Gott rettet den Menschen und stellt ihn unter seinen Schutz, Taufe ist „Errettung". Zugleich wird die Ambivalenz des Symboles Wasser – lebensbedrohend und lebenspendend – deutlich.
Die Lehrperson präsentiert das Foto des Taufbrunnens und gibt eine kurze Einleitung: Ein Künstler hat den Auftrag, für eine neu erbaute Kirche einen Taufbrunnen zu gestalten, und so sieht sein Entwurf aus. Erkennt ihr das Dargestellte? Könnt ihr verstehen, was der Künstler mitteilen möchte?
Im Gespräch wird die Brunnenskulptur gedeutet und versucht, die Intention des Künstlers zu klären. Alle Fragen, die sich im Verlauf der Betrachtung stellen, werden in einem „Fragenspeicher" gesammelt.

Arbeitsauftrag der Lernenden für das gesamte Unterrichtsvorhaben ist es, als Kleingruppe ein Interview mit einem Experten oder einer Expertin vorzubereiten und durchzuführen. Z. B. können katholische Pfarrer und evangelische Pfarrer und Pfarrerinnen befragt werden, um Gemeinsamkeiten und Unterschiede des Sakramentes zu erkunden. Abschließend bündeln die Lernenden ihre Erkenntnisse in Form einer Präsentation in der Schule für Mitschüler/-innen anderer Religionsunterrichtsgruppen oder auch in einer kooperierenden Kirchengemeinde für Konfirmanden oder Firmlinge.

Lernwege eröffnen und gestalten. Lernschritt 2: Arbeit an Stationen
Zur Erarbeitung der fachlichen Grundlagen, um die gesammelten Fragen beantworten und die Interviews führen zu können, bieten sich 6 thematische Schwerpunkte an, die sich die Lernenden als instruierte Großgruppe in arbeitsteiligen Gruppen oder an Stationen erarbeiten können.

- Mit allen Wassern gewaschen – Symbol Wasser
  Entfaltung des Symbols „Wasser" als lebensbedrohend und lebensspendend: 1. Kor 6,11 – „reingewaschen, geheiligt, gerecht" – im Wasser der Taufe schenkt Gott Leben, das bestimmt sein soll von Gerechtigkeit, Barmherzigkeit, Liebe und Frieden.

- Name als Programm – Bedeutung von Tauf-Namen
  Auswahl und Bedeutung von (Tauf-)Namen: Durch Nachfragen in den Familien, Recherche in Heiligenlexika und im Internet klären die Lernenden die Bedeutung des eigenen Namens und die Motivation der Namensgeber bei der Wahl des Taufnamens. Tritt ein Mensch in einen Orden ein, um Mönch oder Nonne zu werden, erhält er oder wählt er sich einen neuen Namen, den eines oder einer Heiligen.

- Das Kreuzzeichen
  Bedeutung des Kreuzzeichens im Taufritual: „Gott ist der Vater über uns; Gott ist im Sohn mit uns; Gott ist im Heiligen Geist in uns". Damit symbolisiert das Kreuz das Credo/Glaubensbekenntnis in Kurzfassung. Jesus ist getauft und gibt seinen Jüngern den Auftrag zu taufen. Mt 3, 1-17 berichtet von der Johannestaufe am Jordan, in der Gott Jesus als seinen geliebten Sohn offenbart. In Mt 28, 16-20 beauftragt der auferstandene Jesus seine Jünger, alle Menschen auf den Namen des Vaters und des Sohnes und des Heiligen Geistes zu taufen. Wer sich zum Glauben an Jesus Christus bekennt, lässt sich taufen, wie in Apg 8,26-40 der Kämmerer aus Äthiopien.

- Was heißt es, getauft zu sein?
  In der Taufe werden Gottes Zuwendung, Nähe und Segen zum Ausdruck gebracht. Dies formulieren z. B. Taufsprüche wie 1. Mose/Gen. 12,2; Ps 91,11f; Ps 139,5; Jes 41,10; Jes 43,1b, 5. Mose/Dtn. 4,3; Jes 54,10; Röm 8,38f, 1. Kor 15,10a formulieren die Zusage, dass der Mensch von Gott bedingungslos angenommen ist. Der priesterliche Segen 4. Mose/Num.6, 24-26 erbittet Schutz, Gnade und Frieden für die Gesegneten.

- Taufe – wann ist der richtige Zeitpunkt im Leben?
  Kindertaufe oder Erwachsenentaufe – beides kann biblisch begründet werden. Eltern, die ihr Baby taufen lassen, wollen es möglichst bald unter den Segen Gottes

12. Kompetenzorientierung nach 2000

stellen; Menschen, die für die Taufe in einem späteren Alter argumentieren, halten eine bewusste Entscheidung für wichtig. In einer Pro- und Kontra-Diskussion können die Lernenden ihre Positionen überprüfen.

Orientierung geben und erhalten. Lernschritt 3: Entwicklung eines Fragenkataloges
Die Lernenden erstellen in Interview-Gruppen einen Fragenkatalog für das geplante Interview und geben sich im Gruppen-Puzzle Feedback. Durch das Interview sollte deutlich werden, was sich die Schüler und Schülerinnen in den Stationen erarbeitet haben. Darüber hinaus ist der Fokus auf die unterschiedlichen Taufpraxen der Konfessionen zu legen. Die Interviews werden zu verabredeten Zeiten außerhalb des Religionsunterrichts geführt.

Kompetenzen stärken und erweitern. Lernschritt 4: Gestaltung einer Präsentation
Die Lernenden tragen die Ergebnisse aus der Stationenarbeit und den Interviews zusammen, werten sie aus und gestalten sie für eine Präsentation (Informationstafeln). Fehlen darf an dieser Stelle nicht die reflexive Auseinandersetzung mit der Fragestellung, welche Bedeutung die Taufe für Menschen haben kann, um einer rein sachlichen Beschäftigung mit dem Thema Taufe vorzubeugen.

Lernen bilanzieren und reflektieren. Lernschritt 5: Präsentation der Ergebnisse
Präsentation („Führung" zu Informationstafeln) für Mitschülerinnen und Mitschüler anderer Jahrgänge oder ggf. für Konfirmanden/-innen bzw. Firmlinge kooperierender Kirchengemeinden.
Ist eine Präsentation für andere organisatorisch nicht möglich, empfiehlt sich die Herstellung eines persönlichen „Taufbuches", in dem die Lernenden zusammenstellen, was ihnen im Verlauf des Unterrichts wichtig geworden ist.

Zusammenfassung, Fragen, Ideen für Hausarbeiten und Referate, Literatur

Zusammenfassung
Die Kompetenzorientierung, die als Reaktion auf die enttäuschenden Ergebnisse in der PISA-Studie zu verstehen ist, bildet seit mehr als 20 Jahren die Grundlage für die aktuelle Religionsdidaktik. Die Schulfächer als unterschiedliche Modi der Weltbegegnung zu begreifen, stärkt auch die bildungstheoretische Fundierung des Religionsunterrichts und der Religionsdidaktik. Der religiösen Pluralität und immer größer werdenden individuellen Heterogenität der Schüler:innen kann unter dem didaktischen „Dach" der Kompetenzorientierung mit verschiedenen Ansätzen wie Problemorientierung, Symboldidaktik, interreligiösem Lernen, der performativen Didaktik und einer hohen Methodenvielfalt begegnet werden. Dabei werden verstärkt Formen der konfessionellen Kooperation gesucht, die der weiteren didaktischen Reflexion bedürfen.

Fragen
1. Füllen Sie das Schema für diese Zeitspanne aus:

	Ziele	Inhalte	Methoden und Medien
Kompetenzorientierung			
Performative Religionsdidaktik			

2. Benennen Sie Unterschiede und Übereinstimmungen zwischen der Kompetenz- und Problemorientierung.
3. Vergleichen Sie das Religionsverständnis von Schleiermacher (*Quelle 6.2* in Kapitel 6) mit der Weise, wie mit der Kompetenzorientierung Religion erschlossen werden kann.

Ideen für Hausarbeiten und Referate
- Katholische und evangelische Diskurse zur Einführung der Kompetenzorientierung.
- Ein Vergleich von Organisationsformen und didaktischen Entwürfe des Religionsunterrichts in Europa, insbesondere Großbritannien, Norwegen und Deutschland.
- Der Umgang mit Rassismus und Antisemitismus in Religionsschulbüchern.
- Die Rolle von Frömmigkeit und Spiritualität für die Zukunftsfähigkeit des islamischen, jüdischen, katholischen und evangelischen Religionsunterrichts.

Ausgewählte Literatur
Baierlein, Ute u. Kumher, Ulrich: Art. Schulseelsorge/Schulpastoral, in: WiReLex 2016. https://bibelwissenschaft.de/stichwort/100212/
Baumert, Britta u. Teschmer, Caroline: Konfessionell kooperativer Religionsunterricht. Eine Fachdidaktik, Stuttgart 2024.
Dam, Harmjan: Kirchengeschichte kompetenzorientiert unterrichten. Stuttgart 2023.
Dressler Bernhard: Modi der Weltbegegnung als Gegenstand fachdidaktischer Analysen, in: Journal für Mathematik-Didaktik: Zeitschrift der Gesellschaft für Didaktik der Mathematik (28/2007), 249–262.
Dressler, Bernhard: Art. Performativer Religionsunterricht, evangelisch, in: WiReLex 2015, https://bibelwissenschaft.de/stichwort/100017/.
EKD (Hg.): Religiöse Orientierung gewinnen. Evangelischer Religionsunterricht als Beitrag zu einer pluralitätsfähigen Schule. Eine Denkschrift des Rates der Evangelischen Kirche in Deutschland (EKD), Gütersloh 2014.
EKD (Hg.): Wie hältst du's mit der Kirche? Zur Bedeutung der Kirche in der Gesellschaft. Erste Ergebnisse der 6. Kirchenmitgliedschaftsuntersuchung, Leipzig 2023.
Englert, Rudolf: Geht Religion auch ohne Theologie? Freiburg/Basel/Wien 2020.
Hanewinkel, Vera: Fluchtmigration nach Deutschland und Europa: Einige Hintergründe, in: Bundeszentrale für politische Bildung 2015, online abrufbar: https://www.bpb.de/

themen/migration-integration/kurzdossiers/217369/fluchtmigration-nach-deutschland-und-europa-einige-hintergruende/.

Hermann, Hans Jürgen: Das Kursbuch Religion – ein Bestseller des modernen Religionsunterrichts. Ein Beitrag zur Geschichte der Religionspädagogik seit 1976, Stuttgart 2012, 259 – 293.

Klieme, Eckhard: Expertise. Zur Entwicklung nationaler Bildungsstandards, Bonn 2003.

Medienpädagogischer Forschungsverbund Südwest (Hg.): JIM-Studie 2023. Jugend – Information – Medien. Basisuntersuchung zum Medienumgang 12- bis 19-Jähriger, online abrufbar: https://www.mpfs.de/studien/jim-studie/2023/.

Mendl, Hans: Art. Performativer Religionsunterricht, katholisch, in: WiReLex 2019, https://bibelwissenschaft.de/stichwort/200621/.

Lindner, Konstantin u. Schambeck, Mirjam u. Simojoki, Henrik u. Naurath Elisabeth (Hg.): Zukunftsfähiger Religionsunterricht: Konfessionell – kooperativ – kontextuell, Freiburg i. B. 2017.

Obst, Gabriele: Kompetenzorientiertes Lehren und Lernen. Göttingen 2008 (aktualisiert und erweitert von Hartmut Lenhard 2015), 40, 70–129.

Pirker, Viera: Religionspädagogik in der digitalen Transformation, in: Tomberg, Markus u. Verburg, Winfried (Hg.): RU 4.0. Religiöse Bildung und Digitalisierung. Fulda 2020, 19–32.

Pirker, Viera: „Das relilab ist, was du daraus machst." Religiöse Bildung in einer Kultur der Digitalität, in: Kat. Bl. 149, 2/2024.

Pithan, Annebelle: Art. Inklusion, in: WiReLex 2015, https://bibelwissenschaft.de/stichwort/100019/.

Schröder, Bernd: Religionspädagogik, Tübingen 2012, 554–659, 2. Aufl. 2021, 378–495.

Sekretariat der Deutschen Bischofskonferenz (Hg.): Der Religionsunterricht vor neuen Herausforderungen, Bonn 6. Aufl. 2017.

Zimmermann, Mirjam u. Zimmermann, Ruben (Hg.): Handbuch Bibeldidaktik, Tübingen 2018.

Lenhart, Hartmut: Art. Kompetenzorientierter Religionsunterricht, in: WiReLex 2018 https://bibelwissenschaft.de/stichwort/100016/.

Anhang

1. Glossar

> Erklärung von Begriffen, die im Text mit * vorkommen, dort aber nicht ausführlich erläutert werden.

Abendmahl. Taufe und Abendmahl sind die zwei Sakramente in den protestantischen Kirchen. Das Abendmahl erinnert an das letzte Mahl, das Jesus vor seinem Tod mit seinen Nachfolger:innen am jüdischen Passah-(Pessach)Fest feierte: Mk 14, 17-26, 1Kor 11,17-34. Das Teilen von Brot und Wein (Saft) wird in den evangelischen Kirchen als Erinnerung an Jesu Tod und Auferstehung sowie als Zeichen der Gemeinschaft gefeiert (-> Eucharistie).

Ablass, Ablasshandel. Mit dem Kauf eines Ablassbriefes konnten Strafen für begangene Sünden erlassen werden, sodass der Besitzer vor dem so genannten Fegefeuer (*Purgatorium*: jenseitiger „Reinigungsort" vor Himmel/Hölle) bewahrt wurde. Der Ablassbrief, der auch für Verwandte und Verstorbene erworben werden konnte, wurde im 10. Jh. entwickelt, um drastische Bußstrafen abzumildern. Die von Predigern befeuerte Angst vor dem Fegefeuer und die Sicherheit, dieses mit einem Ablassbrief umgehen zu können, machte den Ablasshandel zu einem ertragreichen Geschäft. Dies war eine Ursache für Luthers Kritik an der Kirche. (-> Reformation)

Bekennende Kirche. Eine Strömung in der Evangelischen Kirche in Deutschland, die sich ab 1933 gegen eine Anpassung an die Bestrebungen des Nationalsozialismus wehrte. In der Synode in Barmen (Mai 1934) wurde ein Bekenntnis (Barmer Thesen) verfasst, das auf die reformierte Theologie von Karl Barth (-> Dialektische Theologie) zurückging und die Eigenständigkeit der Kirche dem Nationalsozialismus gegenüber betonte. -> Schulkammer.

Byzanz. Byzanz (lat. *Byzantium.* gr. *Byzantion*) ist ursprünglich eine griechische Stadt, gegründet ca. 600 vor Christus. Kaiser Konstantin der Große machte daraus die Hauptstadt des Römischen Reichs: Konstantinopel. Nach der Teilung in West- und Oströmisches Reich im Jahr 395 n. Chr. wurde die Stadt Hauptstadt des Byzantinischen Reiches. Sie ist bis heute Sitz des Patriarchen der Orthodoxen Kirchen. Nach der osmanischen Eroberung im Jahr 1453 wandelte sich der Name zu Istanbul.

Christianisierung. Die Ausbreitung des Christentums in ein Gebiet, in dem die Menschen vorher nicht der christlichen Religion anhingen, z. B. die Christianisierung des Römischen Reichs oder der Germanen. Das Wort ist nicht bedeutungsgleich mit Missionierung.

Curriculum. Der Begriff aus dem Lateinischen (Umlauf, Lauf), bezeichnet in der Pädagogik den Lehrplan bzw. das Lehrprogramm, in dem Lernziele, Lernprozesse und Inhalte festgehalten werden. Der Begriff setzte sich mit der „Curriculums-Theorie" in der Didaktik der 1970er Jahre mit der Formulierung von Lernzielen für Fächer, Schuljahre und einzelne Stunden durch.

Deutsche Christen. Eine Strömung in der Evangelischen Kirche in Deutschland, die schon vor 1933 für ein „germanisches Christentum", also für eine Anpassung an die völkische Ideologie des Nationalsozialismus und eine einheitliche Reichskirche plädierte. Sie wurden durch das NS-Regime unterstützt und erlangten bei den Kirchenvorstandswahlen im Juli 1933 viele Sitze und ebenso in den Synoden vieler evangelischer Landeskirchen. (-> Bekennende Kirche)

Deismus. Eine Glaubensvorstellung aus der Zeit der Aufklärung, die eine übernatürliche Offenbarung und ein Eingreifen Gottes (*Deus* = Gott) in die menschliche Wirklichkeit aus rationalen Gründen ablehnt. Gott wird als Schöpfer und Ursprung des Seienden gesehen, der aber in die von ihm gegebenen Naturgesetze nicht mehr eingreift.

Dialektische Theologie. Nach dem Ersten Weltkrieg setzten sich Theologen wie Karl Barth und Friedrich Gogarten gegen die, in ihren Augen, gescheiterte -> „liberale Theologie" ab. Nicht das historisch gewachsene Christentum als Kulturbeitrag (-> Historismus) sollte im Mittelpunkt der Theologie stehen, sondern die Bibel als Wort Gottes und die Offenbarung in Christus. In den 1920er Jahren wurde diese Strömung als „Dialektische Theologie" bezeichnet, außerhalb von Deutschland meist als „Neo-Orthodoxie". Großen Einfluss erlangte sie in den 1930er Jahren in der -> Bekennenden Kirche.

Diözese. Auch Bistum. Beide Begriffe bezeichnen eine Verwaltungseinheit der römisch-katholischen Kirche, vergleichbar mit evangelischen Landeskirchen. Die 27 Diözesen in Deutschland werden jeweils von einem Bischof bzw. Diözesanbischof geleitet.

Dogma. (gr.: Meinung, Lehrsatz). Der theologische Begriff steht für eine von der Kirche festgelegte verbindliche Glaubensaussage, die für die Gläubigen Wahrheitscharakter hat. Diese normativen Lehraussagen sind u. a. in Bekenntnissen, Bekenntnisschriften und Katechismen zu finden. In der katholischen Kirche wird Dogma im engeren Sinn als eine vom Lehramt verbindlich vorgetragene Interpretation der Offenbarung verstanden.

Empirische Wende. In der evangelischen und katholischen Religionspädagogik fand in den 1968er Jahren ein Perspektivenwechsel von zu lehrenden christlichen Inhalten hin zu Erkenntnissen über die faktische Wirkung des Religionsunterrichts statt. Statt Theorie sollte die Praxis durch Beobachtung und Messung erforscht werden, um zur Qualitätsentwicklung des religionspädagogischen Handelns beizutragen.

Eucharistie. Der Begriff kommt aus dem Griechischen *eucharistia* (Danksagung) und bezeichnet in der Katholischen und in den Orthodoxen Kirchen, das Sakrament, das bei den Evangelischen -> Abendmahl genannt wird. Sie ist eins der sieben Sakramente und die liturgische Feier der Vergegenwärtigung vom Erlösungshandeln Jesu Christi. In den Gaben von Brot (Hostie) und Wein wird im Glauben die reale Gegenwart Christi, die Gemeinschaft mit ihm und untereinander erfahren.

Evangelische Allianz. (engl. „evangelical alliance"). Sie ist ein Zusammenschluss von protestantischen Gemeinschaften und Kirchen in der Mitte des 19. Jahrhunderts. Sie umfasste die Gruppierungen, die aus dem Pietismus, der Erweckungsbewegung und dem Calvinismus hervorgegangen waren und die ein wortwörtliches Verstehen des offenbarten Wort Gottes betonten. Im 20. Jahrhundert dominierten amerikanische fundamentalistische Gruppierungen („evangelicals").

Exkommunikation. Der Kirchenbann ist die kirchenrechtliche Bezeichnung für den Ausschluss aus der Gemeinschaft der Gläubigen und das Verbot der Teilnahme an den Sakramenten (-> Eucharistie). Für katholische Christ:innen bedeutete dies die Verweigerung der Teilhabe an den lebenspendenden Heilsmitteln der Kirche.

Formalstufen. Anfänglich von Johann Friedrich Herbart (1776-1841) entwickelt, um den ethischen Erziehungsvorgang zu beschreiben. Von Tuiskon Ziller (1817-1882) wurde das Modell zu fünf Stufen eines Unterrichtsvorgangs weiterentwickelt.

Fundamentalismus. Der Begriff bezeichnet ursprünglich eine Strömung im amerikanischen Protestantismus am Anfang des 20. Jh., die die -> Liberale Theologie als relativistisch ablehnte und dagegen Gottes Offenbarung in der Bibel wortwörtlich verstehen und folgen möchte. Fundamentalist:innen verwenden eine militant-religiöse Sprache und haben ein -> patriarchales Familien- und Frauenbild. (-> Ev. Allianz)

Fundamentaltheologie. Sie ist eine Teildisziplin der katholischen Theologie und beschäftigt sich mit grundlegenden Fragen des Glaubens, die in sich ändernden Zeiten und Räumen immer wieder neu überdacht werden müssen, so wie „Was ist Glaube?", „Wie verhalten sich Glaube und Vernunft?", „Was ist Wahrheit?" In der evangelischen Theologie sind sie als *„Prolegomena"* ein Aspekt der Dogmatik bzw. der sog. „Systematische Theologie", die auch die Ethik umfasst.

Gesamtkatechumenat. Dies bezeichnet ein Konzept, das die Elemente der Begleitung und Unterweisung von (neuen) Gemeindegliedern (Taufe, Kindergottesdienst, Gottesdienst, Konfirmation, Abendmahl, Gesprächskreise, Kirchenmusik usw.) in einem Zusammenhang als evangelisches Bildungshandeln betrachtet.

Gleichschaltung. Ein aus der Elektronik abgeleiteter Begriff im Nationalsozialismus, um die Unterordnung aller gesellschaftlichen Gruppierungen unter die einheitliche Ideologie durchzusetzen.

Heilsgeschichte, heilsgeschichtlich. Dies ist ein theologischer Begriff (->Dogma), mit dem versucht wird, Gottes Plan mit der Menschheit von der Schöpfung, über die Vertreibung aus dem Paradies, die Propheten und die Offenbarung in Jesus Christus bis zum Ziel (der Jüngste Tag, das *Eschaton*, an dem Christus wiederkommt) als Heilsangebot in einem durchgehenden Zusammenhang zu sehen. Der Begriff trat im 19. Jh. hervor und hat Parallelen in dem damals gängigen Fortschrittsglauben und der Geschichtsvorstellung.

Hermeneutik. (Von *Hermes*, der Botschafter der Götter, und gr. *hermeneuein:* erklären, auslegen.) In der Theologie hat der Begriff große Bedeutung, insbesondere für das Verstehen und Interpretieren von Bibeltexten. Vergleichbar mit dem „hermeneutischen Zirkel" in den Sprachwissenschaften, werden die Perspektiven des Textes selbst, der Autor:innen und der Rezipient:innen (Leser:innen) unterschieden.

Herrnhuter. Eine von Graf Nikolaus Ludwig von Zinzendorf im Jahr 1727 in der Ortschaft Herrnhut (in der Oberlausitz) gegründete pietistische Gemeinde (-> Pietismus). Die „Herrnhuter Brüdergemeine" legte viel Wert auf Gruppenbildung, Chöre, gemeinsame Kindererziehung, neue geistige Lieder und Versammlungsformen sowie „Losungen": biblische Kurztexte zum Überdenken für jeden Tag. Sie verbreiteten sich durch internationale Missionsarbeit weltweit.

Historismus. Dies ist eine geschichtswissenschaftliche Strömung, die in der zweiten Hälfte des 19. Jh. entstand und die geschichtliche Verwurzelung und das Werden als entscheidend für das Verstehen der Wirklichkeit betrachtete. Sie führte zu einem detaillierten Beschreiben der Vergangenheit, zur Einrichtung von Archiven und zu umfangreichen Quellensammlungen. Diese Sichtweise wurde zunächst als das Relativieren von allgemeingültigen Wahrheiten kritisiert: Historische Gesetzmäßigkeiten hätten keine Gültigkeit, -> Dogmen galten nur kontextuell. Im 20. Jh. galt die Kritik, dass der Historismus die eigene Forschungsperspektive nicht reflektiert habe.

Hugenotten. „Huguenot" (Eidgenossen). Dies ist ein Sammelbegriff für französische, auf die Theologie von J. Calvin zurückgehende Protestant:innen. Ihre Verfolgung in den „Hugenottenkriegen" führte zu großen Flüchtlingsbewegungen und die Entstehung von französischsprachigen reformierten Gemeinden im Elsass, den Niederlanden und Deutschland.

Humanismus. Dies ist ein vielfältig verwendeter Begriff, der von der alt-römischen Philosophie bis zum aktuellen Atheismus (wie beim „Humanistischen Verband") genutzt wurde und wird. In diesem Arbeitsbuch wird der Begriff als Renaissance-Humanismus verstanden, der gegenüber der im Mittelalter gängigen Fixierung der Philosophie und Theologie (-> Scholastik) auf Gott, Jenseits und Kirche die Fähigkeiten des Menschen zur Persönlichkeitsentfaltung betont. Er kann als philosophische Parallele zur -> Reformation gesehen werden.

Kerygma, material-kerygmatisch. (gr.: Bekanntmachung, Verkündigung.) Der Begriff spielt v. a. in der -> Dialektischen Theologie eine große Rolle, weil er versucht, die Glaubensbotschaft anstelle des -> Dogmas als eigentlichen Gehalt und Inhalt der christlichen Verkündigung und Predigt zu umschreiben. In der katholischen Religionspädagogik wurde der Begriff in den 1930er Jahren zur Erneuerung der Katechese, gegenüber der erfahrungsarmen Neu-> Scholastik verwendet. „Material-" deutet auf die Inhalte hin: Bibel, Liturgie und Lebenspraxis.

Kongregation. (lat. *congregare*, sich versammeln.) Kongregationen sind in der katholischen Kirche religiöse oder klösterliche Gemeinschaften, die im Unterschied zu den Orden nur einfache Gelübde ablegen und nach einer Regel, aber ohne Chorgebet und Klausur (geschlossenes Kloster) leben. Sie widmen sich vor allem sozial-caritativen, Erziehungs- und Bildungsaufgaben.

Konkordat. Dies bezeichnet zweiseitige völkerrechtliche Verträge zwischen dem Heiligen Stuhl (Vatikan) und einem anderen Staat zur Regelung von Interessen, wie z. B. Religionsunterricht, Kirchensteuer und Militärseelsorge.

Konkordienbuch. Eine im Jahr 1580 entstandene und breit approbierte Sammlung von Lutherischen Schriften (u. a. *Confessio Augustana*, Augsburger Bekenntnis, Schmalkaldische Artikel, Luthers Großer und Kleiner Katechismus), die die gemeinsame Basis der lutherischen Kirchen verbindlich festlegte.

Kontingenz. In der Theologie wird der Begriff verwendet, um die Offenheit, Ungewissheit, Zufälligkeit, Unverfügbarkeit und die nicht abschließend von Vernunft zu durchdringende menschliche Lebenserfahrung zu beschreiben. Beispiele für Kontingenzerfahrungen können Erfahrungen der Endlichkeit und Fragilität des Seins sein, wie zum Beispiel eine Krebserkrankung.

Konzil, Konzilien. (lat.: *concilium*: Rat, Zusammenkunft; gr.: *Synodos*: Synode.) Es ist eine Versammlung von leitenden Personen der Kirchen, um theologische und organisatorische Fragen zu entscheiden. -> Kulturkampf; -> Zweites Vatikanisches Konzil.

Kulturkampf. Als Kulturkampf wird die politische und religiöse Kontroverse zwischen Preußen und der katholischen Kirche bezeichnet. Der linksliberale Politiker Rudolf Virchow verwendete den Begriff 1873 im preußischen Landtag, um die Katholiken als freiheits- und fortschrittsfeindlich darzustellen. Nach dem Ersten Vatikanischen -> Konzil, in dem die „Unfehlbarkeit des Papstes" beschlossen wurde und sich der -> Ultramontanismus durchsetzte, initiierte Otto von Bismarck 1871 verschiedene Gesetze, die die Freiheit der katholischen Kirche einschränkten und bei dieser auf großen Widerstand stießen. Die Gesetze wurden ab 1878 allmählich abgebaut. Das Jesuitengesetz erst 1918. Nicht das Schulaufsichtsgesetz und die obligatorische Zivilehe.

Lebensbilder. Als Lebensbilder werden Biografien bezeichnet, die in der zweiten Hälfte des 19. Jh. beliebt wurden. Sie stellten Persönlichkeiten aus der Vergangenheit dar und schmückten die Darstellung aus. Im erzieherischen und v. a. im religionspädagogischen Bereich wurden sie erbaulich geschrieben.

Liberale Theologie. Eine theologische Strömung im Protestantismus seit dem 19. Jahrhundert, die unabhängig von orthodoxen Glaubensaussagen (-> Dogmen) den christlichen Glauben als Religion des Menschen hervorhob. Das historisch Gewordene der christlichen Lehre und der biblischen Schriften (-> Historismus) wurde betont. Gegenüber dem Glauben an dogmatische Wahrheiten wurden vor allem die historische Person Jesus und der wichtige ethische, ästhetische und soziale Beitrag von christlichen Individuen an der Kultur akzentuiert. Sie wurde nach 1918 von Vertreter:innen der -> Dialektischen Theologie kritisiert.

Methodismus, Methodisten. Eine auf John Wesley (1703–1791) zurückgehende protestantische Freikirche, in der bestimmte Methoden, wie die „Bekehrungsstunde" (-> Pietismus) eine große Rolle spielen. Durch ihre Missionstätigkeit ist er vor allem in Nordamerika stark verbreitet. In Deutschland als Kirche seit 1921 staatlich anerkannt.

Mystik. Dies beschreibt eine Form von Religiosität, die durch Meditation und spirituelle Übungen („Versenkung") eine direkte innerliche individuelle Begegnung mit dem Göttlichen bzw. der Transzendenz anstrebt. Christliche Mystik als „Ruhen in Gott" gibt es in der Alten Kirche bei den „Wüsten-Heiligen", im Mittelalter in der Frauenmystik, bei Meister Eckhart et al., in der Neuzeit bei Christ:innen wie Teresa von Avilla oder Johannes vom Kreuz, im 20. Jh. z. B. bei Dorothee Sölle: „Mystik und Widerstand". Von den Kirchen wird die Mystik oft als zu individualistisch und in ihrer Unbestimmtheit kritisch betrachtet.

Ökumene, Ökumenischer Rat der Kirchen. (gr. *oikumene*: die ganze bewohnte Welt.) Die Ökumene ist eine kirchliche Bewegung aus dem 20. Jh., die vor allem die Einheit der vielen protestantischen und orthodoxen Kirchen bestrebte. Im Jahr 1948 wurde die Bewegung institutionalisiert in den Ökumenischen Rat der Kirche (ÖRK, mit Sitz in Genf). Die katholische Kirche betrachtete sie am Anfang des 20. Jh. kritisch. Seit dem -> Zweiten Vatikanischen Konzil gibt es Zusammenarbeit.

Orthodox. Der Begriff hat zwei Bedeutungen. (1) Er kann die im Osten Europas beheimateten orthodoxen Kirchen bezeichnen, die aus der Kirche des östlich-römischen Reichs (-> Byzanz) hervorgegangen sind. (2) Auch bedeutet es „rechtgläubig", von *orthos doxos*, wahre Lehre. Lutherisch-orthodox sind die lutherischen Kirchen, die das -> Konkordienbuch als einzigen Maßstab für die Glaubensinhalte betrachten.

Patriarch, Patriarchat. Ein Patriarch ist als „Erstvater" in den -> orthodoxen Kirchen das höchste Oberhaupt. Sein Wirkungs- bzw. Machtgebiet (->Diözese) wird als Patriarchat bezeichnet. In den Gesellschaftswissenschaften steht Patriarchalismus für die „Väterherrschaft": das von Männern beherrschte soziale System.

Petrusbekenntnis. Der Jünger Petrus spricht in Mk 8,27-30 als Erster aus, dass Jesus der Christus (Messias, Heilbringer) sei. In der katholischen Kirche wird Jesu Antwort in Mt 16,18 („Du bist Petrus, auf diesem Felsen werde ich meine Kirche bauen"; „Dir werde ich die Schlüssel des Himmelreichs geben") als Basis für die weiteren Nachfolger Petri als höchste Amtsträger der Kirche und damit aller Päpste gesehen.

Pietismus. Er ist eine evangelische Strömung aus dem 17. und 18. Jahrhundert, die die christlichen Gläubigen im Gegensatz zur lutherischen Orthodoxie zu einem lebendigen inneren Glauben bringen wollte, zum Beispiel durch Hauskreise, Bibellektüre und Erbauungsliteratur.

Rechtfertigungslehre. Für den Apostel Paulus war die Rechtfertigung durch den Glauben (Röm 3, 23–28) Antwort auf die Frage, wie der Mensch trotz des Gesetzes (10 Gebote u. a.) vor Gott bestehen kann: „Allein auf Grund des Glaubens nimmt Gott Menschen an und lässt sie vor seinem Urteil bestehen." In der -> Reformation wurde diese Einsicht Kern von Luthers Theologie und eine Lehre (-> Dogma) für die evangelisch-lutherische Kirche.

Reform. Eine Reform ist die planmäßige Umordnung und Verbesserung des Bestehenden, während eine Revolution für schnelle radikale Veränderungsprozesse steht.

Reformation. Verschiedene Reformatoren wie Martin Luther wollten am Anfang des 16. Jh. die vorhandene Kirche verbessern, reformieren, also umformen. Dies führte zu einer Spaltung und zur Gründung der protestantischen (evangelisch-lutherischen, reformierten und anglikanischen) Kirchen. Erst ab dann erhielt der Begriff „*katholisch*" (gr. allumfassend) seine konfessionelle Bedeutung „(römisch-)katholisch".

Renaissance. (französisch: Wiedergeburt.) Mit dem Begriff aus der Kunstgeschichte wird die Zeit des 15. und 16. Jh. bezeichnet. Sie ist von der Neubesinnung auf die griechischen und lateinischen Wurzeln der europäischen Kultur gekennzeichnet. Vgl. philosophisch -> Humanismus. Vgl. kirchengeschichtlich -> Reformation.

Säkularisierung, Säkularisation. (lat. *saeculum*: Zeitalter, Jahrhundert, Welt.) Der Begriff hat drei Bedeutungen. (1) Politische Säkularisation: Ursprünglich bedeutete sie die seit der Französischen Revolution vollzogene politische Trennung von Kirche und Staat. (2) Ökonomische Säkularisation: Dies führte zur Enteignung der Kirchen (Gebäude, Klöster, Land) zu Gunsten des Staates. (3) Säkularisierung: In den 1970er Jahren wurde Säkularisierung zu einem Begriff der Religionssoziologie, um die empirisch zu beobachtende Entchristlichung bzw. Entkirchlichung der Gesellschaft in der (Post-)Moderne zu beschreiben.

Scholastik, Neuscholastik. (lat. *schola*, Schule.) Die Scholastik bezeichnet die Methode, mit der im Mittelalter christliche Theologie und Philosophie betrieben wurde, z. B. durch Thomas von Aquin. Ihr Anliegen ist es zu zeigen, dass Glauben vernunftgemäß ist. Im Verhältnis von Autorität (Offenbarung) und menschlicher Vernunft (Ratio) dominierte das Erste, wodurch mit der Methode eher orthodoxe Positionen begründet wurden. Die Neuscholastik ist eine Wiederaufnahme der scholastischen Theologie und wird in der zweiten Hälfte des 19. Jh. die vorherrschende Richtung in der kath. Theologie. Sie wird auch Neuthomismus genannt.

Ultramontanismus. Der Begriff bezeichnet den streng auf den Papst (*ultra montes*: jenseits der Berge/Alpen) orientierten politischen Katholismus im 19. Jahrhundert. Im -> Kulturkampf wurde der Begriff verwendet für eine Strömung unter den Katholik:innen, die aus der Sicht Bismarcks die Reichseinheit bedrohten.

Schulkammer der Bekennende Kirche. Die Schulkammer war ein Gremium innerhalb der Bekennenden Kirche, das sich mit dem schulischen Religionsunterricht und der Katechese beschäftigte. -> Bekennende Kirche.

Sokratik. Damit wird eine Unterrichtsmethode bezeichnet, die in der Religionspädagogik am Ende des 18. Jahrhunderts beliebt wurde und sich auf die Figur Sokrates bezieht. Der griechische Philosoph Platon ließ Sokrates als seinen Lehrer in fiktiven Dialogen vor allem Fragen stellen. In der Pädagogik beschreibt es das Bestreben, durch geeignete Fragen die Schüler:innen zur Erkenntnis zu bringen.

Zweites Vatikanisches Konzil. Das letzte in der Peterskirche in Rom (-> Petrusbekenntnis) von 1962 bis 1965 abgehaltene katholische -> Konzil. Die fast 3000 Teilnehmenden sollten ein *„aggiornamento"*, eine umfassende zeitgemäße Erneuerung der Kirche in Lehre und Leben, herbeiführen (-> Reform). Themen waren u. a. das Verhältnis zur modernen Welt, zu anderen Konfessionen (-> Ökumene) und zu den Religionen sowie das Wesen der Kirche. Kontroverse Themen wie Zölibat (Priester müssen unverheiratet bleiben) und Sexualethik wurden ausgeklammert.

2. Quellenübersicht

2. Katechese in der Alten Kirche
2.1 Johannes Chrysostomos, Über die christliche Erziehung, ca. 400 25
2.2 Aurelius Augustinus, De catechizandis rudibus, ca. 404/405 25

3. Christliche Schulen im „Mittelalter"
3.1 Aus der Ordensregel von Benedikt von Nursia, ca. 540 32
3.2 Ägidius Romanus, Von der Sorge der Eltern für die Erziehung, ca. 1295 32
3.3 Jean de Gerson, Von der Führung der Kleinen zu Christus, ca. 1410 33

4. Religiöse Bildung in der Zeit der Reformation
4.1 Martin Luther, An den christlichen Adel, 1520; An die Ratsherren, 1524 45
4.2 Lateinschule und Deutsche Schule in Hamburg; Kirchenordnung, 1529 46
4.3 Kirchenordnung einer Mädchenschule in Meissen, 1533 47
4.4 Johannes Calvin, Vier Ämter in der Kirche. Genfer Kirchenordnung, 1561 48
4.5 Die Jesuitenschule; Francisco Sacchino, Ratio studiorum, 1599 48

5. Die Erfindung des Religionsunterrichts in der Aufklärung
5.1 Lateinschule in Eisenach, 1708 58
5.2 Nürnberger Kinderlehr=Büchlein, 1628 59
5.3 August Hermann Francke, Erziehungslehre, 1702 59
5.4 Johann Hübner, Zweymal zwey und fünfzzig Auserlesene Biblische Historien, 1714 .. 60
5.5 Johann Heinrich Zopf, Erläuterte Grundlegung der Universal-Historie, 1773 61
5.6 Plan der preußischen Elementarschule, 1763 62
5.7 Chr. G. Salzmann, Über die wirksamsten Mittel, Kindern Religion beizubringen, 1780 63
5.8 Georg Friedrich Seiler, Kurze Geschichte der geoffenbarten Religion, 1772 63

6. Das Fach Religion zwischen Rationalität, Erweckung und Glaubensvermittlung in der ersten Hälfte des 19. Jahrhunderts
6.1 August H. Niemeyer, Lehrbuch für die oberen Religionsclassen, 1801 73
6.2 Friedrich Schleiermacher, Über die Religion. 1799 74
6.3 Christian G. Barth, Zweymal zwey und fünfzig biblische Geschichten, 1834 75
6.4 Christoph von Schmid, Biblische Geschichte für Kinder, 1844 79

7. Der geschichtliche Religionsunterricht und die „Münchener Methode" zwischen 1850 und 1930
7.1 Inhaltsangaben von auflagenstarken Religionsbüchern, 1857 bis 1936 91
7.2 Ernst Thrändorf, Hermann Meltzer, Kirchengeschichtsdidaktik, 1910 91
7.3 Die „Münchener Methode", 1915 93
7.4 Richard Kabisch, Wie lehren wir Religion? 1910 94
7.5 Walter Franke, Helden und Werke der Kirche, 1926 95

8. Religionsunterricht in der Zeit des Nationalsozialismus

8.1 Lehrplan und Richtlinienentwürfe aus 1933 und 1935 103
8.2 Hermann Schuster, Walter Franke, Das Evangelium im deutschen Volk, 1938 105
8.3 Hermann Werdermann, Jesus der Kämpfer. Religionsstunde, 1940 107
8.4 Gerhard Bohne, Keine Methode, Jede Methode! 1930 108
8.5 Martin Rang, Handbuch für den biblischen Unterricht, 1939 108
8.6 Der katholische Religionsunterricht im Zweiten Weltkrieg, 1941 110

9. Evangelische Unterweisung und kerygmatischer Religionsunterricht nach 1945

9.1 Richtlinien für die Gestaltung des evangelischen Religionsunterrichts in der Schule, Bruderrat EKD, 1945 122
9.2 Helmuth Kittel, Vom Religionsunterricht zur evangelischen Unterweisung, 1947 122
9.3 Ilse Peters, Lehrplan für die Evangelische Unterweisung an Volksschulen, 1948 .. 125
9.4 Martin Rang, Biblische Geschichte und Bilder aus der Kirchengeschichte, 1949 127
9.5 Katholischer kerygmatischer Religionsunterricht und Katechese, 1955, 1963 129
9.6 Hans Stock, Die Herausforderung des biblischen Unterrichts, 1959 130

10. Problemorientierung und Korrelationsdidaktik nach den „1968ern"

10.1 Aufruf an Schüler:innen zum Austritt aus dem Religionsunterricht, 1968 141
10.2 Hans Bernhard Kaufmann, Muss die Bibel im Mittelpunkt des RU stehen? 1968 . 141
10.3 Auszug aus dem evangelischen Lehrplan für Gymnasien in Baden-Württemberg, 1975 142
10.4 Mit Karl Ernst Nipkow im Gespräch, 2001 142
10.5 Aktivierende Arbeitsaufträge. Kursbuch Religion, 1976 143
10.6 Die Zukunft der Kirche. Brennpunkte der Kirchengeschichte, 1976 144
10.7 Die Würzburger Synode, 1975 145
10.8 Korrelationsdidaktik im Zielfelder Plan, 1984 146

11. Erfahrungsorientierung, Symboldidaktik und Elementarisierung zwischen 1980 und 2000

11.1 Erfahrungen von katholischen Religionslehrerinnen, 1996 156
11.2. Grundriss des Glaubens. Katholischer Katechismus, 1980 157
11.3 Die deutschen Bischöfe, Die bildende Kraft des Religionsunterrichts, 1996 158
11.4 Das neue Kursbuch Religion, 1986 159
11.5 Hubertus Halbfas, Das dritte Auge, 1987 160
11.6 Hubertus Halbfas. Auferstehungsbilder, 1986 161
11.7 Peter Biehl, Kritische Symbolkunde, 1996 162
11.8 Peter Biehl, Didaktische Strukturen des Religionsunterrichts, 1996 162
11.9 Schaubild zur Elementarisierung, 2024 164
11.10 Bild und Deutung. Das neue Kursbuch Religion, 1986 164
11.11 Johannes Lähnemann, Lernkontrolle zum Thema „Der Islam", 1986 165

12. Die Zeit nach 2000 und die Kompetenzorientierung

12.1 Claus-Peter Sajak, Interreligiöses Lernen, 2018 176
12.2 Anita Seebach, Anke Trömper, Der Segensroboter. Eine Unterrichtsidee, 2019... 177
12.3 Interview mit Religionslehrerin Elvira Abel, 2000 178

12.4 Reflexion des erfahrenen Religionsunterrichts. Essay einer Studentin. 2023 178
12.5 Grundlegende Kompetenzen für den Religionsunterricht, 2010 179
12.6 Uta Martina Hauf, Vorstellungen von Gott. Eine kompetenzorientierte Unterrichtsidee, 2011 180
12.7 Johannes Träger, Hat Luther als erster Deutscher die Bibel übersetzt? Eine kompetenzorientierte Unterrichtsidee, 2015 180
12.8 Silke Leonhard, Passion spielen. Religionspädagogisch-performative Gedanken, 2020 181
12.9 Brigitte Jahn-Lennig, Carola Jestett-Müller, Mit allen Wassern gewaschen. Beispiel konfessionell-kooperativer Religionsunterricht, 2018 183

3. Bildnachweise

Bild Augustinus: (6. Jh.) AugustineLateran.pdf
Bild Martin Luther: Zeichnung nach Lukas Cranach 1526
Bild Francke: Herzog August Bibliothek Wolfenbüttel
Bild Sailer: Jakob Sommerhalder
Bild Schleiermacher: https://virtualreligion.net/primer/schleier.html
Bild C.G. Barth: Julius von Hartmann (Hg.): Geschichte der Stadt Stuttgart, Stuttgart 1905 (ohne Seitenzahl)
Bild Hirscher: https://alchetron.com/cdn/johann-baptist-von-hirscher
Bild Thrändorf: Stadtarchiv/Museum Stadt Auerbach/Vogtland
Bild Schuster: © mit Genehmigung; Familienarchiv Schuster
Bild Kittel: https://reichwein.hypotheses.org/3580
Bild Halbfas: https://commons.wikimedia.org/wiki/Category:Hubertus_ Halbfas?uselang=de. Fotograf: Thoma
Abbildung 11: Hungertuch Haiti. © MVG Aachen
Bild Dressler: Universität Marburg
Abbildung 12: Segensroboter. GEP Frankfurt

4. Personenregister

Adorno, Theodor W. 134
Ägidius Romanus 31f, 34, 195
Albertz, Martin 114, 125
Alkuin von York 30
Armstroff, Wilhelm 91
Athesinus, Petrus 43
Augustinus von Hippo, Aurelius 21, 23-25, 27f, 31, 36-85, 96, 195, 197
Bach, Johann Sebastian 51, 58
Baldermann, Ingo 120
Barth, Carola 89, 100, 111, 117
Barth, Christian Gottlob 70f, 76-78, 80f, 195, 197
Barth, Karl 90, 102, 123, 188f
Basedow, Johann Bernhard 56
Baumert, Jürgen 172, 175, 186
Benedikt von Nursia 30, 32, 71, 195
Biehl, Peter 153f, 162, 166f, 196
Biesinger, Albert 175
Bloch, Ernst 134
Bohne, Gerhard 90, 97, 99, 101, 108, 111, 115, 132, 196
Bohnenkamp, Hans 115
Bonhoeffer, Dietrich 101
Bonifatius, Winfried 30, 126
Bora, Katharina von 37
Börger, Paul 118
Bornkamm, Karin 120, 131
Brandenburg, Albrecht von 36, 51, 151
Bucer, Martin 42
Bultmann, Rudolf 120, 137, 154
Butler, Judith 174
Calvin (Cauvin), Johannes (Jean) 41f, 48f, 126, 190f, 195
Campe, Johann Heinrich 56
Canisius, Petrus 42f, 49
Cassiodorus, Flavius M. A. 30
Cellarius, Christoph 29
Chrysostomos, Johannes 22, 25, 27f, 195
Churchill, Winston 113
Clemen, Otto 100
Cohen, Ida 117
Comenius, Johann Amos 52, 54
Cop, Nicolaus 41

Darwin, Charles 82
Deharbe, Joseph 73, 87
Diesterweg, Friedrich Adolf Wilhelm 84
Dressler, Bernhard 172f, 178, 186, 197
Erasmus, Desiderius 36, 43
Felbiger, Johann Ignaz von 55, 71
Feuerbach, Ludwig 82
Francke, August Hermann 52f, 55, 59, 67f, 70, 195, 197
Franke, Walter 90, 95, 100f, 105, 107, 195f
Franz I., König 41
Frick, Wilhelm 98
Friedrich der Große, König von Preußen 51, 55
Friedrich der Weise, Kurfürst von Sachsen 180
Friedrich Wilhelm I, König von Preußen 53, 55
Gerhardt, Paul 45
Gerson, Jean de (le Charlier), Johannes Gerson 32-34, 195
Gesenius, Justus 51
Goebbels, Joseph 98
Göttler, Joseph 87f, 94, 96
Gutschera, Herbert 138, 144
Habermas, Jürgen 134
Haeckel, Ernst H. P. A. 82
Halbfas, Hubertus 152, 160f, 166f, 196f
Hammelsbeck, Oskar 113
Hattie, John 170
Hecker, Julius 55, 71
Herbart, Johann Friedrich 82, 84, 86, 95f, 190
Herder, Johann Gottfried 55
Hindenburg, Paul von 107
Hirscher, Johann Baptist (von) 72f, 86f, 197
Hitler, Adolf 98, 100, 118, 133
Hollenberg, Wilhelm Adolph 91
Horkheimer, Max 134
Hübner, Johann 53, 60, 64f, 81, 195
Humboldt, Wilhelm von 66, 69
Ignatius von Loyola 43, 57

Personenregister

Isidor von Sevilla 30
James, William 88
Jaspers, Karl 102
Jesus Christus 21f, 37, 48, 70, 74, 76, 79f,
    85, 93, 99, 101, 104f, 107-109, 111,
    119, 123, 125-130, 137f, 141, 143, 157,
    159, 164f, 183f, 188, 190, 192f, 196
Jungmann, Josef Andreas 119
Kabisch, Richard 87f, 94, 96, 195
Kant, Immanuel 54f, 84
Karl der Große, Kaiser 30, 126
Karl V, Kaiser 37, 95
Kaufmann, Hans-Bernhard 20, 32, 35,
    37, 50, 136, 141, 147f, 196
Kerrl, Hanns 115
Kittel, Helmuth 90, 99, 114-116, 118, 122,
    125, 131, 196f
Knechtle, Oderisia 152, 167
Kohl, Helmut 149
Konstantin der Große, Kaiser 23, 188
Lähnemann, Johannes 115, 155, 165,
    168, 196
Leimgruber, Stephan 12, 155, 167f
Lessing, Gotthold Ephraim 55
Locke, John 55
Luther, Martin 35-41, 45-47, 49f, 61,
    64, 91, 93, 95, 101, 105f, 115, 123,
    126, 128, 159, 171, 179-181, 193,
    195, 197
Marx, Karl 82
Maximilian von Bayern 44
Meinecke, Ursula 120
Melanchthon, Philipp 37, 39-41, 46, 49,
    181
Meltzer, Hermann 86, 91f, 95, 195
Mendel, Gregor Johann 82
Michelangelo Buonarroti 36
Miller, Gabriele 144, 149, 151
Mohammed, Muhammed 165f
Möller, Christine 132, 135
Moltmann, Jürgen 133
Niebergall, Friedrich 86
Niemeyer, August Hermann 67-69, 73,
    80, 195, 197
Niemöller, Martin 101
Nipkow, Karl Ernst 11, 137, 142, 155
Nohl, Hermann 102
Oser, Fritz 152

Otto, Gert 10, 25, 100, 120, 134, 192
Overberg, Bernhard 72
Pestalozzi, Johann Heinrich 55, 67, 94
Peters, Ilse 111, 116f, 125, 131, 196
Peters, Rudolf 100
Pius X., Papst 87
Rang, Martin 90, 99, 101f, 108, 111, 117f,
    127, 196
Rein, Wilhelm 84, 86
Reuchlin, Johannes 36
Rhabanus (Hrabanus) Maurus 30
Richert, Hans 99f
Robinsohn, Saul B. 135
Rust, Bernhard 99
Sailer, Johann Michael 57f, 64f, 67, 72f,
    86f, 197
Salzmann, Christian Gotthilf 56, 63-65,
    96, 195
Schleiermacher, Friedrich Daniel Ernst
    66-70, 73-75, 80, 88, 179, 186, 195, 197
Schmid, Christoph (von) 58, 72, 79-81,
    195
Schuster, Hermann 90, 95, 99-101, 105,
    107, 111, 196f
Schweitzer, Friedrich 11, 118, 155, 175
Seiler, Georg Friedrich 57, 63, 195
Sölle, Dorothee 133, 136f, 193
Spanuth, Heinrich 86
Spener, Philipp Jakob 53, 68
Spengler, Oswald 115
Stalin, Josef 113
Stallmann, Martin 120, 141, 167
Stapulensis, Jacques, Lefèvre d'Étaples, J.
    36
Stieglitz, Heinrich 87, 93
Stock, Hans 120, 130, 196
Strauch, Benedikt 71
Süvern, Johann Wilhelm 66
Tetzel, Johann 36
Thierfelder, Jörg 111, 138, 143f
Thomas von Aquin 31, 194
Thomas von Kempen (a Kempis) 57
Thrändorf, Karl Ernst 85, 91f, 95, 97,
    195, 197
Tiling, Magdalene von 99, 111
Tögel, Hermann 88, 90, 94, 101
Trapp, Ernst Christian 56
Ursinus, Zacharias 42

Veit, Marie   131, 136f
Voetius, Gisbertus   29
Voltaire (François-Marie Arouet)   55
Volz, Ludwig   139f, 145, 148
Weber, Anton   87
Wendel, Heinrich u. Johannes   91
Werdermann, Hermann   99, 101, 107, 111, 196
Wichern, Johann Hinrich   70

Wilhelm I., König von Preußen, Deutscher Kaiser   82
Wilhelm II., Deutscher Kaiser   82
Wölber, Hans-Otto   134
Ziller, Tuiskon   84-86, 93, 96, 190
Zimmermann, Mirjam u. Ruben   173
Zinzendorf, Ludwig von   68, 191
Zopf, Johann Heinrich   54, 61, 195
Zwingli, Huldrych   41, 64